本书受到教育部哲学社会科学研究重大课题攻关项目“习近平总书记的绿色发展理念研究”（项目编号：20JZD002），北京市自然科学基金项目“大气污染防治目标下基于CGE模型的北京能源结构优化与支撑政策研究”（项目编号：9162010）的资助

低碳经济及节能减排目标下城市能源结构优化支撑政策研究

邵晖 等◎著

中国经济出版社
CHINA ECONOMIC PUBLISHING HOUSE
·北京·

图书在版编目（CIP）数据

低碳经济及节能减排目标下城市能源结构优化支撑政策研究 / 邵晖等著 . —北京：中国经济出版社，2023. 4

ISBN 978-7-5136-7237-5

Ⅰ. ①低… Ⅱ. ①邵… Ⅲ. ①城市-能源管理-研究-中国 Ⅳ. ①F206

中国国家版本馆 CIP 数据核字（2023）第 032517 号

责任编辑　张梦初
责任印制　马小宾
封面设计　任燕飞工作室

出版发行　中国经济出版社
印 刷 者　北京科信印刷有限公司
经 销 者　各地新华书店
开　　本　710mm×1000mm　1/16
印　　张　18
字　　数　231 千字
版　　次　2023 年 4 月第 1 版
印　　次　2023 年 4 月第 1 次
定　　价　78.00 元
广告经营许可证　京西工商广字第 8179 号

中国经济出版社 网址 www.economyph.com 社址 北京市东城区安定门外大街 58 号 邮编 100011
本版图书如存在印装质量问题，请与本社销售中心联系调换（联系电话：010-57512564）

前　言

近百年是人类历史上的一段辉煌历程，世界各国经济不断发展、科技日新月异，物质文明极大丰富，但同时人类生活的地球也遭受着有史以来最为严重的环境威胁，包括环境污染、全球气候异常、疾病蔓延等。气候变化已成为全球发展面临的重大问题。如果仍然依循传统的经济发展模式，气候的恶化程度将会愈演愈烈，各种极端气候现象出现的次数也将会越来越频繁，恶劣气候会给人类社会带来极大的经济损失和灾难。

作为发展中的大国，中国在现有的国际分工格局中扮演世界工厂的角色，环境污染和能源短缺成为制约中国经济发展和人民群众生活水平提高的两大瓶颈。因此未来中国的发展，必须与人口、环境、资源和谐统一发展，为子孙后代的生存、发展着想，改变传统工业化发展模式，追求可持续发展。低碳经济是保证经济可持续健康增长的良方，发展低碳经济已经成为国家发展的必然趋势。

气候变化和空气污染直接与人类对化石能源的极大依赖和消耗相关。低碳经济指在可持续发展理念指导下，通过技术创新、制度创新、产业转型、新能源开发等多种手段，尽可能地减少煤炭、石油等高碳能源消耗，减少温室气体排放，达到经济社会发展与生态环境保护双赢的一种经济发展形态。其实质是保持经济社会发展的同时，实现资源高效利用，实现能源低碳或无碳开发，以实现经济社会的可持续发展为基本目的。其核心内容是发展低碳能源技术，提高能源效率，优化能源结构；转变经济发展方式，建立低碳经济发展模式和低碳社会消费模式，并将其作为协调经济发展与保护气候之间关系的根本途径。发展低碳经济不仅仅是国家和国际层面上对于生态和社会文明的必然选择，同样也是人类进一步发展的必经之路。

中国是个人口众多的发展中国家，世界第二大经济体，碳排放总量全球排名第一，人均碳排放量也排名靠前，发展低碳经济的责任重大，是我国履行国际公约的必然选择。同时发展低碳经济也是实现我国经济可持续发展的途径，能够加快转变经济发展方式，促进我国经济结构和工业结构优化升级，降低空气污染，改善民生。

走低碳发展之路，发展低碳经济的手段很多，制度创新和技术创新是关键，应借鉴国外发展低碳经济的经验和教训，创建碳市场，研究制定价格形成机制，制定财税激励政策，综合考虑能源、环境和碳排放的税种和税率，引导企业和社会行为，形成低碳发展的长效机制；推广节能建筑，发展低碳交通方式，建设低碳城市，倡导全社会践行低碳理念。

本书以实现低碳经济及防控大气污染的节能减排为目标，研究能源结构优化方面的相关政策体系。本书在参考国内外大量研究的基础上，深刻阐述了低碳经济、节能减排和能源结构优化的内涵、内容、发展历程以及相互间的作用机理；对我国城市经济发展、城市化进程中能源消费和能源结构状况做了分析、总结及对未来的预测；梳理了城市大气污染历史变化，分析了大气污染来源，并阐述了城市能源结构优化对大气污染治理和碳减排的意义；介绍了英国、德国、美国、日本能源结构优化的经验，包括建筑和交通方面，总结了国际经验对中国的借鉴意义；系统介绍了城市能源结构优化政策体系以及效应，包括燃油税、碳税、硫税、煤改气和煤改电、建筑节能和低碳绿色建筑、可再生能源配额制、能源互联网、低碳绿色交通等，深入分析了这些政策的内容和影响等；以北京为案例对能源结构优化政策体系进行了深入的情景分析，分析了北京大气污染、能源结构以及未来的调整方向，根据投入产出表和相关年鉴数据编制了北京 SAM 表，构建了北京大气环境核算矩阵，开发建立了北京市 3E-CGE-BJ 模型，对燃油税、农村煤改气、碳税、硫税等税费政策进行了情景模拟并提出了政策建议。

本书的一系列研究工作是在教育部哲学社会科学研究重大课题攻关项目“习近平总书记的绿色发展理念研究”（项目编号：20JZD002）、北京市自然科学基金项目“大气污染防治目标下基于 CGE 模型的北京能源结构优化与支撑政策研究”（项目编号：9162010）的资助下完成的，特在此致谢！

本书的成果是由我们的研究团队共同完成的。北京师范大学经济与资源管理研究院潘浩然教授开发构建了北京市 3E-CGE-BJ 模型，使得以北京市为案例的一系列研究得以开展；我的多位研究生参与了本书的研究和撰写，参与执笔的具体分工为：第 1 章，曹乘凤、牛博、张世铭；第 2 章，黄智怡；第 3 章，牛博；第 4 章，任雅洁、黄智怡；第 5 章，曹乘凤；第 6 章，叶飙、梁爽、吕思琦、曹乘凤、牛博、张世铭；第 7 章，曹乘凤。在整个研究和本书的写作过程中，我们密切合作，不断研究、探讨和修改，使本书的内容不断完善，并最终完成。在此向团队所有成员表示感谢！此外在本书写作过程中，参阅了大量国内外文献资料，借鉴了许多中外同行的研究成果，在此一并表示感谢。最后感谢中国经济出版社的编辑老师为本书的辛勤付出！

由于作者水平有限，难免有不妥之处，敬请有关专家和广大读者批评指正。

邵晖

2022 年 11 月 8 日于北京师范大学

目　录

第1章　绪论

1.1　研究背景

18世纪70年代，随着以煤炭为主要燃料的蒸汽机的发明，第一次工业革命揭开了序幕，煤炭成为主要能源；第二次工业革命中内燃机的发明，令石油一跃成为主要能源，化石能源的使用深刻地改变了人们的生产方式、生活方式，但化石燃料使用所带来的气候问题也日益凸显。联合国政府间气候变化专门委员会（Intergovernmental Panel on Climate Change，IPCC）第五次评估报告《气候变化2014：影响、适应和脆弱性》认为，气候变化已经对全球自然和人类系统包括11种领域和9个区域（各大洲、两极地区和岛屿）都产生了广泛和深远的影响。人类系统对气候变化风险，尤其是对极端气候，有着明显的脆弱性和暴露度。未来气候变化将对自然和人类社会造成8种关键风险。气候变化增温幅度的提高将加剧自然和人类系统广泛的、严重的和不可逆影响的风险①。IPCC第六次评估报告《气候变化2022：减缓气候变化》中指出，2010—2019年年均温室气体排放高于以往任何一个10年，排放速度有所放缓，全球主要行业的温室气体（Greenhouse gases，GHGs）排放量均有所增加，城市排放日益增长②。气候变化对全人类的影响无疑是复杂的、巨大的、深刻的，气候变

---

①　姜彤，李修仓，巢清尘，等．《气候变化2014：影响、适应和脆弱性》的主要结论和新认知［J］．气候变化研究进展，2014，10（3）：157-166.

②　IPCC，2022：Summary for Policymakers. In：Climate Change 2022：Mitigation of Climate Change. Contribution of Working Group III to the Sixth Assessment Report of the Intergovernmental Panel on Climate Change［P. R. Shukla，J. Skea，R. Slade，A. Al Khourdajie，R. van Diemen，D. McCollum，M. Pathak，S. Some，P. Vyas，R. Fradera，M. Belkacemi，A. Hasija，G. Lisboa，S. Luz，J. Malley，（eds.）］. Cambridge University Press，Cambridge，UK and New York，NY，USA. doi：10.1017/9781009157926.001.

化是全人类面临的挑战，事关中华民族的永续发展，关乎全人类的前途命运。在全球气候问题日益严重的背景下，各国应积极参与全球气候治理，积极推动应对气候变化的新实践。

改革开放以来中国经济快速增长，对煤油气资源的需求急剧增加。特别是中国经济在1997年亚洲金融危机后逐渐恢复并快速发展，能源需求量大幅增长，从2000年的146964万吨标准煤增长至2010年的360648万吨标准煤，年均增长率为9.4%，化石能源消费量占能源消费总量的90%以上，煤炭消费量从100670万吨标准煤增至249568万吨标准煤，消费量增长了1.5倍。随着中国经济发展逐渐步入新常态，产业结构优化调整对能源的需求与环保要求的提高，助推了中国能源向更清洁、更高效、更集约、更低碳、更多元化的方向发展，从2011年的387043万吨标准煤增长至2019年的479312万吨标准煤，年均增长率降为2.7%。2019年中国能源消费总量比上年增长3.3%，其中煤炭占比下降1.3个百分点，天然气与电力比重较上年增长1.0个百分点，煤炭消费量仍占全国能源消费总量的57.7%。①《BP世界能源统计年鉴2020》数据显示，2019年中国能源消费增长占世界增量的3/4。大量的能源消费和以煤炭为消费主体的能源消费结构，使我国依靠要素的大量投入以扩大生产规模的粗放型经济增长方式更显突出，呈现出“高能耗、高排放、高污染”的特点，给生态环境带来了巨大的压力。

化石燃料的大量消费造成中国碳排放量居高不下以及严重的大气污染，雾霾问题长期存在，严重影响了居民生活和社会经济发展。近些年来国家已相继推出一系列碳减排和大气污染防控的政策。2010年，环保部等九部委联合出台《关于推进大气污染联防联控工作改善区域空气质量的指导意见》，并启动《“十二五”主要污染物总量控制规划编制指南》，2012年，环保部颁布新的《环境空气质量标准》，首次将PM2.5列为污染物并设定浓度限值。2013年国务院发布了《大气污染防治行动计划》。北京市也于2012年制定了《北京市2012—2020年大气污染治理措施》。2020年以来，我国多次就减排减

① 李洪兵，张吉军．中国能源消费结构及天然气需求预测［J］．生态经济，2021，37（8）：71-78.

碳提出目标任务：党的十九届五中全会提出的到 2035 年基本实现社会主义现代化远景目标中就包括“碳排放达峰后稳中有降”；中央经济工作会议再次部署做好碳达峰碳中和工作并指出，我国二氧化碳排放力争 2030 年前达到峰值，力争 2060 年前实现碳中和。

温室气体排放和大气污染主要由能源使用造成，因此需要从源头进行治理。长期以来，我国污染减排工作主要通过产业内企业间结构调整和企业内部的技术升级改造这两种途径，依赖命令控制而不是市场调节手段来执行。这种减排侧重于微观层次的降耗、控制和治理，效果有限。污染减排在我国将是一项长期而艰巨的任务，要求开拓更多更有效的途径共同完成。从宏观层面看，经济增速、资源能源价格和进出口贸易导向等会对污染减排产生宏观影响效应；而在中观层面，产业结构和能源结构调整、需求倾向引导、区域产业集聚和生产布局等则对污染减排有中观影响效应。目前，我国决策层已开始将视角从微观领域向中观和宏观领域延伸，其中能源结构调整被看作是最直接有效的污染减排途径之一。

市场经济中能源结构的基本特征由经济系统决定，调整能源结构必须从调整经济行为入手。能源结构分为能源供给结构和能源需求结构，前者依赖于能源技术和能源投资，而后者则取决于经济结构的特征，这包括产业结构、消费结构、投资结构和贸易结构等。能源供给和需求结构的调整和演化受整个经济系统调整和演化的影响，而经济行为的改变是经济系统变动的重要驱动力。能源系统与经济系统间关系的复杂性以及能源结构调整与污染减排间关系的复杂性一定程度上限制了政策制定者对于污染减排中能源结构调整的作用的认识，阻碍了其制定出能充分发挥能源结构调整的污染减排作用的有效政策。因此，目前急需学术界和实践部门深入研究这方面的问题，提出理论指导和具体的实践建议。

本书以低碳经济及节能减排为问题导向，重点分析与此密切相关的能源结构优化的政策体系，不仅系统地分析政府主导的政策行为，更注重政府与市场结合以及在市场经济中涉及能源结构优化的政策体系的构建，并通过建立模型模拟各项能源结构优化政策对宏观经济的影响，以期对能源政策体系构建提出客观有效的建议。

1.2 国内外研究现状

1.2.1 低碳经济的国内外研究

1.2.1.1 低碳经济的内涵

英国2003年在《我们能源的未来：创建低碳经济》白皮书中首次提出“低碳经济”概念。从投入产出角度看，低碳经济是指以消耗更少的自然资源和更小的环境污染，获得更高的经济产出，在这过程中会创造先进技术发展、应用和输出的机会（也是发展低碳经济的着力点），以及新的商业机会和更多的就业机会，同时也是创造更高生活标准和实现更好生活质量的途径和机会。在此之后，“低碳经济”的概念受到了广泛的关注和争议。气候集团2007年在《赢余：低碳经济的成长》报告中表明低碳经济相较于其他经济形态或发展模式而言具有更高的投资回报率，在生产可靠性的提高、产品质量的改善、产量的增加、生产周期的缩短方面效果显著，增长速度更快，同时在工作环境的改善、员工士气的鼓舞方面作用明显，在新增就业方面潜力十足。① 国内学者也从不同层面、不同角度阐释了低碳经济的内涵以及其与环境、经济、社会发展的深刻关联。鲍健强等（2008）将人类社会经历划分为农业社会基于碳水化合物利用的低碳经济、工业社会基于碳氢化合物使用基础的高碳经济，以及未来社会基于高效清洁利用化石能源与开发可再生能源基础的低碳经济，认为低碳经济的产生与发展是由国际社会对温室气体减排的关注引致的，是能源消费方式、经济发展方式、人类生活方式的一次全新变革，与现代工业文明以化石燃料（能源）为基础不同，它将全方位地改造这种发展形态，并转向生态经济与生态文明。② 庄贵阳（2005）认为以减缓气候变化和

① 游雪晴，罗晖．“低碳经济”离我们还有多远？[N]．科技日报，2007-07-22（1）．

② 鲍健强，苗阳，陈锋．低碳经济：人类经济发展方式的新变革[J]．中国工业经济，2008（4）：153-160.

促进人类可持续发展为目标，低碳经济是一种通过创新能源技术和制度政策以减少温室气体排放的经济发展模式，实质是能源效率和清洁能源结构问题。① 付允等（2008）在此基础上强调了不影响经济与社会发展这一前提，认为低碳经济是以“三低三高”即低能耗、低污染、低排放、高效能、高效率、高效益为基础，通过采用碳中和技术发展方法和节能减排的发展方式来实现低碳发展方向的绿色经济发展模式。② 其中，低碳发展方向是宏观层面对低碳经济模式的论述，重点在低碳，最大限度减少温室气体排放；目的在发展，保证经济社会健康、快速和可持续发展。节能减排的发展方式从中观层面论述了低碳经济模式，是实现低碳经济发展的基本操作手段与行为，是区域发展低碳经济过程中所采取手段的共同特征，表现了低碳态度和认知取向。节能是应用技术上现实可靠、经济上可行合理、环境和社会都可以接受的方法来有效地利用能源，提高能源利用效率。③ 减排则指温室气体排放与污染物排放的减少。“碳中和”，指为实现环保，通过计算二氧化碳排放总量并采用二氧化碳捕捉与埋存、植树造林（增加碳汇）等方法来吸收排放量，又称低碳或无碳技术。IPCC 认为未来温室气体排放减少的规模将取决于该技术的研发规模和速度。④ 李胜等（2009）认为低碳经济的核心是以市场机制为基础，通过制度设计及政策创新，提高节约能源技术、可再生能源技术和温室气体减排技术，建立低碳的能源系统和产业结构，实现低碳生产、流通、分配和消费。⑤ 金乐琴等（2009）认为低碳经济具有综合性、战略性和全球性等特点，是一种以促进发展为前提来解决气候变化问题的基本思路，强调发展与减排相结合，还关系到发展权与社会公平问题，其实现需要全球合

---

① 庄贵阳．中国经济低碳发展的途径与潜力分析[J]．国际技术经济研究，2005（3）：8-12.

② 付允，马永欢，刘怡君，等．低碳经济的发展模式研究[J]．中国人口·资源与环境，2008（3）：14-19.

③ 石丰，郭成斌．建筑工程中有关集中供暖和供热的节能问题[J]．应用能源技术，2007（11）：19-20.

④ IPCC. In：Metz，B，Davidson，O，Swart，R，Pan，J.（Eds.），climate change 2001：mitigation：contribution of working group III to the third assessment report of the intergovernmental panel on climate change [M]. Cambridge：Cambridge University Press，2001.

⑤ 李胜，陈晓春．低碳经济：内涵体系与政策创新[J]．科技管理研究，2009，29（10）：41-44.

作，包括碳技术的引进。①

1.2.1.2 低碳经济的评价体系

在低碳经济的评价方面，由于低碳经济发展牵涉到环境、经济、社会的诸多方面，所以除了碳排放指标，更多的研究致力于建立尽量完善的指标体系来反映低碳经济发展的效应。付加锋等（2010）强调低碳经济的阶段性特征，主张低碳经济是碳生产力与人文发展均达到一定水平的一种经济形态，应包含发展阶段、资源禀赋、技术水平和消费模式4个核心驱动要素，且低碳化的能源结构、生产过程、消费模式都与发展阶段密切相关。以此为基础，遵循联合国可持续发展委员会（CSD）提出的驱动力-状态-响应（Driving Force-Status-Response，DSR），采用一定方法，构建了以低碳产出、低碳消费、低碳资源、低碳政策和低碳环境为维度的多层次评价指标体系和相应的评价方法。② 马军等（2010）通过经济发展、产业发展、科技发展、社会支撑和环境支撑5个指标，来反映低碳经济综合发展情况。③ 李晓燕（2010）以经济发展、低碳技术、低碳能耗排放、低碳社会、低碳环境（自然）、低碳理念六大类系统作为准则层，来评价省区低碳经济。④ 在城市低碳评价指标体系的构建上，李晓燕等（2010）把城市低碳经济指标体系分为目标层、准则层、指标层，准则层由经济、科技、社会和环境4个系统组成；⑤ 任福兵等（2010）构建能源利用结构、产业经济发展、农业发展支撑、科学技术支持、建筑支撑、交通支撑、消费方式和政策法规等8个准则层指标；⑥ 肖翠仙等（2011）以经济发展、能耗排放、技术发展、低碳产业、社会发展、低碳资源

---

① 金乐琴，刘瑞．低碳经济与中国经济发展模式转型[J]．经济问题探索，2009（1）：84-87.

② 付加锋，庄贵阳，高庆先．低碳经济的概念辨识及评价指标体系构建[J]．中国人口·资源与环境，2010，20（8）：38-43.

③ 马军，周琳，李薇．城市低碳经济评价指标体系构建：以东部沿海6省市低碳发展现状为例[J]．科技进步与对策，2010，27（22）：165-167.

④ 李晓燕．基于模糊层次分析法的省区低碳经济评价探索[J]．华东经济管理，2010，24（2）：24-28.

⑤ 李晓燕，邓玲．城市低碳经济综合评价探索[J]．现代经济探讨，2010（2）：82-85.

⑥ 任福兵，吴青芳，郭强．低碳社会的评价指标体系构建[J]．科技与经济，2010，23（2）：68-72.

环境发展、低碳科教普及等 7 个指标作为评价指标体系的准则层。① 哥伦比亚大学、清华大学和麦肯锡公司通过基本需求、资源效率、环境清洁度、建筑环境、对未来可持续性的承诺 5 个类别 18 个指标来衡量中国城市总体可持续状况，建立了中国城市可持续性评价方法。

1.2.1.3 低碳经济实现路径

在实现路径方面，关于全球减排，《斯特恩回顾：气候变化经济学》提出了通过税收、贸易或法规进行碳定价，对创新和推广应用低碳技术予以支持，以及对提高能源效率和其他改变行为方面障碍的消除这 3 个要素。低碳经济在国际实践中则主要表现为节能、能源利用效率的提高、能源结构的调整、可再生能源的大力发展、技术研发等，还有碳基金的设立等鼓励低碳发展的相关政策、法律体系和市场机制。其中，碳基金资金使用目标主要表现为促进研究与开发低碳技术、加快技术商业化与担任投资孵化器角色。② 以欧美为主的发达国家已开始为向低碳经济转型而采取系列措施：除了促进能源结构的优化与可再生能源的大力发展、强调科技创新与低碳能源技术的发展外，英国先后引入了气候变化税、气候变化协议、排放贸易机制、碳信托基金等多项经济政策，并调整了能源政策；丹麦、芬兰、荷兰、挪威、意大利和瑞典等国已开始对燃烧产生二氧化碳的化石燃料征收碳税；德国、日本和奥地利等国也相应引入了能源税和碳税制度；美国也在投入巨资研发低碳技术，尤其是其发布实施的《能源政策法》，为发展低碳经济提供了法律保障。中国温室气体减排压力巨大、能源安全面临严重威胁、自然资源超常利用、生态环境恶化，发展低碳经济的紧迫性较强。

付允等（2008）提出我国可以通过节能优先策略的实施与能源利用效率的提高、化石能源的低碳化与可再生能源的大力发展、碳基金的设立与低碳技术的研究开发激励、国家碳交易机制的确立等措施，促进实现经济发展低

① 肖翠仙，唐善茂．城市低碳经济评价指标体系研究[J]．生态经济，2011（1）：45-48，57.

② 章升东，宋维明，何宇．国际碳基金发展概述[J]．林业经济，2007（7）：47-48，46.

碳化。① 鲍健强等（2008）提出从产业、农业、工业、城市等层面低碳化的实现与碳汇增加（植树造林）、生物固碳、减碳等方面着手，实施低碳经济。在产业方面，调整优化产业结构，提高高碳产业准入的市场门槛，发展知识密集型、技术密集型等具有低碳特征的产业，如信息、IT、软件、现代服务业等。在农业方面，降低对化石能源的依赖度，减少化肥和农药使用量，充分利用农业剩余能量，推广太阳能和沼气技术等，实现农业有机化、生态化、高效化。在工业方面，优化能源结构，提高能源效率，减少二氧化碳排放。在城市方面，开发低碳居住空间，提供低碳化的城市公共交通系统，建设低碳城市。② 目前，发达国家主要从新清洁技术与能源的发展、可持续发展型设计与建筑的推行、高效交通运输规划的建设、资源回收利用与绿色消费的倡导等方面，进行低碳城市建设。③ 低碳城市具有经济性、安全性、系统性、动态性与区域性特征，需要通过不断调整和适应变化、区域协作来实现，基础设施、技术支持、产业结构、消费支撑与政策制度则是支撑低碳城市的五大体系。④ 此外，目前主要通过主要指标和复合指标法来评估城市低碳水平。

1.2.2 节能减排的国内外研究现状

1.2.2.1 节能减排的影响因素和实现路径

随着气候变暖和环境污染加剧，节能减排成为社会各界和学者所共同关注的问题。围绕着节能减排，许多学者已经从不同的方向开展了诸多研究。尤其是近年来国内很多学者从新的视角进行了研究。

在科技进步方面，汪克亮等（2018）验证了技术效率低下抑制了中国节

① 付允，马永欢，刘怡君，等．低碳经济的发展模式研究[J]．中国人口·资源与环境，2008（3）：14-19.

② 鲍健强，苗阳，陈锋．低碳经济：人类经济发展方式的新变革[J]．中国工业经济，2008（4）：153-160.

③ 塔蒂安娜，伦敦气候变化署．低碳城市：从伦敦到上海的愿景[J]．城市中国，2007（21）：91-92.

④ 付允，刘怡君，汪云林．低碳城市的评价方法与支撑体系研究[J]．中国人口·资源与环境，2010，20（8）：44-47.

能减排效率的进一步提升。① 李兰冰等（2021）将技术创新、节能减排与绿色发展纳入统一的分析框架，发现技术创新对城市绿色发展具有促进作用。② Wu 等（2021）证明了随着信息技术进步及其在环保领域的应用，互联网发展显著促进了节能减排。③ 张思思等（2022）验证了有偏技术进步及其具体偏向型对节能减排效应的影响及作用机制。④ 刘慧等（2022）验证了数字化转型能显著促进中国企业节能减排的效果。⑤

在金融方面，Cao 等（2021）验证了数字金融显著改善了中国的能源环境绩效。⑥ 张可等（2022）认为绿色信贷在微观层面通过企业经营绩效和企业创新，在宏观层面通过产业结构升级、地区信贷资源配置和地区示范效应机制来促进实现节能减排。⑦ 张文彬等（2022）选用兼顾能耗和污染的能源足迹指标表征节能减排，发现金融发展能够通过直接效应、结构效应和技术效应对节能减排产生正向效应，减少能源足迹。⑧

在国际贸易方面，刘叶（2018）实证检验了我国中间产品出口落入“污染天堂假说”陷阱，发现中间产品进口有助于提升能源效率。⑨ 范德成等（2022）测度了 2003—2019 年中国工业全球价值链（Global Value Chains，GVC）前向和后向参与度的节能减排效应，发现相较于前向嵌入形式，后向

---

① 汪克亮，史利娟，刘悦，等．中国节能减排效率的地区差异、动态演进与驱动因素：基于非径向加权 Russell DDF 与 Luenberger 生产率指标[J]．华东经济管理，2018，32（1）：53-61.

② 李兰冰，李焕杰．技术创新、节能减排与城市绿色发展[J]．软科学，2021，35（11）：46-51.

③ WU H，XUE Y，HAO Y，et al. How does internet development affect energy-saving and emission reduction? evidence from China[J]. Energy Economics，2021，103.

④ 张思思，崔琪，马晓钰．数字要素赋能下有偏技术进步的节能减排效应[J]．中国人口·资源与环境，2022，32（7）：22-36.

⑤ 刘慧，白聪．数字化转型促进中国企业节能减排了吗？[J]．上海财经大学学报，2022，24（5）：19-32.

⑥ CAO S，NIE L，SUN H，et al. Digital finance，green technological innovation and energy-environmental performance：evidence from China's regional economies[J]. Journal of Cleaner Production，2021，327.

⑦ 张可，李语晨，赵锦楸．绿色信贷促进了节能减排吗[J]．财经科学，2022（1）：15-30.

⑧ 张文彬，郭子珣，王博峰．金融发展的节能减排效应及机理分析：基于能源足迹视角的再检验[J]．新疆大学学报（哲学·人文社会科学版），2022，50（1）：11-20.

⑨ 刘叶．国际贸易会恶化全要素能源效率吗：基于中国 33 个工业行业的经验分析[J]．中国人口·资源与环境，2018，28（6）：20-29.

嵌入更有利于发展中国家吸收国际技术溢出从而发挥节能减排效应。① 白俊红等（2022）发现全球价值链嵌入显著地降低了行业的碳排放强度。②

从经济集聚方面来看，张可等（2016）验证了中国城市的经济集聚与污染存在明显的空间依赖性和空间集群现象，工业集聚与污染排放强度呈现出倒“U”形关系。③ Feng 等（2018）认为专业化集聚和多样化集聚都能通过集聚外部性显著促进本地及周边城市的碳减排。④ Wang 等（2022）通过对京津冀、长三角和珠三角 3 个区域的考察，发现经济集聚与碳强度之间的关系和经济集聚与能源强度之间的关系一致。⑤

从政府政策方面来看，张国兴等（2018）分析了京津冀节能减排政策措施的演变状况及节能减排政策对节能减排效果影响的差异性。研究结果表明，政策总效力增加主要由政策颁布数量增多引起，具有行政手段的政策措施总体效果较市场手段的政策措施更为有效，市场手段有待加强。⑥ 宫晓辰等（2021）分析了规范性政策文本、产业结构调整、财政支出、碳排放权交易、节能减排专利和社会组织参与 6 种节能减排政策细分工具对降低碳强度的影响机制。结果表明规制型工具在东部地区的作用尤为明显，多元政策工具组合日渐成为中西部地区节能减排目标得以实现的强有力保障，社会型工具则更多依托于规制型和经济型工具作为辅助条件出现。⑦ 冯利青等（2021）的

---

① 范德成，刘凯然．动态内生视角下嵌入全球价值链的节能减排效应[J]．统计与决策，2022，38（17）：86-90.

② 白俊红，余雪微．全球价值链嵌入对节能减排的影响：理论与实证[J]．财贸经济，2022，43（6）：122-159.

③ 张可，豆建民．工业集聚有利于减排吗[J]．华中科技大学学报（社会科学版），2016，30（4）：99-109.

④ FENG H，RUI X，YUE L，et al. The effects of urban agglomeration economies on carbon emissions：Evidence from Chinese cities[J]. Journal of Cleaner Production，2018，172：1096-1110.

⑤ WANG Y N，YIN S W，FANG X L，et al. Interaction of economic agglomeration，energy conservation and emission reduction：evidence from three major urban agglomerations in China[J]. Energy，2022，241.

⑥ 张国兴，叶亚琼，管欣，等．京津冀节能减排政策措施的差异与协同研究[J]．管理科学学报，2018，21（5）：111-126.

⑦ 宫晓辰，孙涛．节能减排政策工具降低碳强度影响机制研究：基于30省（市、自治区）数据的模糊集定性比较分析[J]．城市问题，2021（7）：23-32.

研究发现节能减排补贴相比非节能减排补贴促进企业全要素生产率提升的作用更大，且促进企业研发投入更显著。① 刘海英等（2022）通过研究认为，碳排放权交易政策对于城市节能减排的促进作用受到城市产业结构、绿色创新强度以及要素市场发育的影响，还具有规模经济效应和工业结构差异。② 薛飞等（2022）采用双重差分法评估了绿色财政政策的碳减排效应，研究发现节能减排财政政策综合示范城市建设显著降低了示范城市的碳排放水平，其碳减排效应在示范城市建设后的第二年后开始逐年显现，并随着年份的推移逐渐增强。③

从节能减排的目标实现方面来看，Shahsavari 等（2018）分析了发展中国家使用太阳能在节能减排方面的潜力。④ An 等（2018）确定了 2030 年以前不同减排策略的潜力以及中国钢铁行业节能减排的发展路径。⑤ 董梅等（2018）评估了在碳强度约束和非化石能源比重提高的情况下 2012—2030 年各能源和部门的节能减排效应。⑥ 陈超凡（2018）对 2015—2050 年中国工业绿色增长进行模拟预测并寻找节能减排的最优路径。⑦ Cai 等（2021）从节能减排的角度出发，分析能源绩效特征，提出一些能源绩效概念和指标，并针对加工系统开发了基于能量基准的能量性能评估方法。⑧ 于静等（2021）采用面向投

---

① 冯利青，苏世伟．政府补贴对造纸行业全要素生产率的影响研究：基于 14 家上市公司数据的实证检验[J]．林业经济，2021，43（3）：82-96.

② 刘海英，郭文琪．碳排放权交易政策试点与能源环境效率：来自中国 287 个地级市的实证检验[J]．西安交通大学学报（社会科学版），2022，42（5）：72-86.

③ 薛飞，陈煦．绿色财政政策的碳减排效应：来自“节能减排财政政策综合示范城市”的证据[J]．财经研究，2022，48（7）：79-93.

④ SHAHSAVARI，AMIR，MORTEZA A. Potential of solar energy in developing countries for reducing energy-related emissions[J]. Renewable & Sustainable Energy Reviews，2018，90：275-291.

⑤ AN，RUNYING，et al. Potential of Energy Savings and CO_2 Emission Reduction in China's Iron and Steel Industry[J]. Applied Energy，2018，226：862-880.

⑥ 董梅，徐璋勇，李存芳．碳强度约束下的节能减排效应分析：基于能源和部门结构视角[J]．软科学，2018，32（08）：86-90.

⑦ 陈超凡．节能减排与中国工业绿色增长的模拟预测[J]．中国人口·资源与环境，2018，28（4）：145-154.

⑧ CAI W，ZHANG Y，XIE J，et al. Energy Performance Evaluation Method for Machining Systems towards Energy Saving and Emission Reduction[J]. International Journal of Precision Engineering and Manufacturing-green Technology，2021，9（2）：633-644.

入的 EBM 模型以及经济产出、能源消耗和环境污染的联合生产框架，评价了 2011—2017 年中国 31 个省份的生态能源效率，并分析其变化趋势和地区差异。发现中国及各地区尤其是西部地区的节能减排存在较大潜力。①

1.2.2.2 节能减排与低碳经济

党的十八届三中全会报告指出，低碳、循环和绿色发展战略是我国今后发展经济的必然选择。低碳经济是以低消耗、低排放、低污染、高附加值为特征，以低碳能源系统、低碳技术体系和低碳产业结构为基础，以降低温室气体排放为出发点，以适应气候变化、构建生态文明为核心内容的经济发展模式。② 也是人们在经历了“高污染、高能耗、高排放”的粗放型经济发展模式后，对过往经济发展模式弊端的反思和应对。党的十八大以来，我国绿色低碳转型发展取得了历史性的重大成就，“绿色”逐步成为我国高质量发展的底色。通过发展低碳经济，可以更好地促进节能减排，在可持续发展理念的指导下，通过技术创新、制度创新、产业转型、新能源开发等方式减少化石能源的消耗和温室气体的排放。

从促进低碳经济发展的不同因素看，Xu 等（2022）从消费者角度研究了中国消费者对于碳标签产品的态度，并为碳标签产品在中国和其他国家的推广和定价提出了一些参考性的政策建议。③ Yuan 等（2022）从生产者角度研究碳约束下生产企业的生产和减排决策。④ Liu 等（2022）从技术角度研究了新能源技术和经济的优化。⑤ 贾林娟（2014）从经济发展角度认为经济发展水平的提高和社会财富的积累能够促进低碳经济的发展，可以通过结构节能

① 于静，屈国强．中国区域生态能源效率与节能减排潜力研究[J]．统计与决策，2021，37(12)：66-69.

② 纪玉山，纪明．低碳经济的发展趋势及中国的对策研究[J]．社会科学辑刊，2010 (2)：83-89.

③ XU M M, LIN B Q. Towards low-carbon economy by carbon label?: survey evidence from first-tier cities in China[J]. Environmental impact assessment review, 2022, 97.

④ YUAN Y H, ZHANG Y R, WANG L, et al. Coping Decisions of Production Enterprises under Low-Carbon Economy[J]. Sustainability, 2022, 14 (15).

⑤ LIU Y, FAN X N, BAO X N. Economic optimization of new energy technologies in the context of low carbon economy[J]. Energy reports, 2022, 8: 11899-11909.

减排、技术节能减排、管理节能减排、能源替代等构建低碳发展路径。[①] 张兆国等（2013）以 A 股类高能耗上市公司为样本，实证研究发现税收政策、财政补贴、信贷政策和社会舆论对低碳经济有显著正向影响。要发展低碳经济，促使企业节能减排，就必须在政府、市场和社会 3 个方面制定和创新一系列的制度安排，充分发挥这三只手的协同作用。[②] 王韶华等（2014）发现在总体层面上，能源结构调整和节能减排对降低碳排放强度的贡献较大，碳汇的作用较小；在行业层面上，碳排放强度的降低主要依赖于节能减排，但没有能源结构调整和碳汇的共同作用，仅靠节能减排，并不能实现低碳经济的预期目标。[③]

从低碳经济的指标来看，Zhang 等（2022）从结构减排技术和减排量两个方面，构建了基于碳排放总量控制的低碳经济发展碳排放控制优化指标体系。在指标体系的框架下，构建低碳经济下的碳排放总量优化模型，运用 BP 神经网络模型寻求经济发展、能源消耗与碳排放之间的平衡点，促进低碳经济的合理、科学发展。[④] 程云鹤等（2013）对中国 1985—2009 年 28 个省份的全要素碳排放生产率进行测算，考察期内中国整体上低碳技术进步上升幅度较大，其中，科技进步贡献大于效率变化贡献，且省际间差异较大；由于回弹效应和减排成本的存在，大多数省份的科技进步对节能减排的贡献要小于生产效率变化的贡献。[⑤]

国内学者也对国际低碳经济发展进行了研究总结。施锦芳（2015）分析了日本低碳经济实践以及对我国的启示，认为日本发展低碳经济的相关法律

---

① 贾林娟．低碳经济发展影响因素及路径设计[J]．科技进步与对策，2014，31（3）：26-29.

② 张兆国，靳小翠，李庚秦．低碳经济与制度环境实证研究：来自我国高能耗行业上市公司的经验证据[J]．中国软科学，2013（3）：109-119，108.

③ 王韶华，于维洋，张伟，等．我国低碳经济实现的“三驾马车”贡献分析[J]．管理现代化，2014（1）：51-53.

④ ZHANG Y F，TANG X，YANG J F. Research on the optimization strategy of the low-carbon economic development model based on the BP neural network model[J]. Mathematical problems in engineering，2022.

⑤ 程云鹤，齐晓安，汪克亮，等．技术进步、节能减排与低碳经济发展：基于 1985—2009 年中国 28 个省际面板数据的实证考察[J]．山西财经大学学报，2013，35（1）：51-60.

法规体系、汽车行业革新、创新技术培育以及国民低碳生活模式构建等经验值得我国借鉴。① 孙美楠等（2011）总结了欧盟主要国家发展低碳经济的经验以及对中国的启示，认为要开展多元化节能减排道路，建立健全财税和法律制度，倡导全民参与国外合作。② Niu 等（2022）测算了 2013—2019 年中国、日本、韩国 94 个省级行政区的低碳经济效率，发现 2013—2019 年日本低碳经济效率稳步提升，韩国低碳经济效率值下降，中国低碳经济效率呈明显上升趋势，并根据三国低碳经济发展现状提出建议。③

1.2.3 能源结构优化的国内外研究

学者们关于能源结构的研究主要可以分为四类：一是能源结构问题的影响因素，二是能源结构的优化，三是能源结构未来的发展趋势，四是能源结构与经济尤其是低碳经济之间的关系。

1.2.3.1 能源结构问题影响因素

在能源结构问题的影响因素方面：国外一些学者通过研究荷兰与欧盟其他国家能源强度的不同，对能源结构问题的影响因素进行了相关研究，Mulder 等（2013）通过研究荷兰 1987 到 2005 年间 49 个产业部门能源强度演变趋势与欧盟其他国家之间的区别，发现荷兰的能源强度比欧盟的平均水平高的原因是荷兰的产业结构与欧盟其他国家不同，很多节能技术进步形成的减排效应都因为产业结构中能源密集型产业发展得快而抵消。④ 还有一些学者着眼于具体行业，对相关行业的能源消费进行了相关研究，Filogamo 等（2014）指出能源消费中有很大一部分发生在建筑物里，通过以西西里岛上的建筑物为

---

① 施锦芳．日本的低碳经济实践及其对我国的启示[J]．经济社会体制比较，2015（6）：136-146.

② 孙美楠，易露霞．欧盟主要国家低碳经济发展经验及对中国的启示[J]．特区经济，2011（11）：107-109.

③ NIU H Y，ZHANG Z S，LUO M T. Evaluation and prediction of low-carbon economic efficiency in China，Japan and South Korea：based on DEA and machine learning[J]. International journal of environmental research and public health，2022，19（19）.

④ MULDER P，de GROOT H L F. Dutch sectoral energy intensity developments in international perspective，1987—2005[J]. Energy policy，2013，52：501-512.

研究对象进行实证研究，发现取暖、制冷、照明以及其他方面类别，由此构成的能源消费结构与建筑物所处的天气以及建筑物的构成密切相关。① Vernon 等（2012）通过研究美国的卡车行业能源效率低下的原因，发现尤其是当驾驶卡车司机并不用承担能源成本的时候，委托代理的问题特别严重，从而形成大量的能源消费，并建议将能源的成本收益由企业和司机共同承担以减少能源消费和提升能源效率。②

国内一些学者运用具体区域的数据进行了相关研究，王风云等（2018）采用随机效应变系数面板数据模型，基于京津冀面板数据，对京津冀终端能源消费结构影响因素进行了研究，发现地区经济增长与清洁能源消费之间存在正向关系，第三产业发展降低了北京市的煤炭消费，对京津冀地区能源消费结构具有显著优化作用。③ 王成军等（2019）运用冗余分析法和排序图技术对 2005—2017 年陕西省能源消费结构和影响因素进行分析，发现基础设施建设投资、能源强度、城镇化水平和人均 GDP 对能源消费结构影响较大。④还有一些学者运用中国省级层面的整体数据进行了研究，周彦楠等（2017）采用 K-means 聚类法和 STIRPAT 模型对中国省级层面四大类能源（煤、石油、天然气和电力热力）的影响因素进行研究，发现能源消费强度、第二产业比重、能源生产结构和资本投入等依次对以煤炭为主的能源消费结构有正向促进作用。⑤ 总的来说，经济增长、产业结构、城镇化水平等诸多因素都对能源结构产生了影响。

1.2.3.2　能源结构优化

在能源结构优化方面：国外一些学者主张建立全国统一的框架，统筹规

---

① FILOGAMO L, PERI G, RIZZO G, et al. On the classification of large residential buildings stocks by sample typologies for energy planning purposes[J]. Applied energy, 2014, 135: 825-835.

② VERNON D, MEIER A. Identification and quantification of principal-agent problems affecting energy efficiency investments and use decisions in the trucking industry[J]. Energy policy, 2012, 49: 266-273.

③ 王风云，苏烨琴．京津冀能源消费结构变化及其影响因素[J]．城市问题，2018（8）：59-67.

④ 王成军，杜传甲．基于冗余分析的陕西省能源消费结构影响因素研究[J]．生态经济，2019，35（11）：79-83.

⑤ 周彦楠，何则，马丽，等．中国能源消费结构地域分布的时空分异及影响因素[J]．资源科学，2017，39（12）：2247-2257.

划能源结构优化，Xia 等（2014）运用有偏随机分析研究中国能源规制的制定原则、潜在绩效以及责任分享，具体分析了能源监管的可能策略，认为将部分能源类型置于总量控制之下比将所有能源类型置于控制之下要好，过度监管将对经济有害，主张在区域政策上建立全国统一的框架，并且需要弹性监管。① 也有一些国外学者针对具体行业的能源需求进行了相关研究，认为应取消一些行业的能源补贴，Ansari 等（2012）以伊朗钢铁行业为研究对象，以系统动力学模型分析钢铁需求、生产和能耗，认为伊朗钢铁行业长期存在能源补贴，但这些补贴导致钢铁行业能源效率不高，并提出若完全取消能源补贴并充分发挥再利用技术能够在接下来 20 年内大量降低天然气的使用量。② 但有一些学者对家庭的能源消费进行了深入研究，认为应增加对家庭能源的补贴，Nugroho 等（2017）针对印度尼西亚的“预付电力”节能措施进行研究，结果显示家庭成员受教育程度和近 5 年收入对该措施的实施有一定促进作用，但政府应该为低收入和老年家庭提供补贴，才能有效推进政策的全面实施。③ Valenzuela 等（2014）也得出了类似结论，退税和补贴有助于减轻低收入家庭安装节能电器所带来的财务压力。④

国内一些学者通过研究认为应着重控制煤炭消费，提升可再生能源比重，韩文科（2013）认为调整和改善能源结构是保障能源安全、提升能源利用效率以及减少温室气体和主要污染物排放的重要战略性选择，控制煤炭消费，提高天然气比重，扩大可再生能源利用规模，发展清洁能源体系是优化能源结构的主要路径。⑤ 邓奎（2013）在分析中国现有能源发展模式面临严峻挑战后，提出需求与供应并重进行能源管理，构建能源消费调控体系，包括控

① XIA X H，CHEN Y B，LI J S，etal. Energy regulation in China：objective selection，potential assessment and responsibility sharing by partial frontier analysis[J]. Energy policy，2014，66：292-302.

② ANSARI N，SEIFI A. A system dynamics analysis of energy consumption and corrective policies in Iranian iron and steel industry[J]. Energy，2012，43（1）：334-343.

③ NUGROHO S B，ZUSMAN E，NAKANO R，et al. The effect of prepaid electricity system on household energy consumption-the Case of Bogor，Indonesia[J]. Procedia engineering，2017，198：642-653.

④ VALENZUELA C，VALENCIA A，WHITE S，et al. An analysis of monthly household energy consumption among single-family residences in Texas，2010[J]. Energy policy，2014，69：263-272.

⑤ 韩文科．加快推进我国能源结构调整[J]. 环境保护，2013，41（20）：35-37.

制能源消费总量、提高非化石能源消费占比、提升能效和降低碳强度等 4 个措施来优化能源结构。① 王雨（2014）在分析我国能源消费模式存在的问题后，提出我国能源战略转型的两个具体方向，一方面坚持节能减排前提下，加快如风电、水电、太阳能、生物质能源等可再生能源的发展；另一方面要切实转变经济增长方式，加快产业结构调整步伐，以减少对煤炭的需求，同时还需要注重国际能源投资与管理。② 也有一些学者从财税政策角度探讨了推动能源结构优化的相关措施，凌芸等（2017）通过介绍能源财税政策的国际经验并结合我国实际情况，提出建立具有资源能源导向性、反映生态与环境效益的能源税制，完善政府绿色采购制度，完善利益分配机制以调动地方政府发展积极性，进而推动我国能源结构加快转型。③ 另外，一些学者同样强调要通过建立统一的能源结构优化协同机制，唐云霓等（2022）研究了碳中和背景下能源政策的内部结构表征与逻辑，发现当前政策主体仍未形成跨部门协调合作格局，相应政策工具未发挥出应有效应，建议设立跨部门、跨地区的能源结构优化的协同机制，应注重政策内容的细化与落实，开展成果评估。④ 总体而言，学者们认为转变经济发展方式、建立全国统一的协调机制、提升可再生能源比重、加强财税制度的引导有助于能源结构优化。

1.2.3.3　未来发展趋势

在能源结构的未来发展趋势方面：国外学者运用相关模型对能源结构未来的发展趋势进行了预测，Brodny 等（2020）运用人工神经网络进行预测，认为世界经济发展有赖于廉价能源的获取，而随着世界能源供给的紧张、环境的污染以及价格的波动，发展清洁廉价的能源是能源结构优化和解决环境污染、促进经济发展的必然途径。⑤ Lu 等（2021）在"双碳"目标下建立了 2020—

① 邓奎．控制能源消费总量 强化倒逼机制[J]．宏观经济管理，2013（4）：42-44.

② 王雨．推进我国能源战略转型的路径选择[J]．当代经济研究，2014（3）：67-70.

③ 凌芸，王婕，孟凡达．能源转型中的财税政策创新[J]．开放导报，2017（5）：34-38.

④ 唐云霓，闫如雪，周艳玲．碳中和愿景下能源政策的结构表征与优化路径[J/OL]．清华大学学报（自然科学版）：1-14[2022-10-15]．http：//jst.tsinghuajournals.com/CN/10.16511/j.cnki.qhdxxb.2022.21.036.

⑤ BRODNY J，TUTAK M，SAKI S A．Forecasting the structure of energy production from renewable energy sources and biofuels in Poland[J]．Energies，2020，13（10）：2539.

2060年太阳能光伏发电潜力的综合评估模型，定量评估了中国技术可行性、经济平价、电网兼容的光伏发电潜力，明确了“光伏+储能”的应用前景。①

国内学者同样运用模型对我国能源结构进行了预测，有的学者基于省级区域数据进行了预测，徐枫等（2015）分析了节能减排情景下的能源结构优化，通过一般均衡（CGE）模型分析得到理想的能源结构，提出广东省应以“优化能源消费结构，降低二氧化碳的排放”为能源结构优化的发展思路。②还有学者对几个超大城市进行了预测，王勇等（2019）采用门限-STIRPAT模型，以北京、上海、广州、深圳、天津和重庆等6个超大城市为研究对象，以能源强度为门限变量，得到碳排放碳达峰背景下的最优能源结构，认为应严格控制人口增速，持续优化能源结构。③ 还有学者运用模型预测了我国未来10年的发展趋势，徐军委（2015）利用灰色-马尔科夫模型预测了我国未来10年的能源消费结构，指出我国应通过政策法规引导能源消费结构优化调整，不断加大科技投入力度，淘汰落后产能，以确保经济可持续发展。④ 总体而言，未来能源结构发展趋势以低碳化为主。

1.2.3.4 能源结构变动与低碳经济

能源结构变动对经济增长尤其是低碳经济的发展有着十分重要的经济学意义，许多学者对此问题进行了深入的研究。一些国外学者通过对各个国家的分析，研究了能源结构与经济增长的关系，Bartleet等（2010）研究考察了新西兰的能源消费与经济增长之间的关系，对能源和宏观经济之间的关系进行了具体的研究，通过多变量生产模型得到了GDP和能源消费结构之间存在

---

① Lu X, Chen S, Nielsen C P, et al. Combined solar power and storage as cost-competitive and grid-compatible supply for China's future carbon-neutral electricity system [J] . Proceedings of the National Academy of Sciences, 2021, 118 (42) .

② 徐枫，唐镭．节能减排背景下广东能源结构优化及对策研究[J]．科技管理研究，2015，35(15)：233-239.

③ 王勇，许子易，张亚新．中国超大城市碳排放达峰的影响因素及组合情景预测——基于门限-STIRPAT模型的研究［J］．环境科学学报，2019，39（12）：4284-4292.

④ 徐军委．基于灰色-马尔科夫模型的我国能源消费结构优化调整[J]．工业安全与环保，2015，41（2）：62-65.

长期格兰杰因果关系的结论。① 另外一些国外学者研究了国家能源政策与经济发展之间的关系，Nakata（2004）研究了与能源经济模型相关的各种问题及其在国家能源政策、可再生能源系统和全球环境中的应用，分析了能源结构和宏观经济、技术发展、生态环境等因素的关系，发现能源结构变动受到上述因素的影响。② 还有一些学者对解决经济发展与碳排放之间的矛盾提出了相关建议，Zhang 等（2017）通过研究中国的能源结构和可再生能源的发展现状，认为解决经济增长与二氧化碳排放量之间矛盾的唯一方法是将可再生能源融入中国未来的能源体系。同时也指出了可再生能源的发展还存在如发电质量差、运行效率低等许多问题。③

国内一些学者对能源价格与引起天气污染的雾霾之间的关系也进行了相关研究，冷艳丽等（2016）运用 2001—2010 年中国的省级面板数据，构建能源价格和雾霾污染之间的关联，发现能源价格扭曲对于雾霾具有正向影响，煤炭消费、机动车辆、产业结构、房屋建筑施工面积等因素对雾霾具有显著影响。④ 另外一些学者采用相关实证方法研究了能源结构与低碳经济之间的关系，王韶华等（2015）根据对低碳经济和能源结构内涵的理解，通过运用通径分析测算能源结构对低碳经济的总影响、直接影响和间接影响，发现能源供给结构对碳强度的作用较小，能源消费结构是碳强度增长的主要推动因素。⑤ 还有一些学者从理论方面探讨能源结构革命与低碳经济发展的关系，肖卫东（2017）认为三次能源革命的核心是能源结构革命，其价值指向是经济社会的低碳转型、可持续发展、人类福祉的改善和增进以及人的全面自由发

---

① BARTLEET M, GOUNDER R. Energy consumption and economic growth in New Zealand: results of trivariate and multivariate models[J]. Energy policy, 2010, 38 (7): 3508-3517.

② NAKATA T. Energy-economic models and the environment[J]. Progress in energy and combustion science, 2004, 30 (4): 417-475.

③ ZHANG D, WANG J, LIN Y, et al. Present situation and future prospect of renewable energy in China[J]. Renewable and sustainable energy reviews, 2017, 76: 865-871.

④ 冷艳丽，杜思正．能源价格扭曲与雾霾污染：中国的经验证据[J]．产业经济研究，2016（1）：71-79.

⑤ 王韶华，于维洋，张伟．我国能源结构对低碳经济的作用关系及作用机理探讨[J]．中国科技论坛，2015（1）：119-124.

展，这正是包容性增长的内在含义。① 总而言之，促进低碳经济发展的一条重要路径就是推进能源结构优化。

1.3 研究思路、内容和方法

1.3.1 研究思路

本书将理论研究与实证研究相结合，以理论研究为基础和指导，以实证研究验证并深化理论，按照这两条主线展开研究（见图 1-1）。

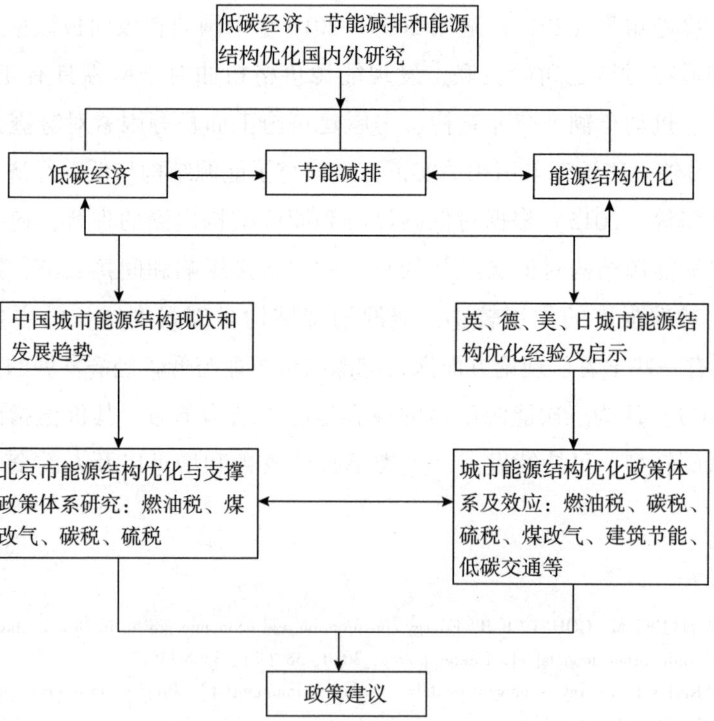

图 1-1 研究框架

① 肖卫东．包容性增长视角下低碳经济的基本要义与能源结构革命[J]．理论学刊，2017（2）：82-88.

理论研究思路：理论方面从低碳经济、节能减排和能源结构优化的内涵和相互关联的机理出发，在总结中国城市能源结构现状、发展趋势的背景和国外能源结构优化经验之后，梳理了能源结构优化的一系列政策及相关理论。

实证研究思路：实证研究主要体现在北京案例部分。分别开发出独立的能源和环境模块，并将其与结构变动模型整合连接，最终形成北京市动态-分部门-减排综合评价模型，即 3E-CGE-BJ 模型。运用此模型，结合大气污染防治政策，进行实证模拟分析，揭示北京市通过经济和能源政策治理大气污染排放的可能路径，识别高效和清洁的能源生产和使用结构，确定相应的调整战略和政策措施。

1.3.2 研究内容

本书第 1 章综述了国内外有关低碳经济、节能减排和能源结构优化的部分研究成果，介绍了本书的总体内容和框架思路；第 2 章阐述了低碳经济、节能减排与城市能源结构优化的内涵、内容、关系与最新国际国内动态；第 3 章回顾了我国城市能源结构现状及发展趋势；第 4 章梳理了英国、德国、美国、日本及 4 个国家大型典型城市英国伦敦、德国柏林、美国纽约、日本东京的能源转型的实践历程，并以交通运输和建筑节能领域能源转型经验为例，对 4 个发达国家及其主要城市的能源体系重塑和演变、能源转型政策和行动的共同特征进行总结分析，为我国能源结构优化进程提供指导和参考；第 5 章对低碳经济与节能减排背景下城市能源结构优化的政策体系，包括燃油税、碳价格制度与碳标签、硫税、煤改气与煤改电、建筑节能与低碳建筑、低碳交通、可再生能源配额制、能源互联网等，进行了相关概念的界定说明、政策内容的阐述、我国政策发展历史的梳理、效应与问题的分析、国际比较与经验借鉴的总结等工作；第 6 章以北京为例，分析其能源结构、大气污染状况与能源结构的相关关系，梳理其能源结构调整的重点方向和措施，并借助 CGE 模型对其能源结构优化与支持政策展开实证研究，对燃油税、农村煤改气、碳税、硫税等政策进行了模拟分析并提出政策建议；最后于第 7 章总结并提出相关政策建议。

1.3.3 研究方法

(1) 深入进行文献研究和理论分析

本书参考了大量的文献资料，建立在国际国内最新研究成果的基础上。尤其对能源结构优化的内涵、内容和背景做了深入的总结分析；对能源结构优化的相关政策理论进行了全面的阐释；对综合评价模型——CGE 模型研究环境政策所依据的相关理论和思路进行了深入细致分析。

(2) 依据模型进行情景假设模拟

通过编制 2012 年北京市 SAM 表，建立 3E-CGE-BJ 模型，对燃油税、煤改气、碳税、硫税在不同税率、不同征收环节下的节能减排效应及经济影响，包括宏观经济影响和产业影响等，进行了系统、全面的政策情景模拟，可作为政策制定的参考依据。

第 2 章　低碳经济、节能减排与城市能源结构优化

2.1　低碳经济发展概述

2.1.1　低碳经济的发展历程

20 世纪以来，随着工业化、城镇化和现代化的进程加快，世界各国的经济发展水平都得到了极大的提高，但与此同时，气候变化问题也随之产生。世界经济在 100 年间取得巨大成就的同时，全球变暖、海平面上升、沙尘雾霾、酸雨雷暴、土壤流失等问题对环境造成了极大危害，以牺牲环境为代价的经济增长模式也不再符合可持续发展的要求。在此背景下，如何在进一步扩大经济规模，提高经济水平，发展经济效率的同时，适应、应对和减缓全球气候变化问题，是发达国家和发展中国家共同面临的难题。“低碳经济”的概念在彼时虽然尚未被明确提出，但其最根本目标已经开始显现。为此，世界范围内的众多国家在数十年间就如何改变促进传统经济发展模式向与减缓气候变化目标一致的经济发展模式转型，构建可持续发展的经济和社会体系等方面进行了诸多的讨论与实践。

1992 年，里约热内卢召开联合国环境与发展大会，首次在外交和政治的层面上讨论了全球变暖的问题，155 个国家一致通过了《联合国气候变化框架公约》。这是世界上第一个为全面控制二氧化碳排放，以应对全球气候变暖的国际公约，也是国际社会为应对气候变化问题进行初次合作的基本框架。

为了人类免受气候变暖的威胁，1997 年 12 月，《联合国气候变化框架公约》第三次缔约方大会在日本京都召开。149 个国家和地区的代表通过了旨

在限制发达国家温室气体排放量以抑制全球变暖的具有里程碑意义的《京都议定书》①。《京都议定书》规定，到2010年，所有发达国家二氧化碳等6种温室气体的排放量，要比1990年减少5.2%②。具体地说，各发达国家从2008年到2012年必须完成的温室气体排放削减目标是：与1990年相比，欧盟削减8%、美国削减7%、日本削减6%、加拿大削减6%、东欧各国削减5%至8%。《京都议定书》为发达国家和转型国家制定了有法律约束力的量化减排指标，并且分别为各国或国家集团制定了国别减排指标；发展中国家不承担强制减排义务，而发达国家可以通过清洁发展机制（CDM）等3个灵活机制减排，还可以通过土地利用和森林建设等来抵扣减排。随后联合国数十年间多次召开《联合国气候变化框架公约》缔约方大会，以讨论应对气候变化措施。

“低碳经济”的概念首次被提出是在2003年2月，英国为应对严峻的气候变化形势，发表了题为《我们能源的未来：创建低碳经济》的白皮书，白皮书中明确提出：“计划到2050年，把英国变为一个低碳经济国家，以较少的能源消耗和较低的环境代价，转化为较多的经济产出，发展、应用和输出先进技术，创造新的商业和就业机会，使英国乃至欧洲在全球能源市场发展方面领跑世界。”英国政府率先提出了建立低碳经济体的计划，在白皮书中制定了未来50年的确保英国长期的能源供应安全性和经济性的能源政策和措施，阐明了英国今后如何实现《京都议定书》的承诺，同时为低碳经济体的创建设立了一个清晰的发展目标，即到2010年二氧化碳排放量比1990年减少20%，到2050年建成低碳经济社会。

2007年9月，中国在亚太经济合作组织第十五次领导人会议上，本着对人类、对未来的高度负责态度，就事关中国人民、亚太地区人民乃至全世界人民福祉的大事，郑重提出了4项建议，明确主张“发展低碳经济”，令世人瞩目。中国在会议中强调“发展低碳经济、研发和推广低碳能源技术、增加

① 董成．全球生态文明建设的中国实践[J]．湖南社会科学，2022（2）：109-116.

② 谢军安，郝东恒，谢雯．我国发展低碳经济的思路与对策[J]．当代经济管理，2008，30（12）：1-7.

碳汇和促进碳吸收技术发展”的重要意义，并提出要“开展全民气候变化宣传教育，提高公众节能减排意识，让每个公民自觉为减缓和适应气候变化做出努力”，并建议建立“亚太森林恢复与可持续管理网络”，共同促进亚太地区森林恢复和增长，减缓气候变化。

2008 年全球金融危机催生了全球经济结构的调整，以发展低碳经济为目标的新技术革命被发达国家看作是推动经济复苏和实现未来经济增长的新动力。为应对全球金融危机，世界主要国家都将刺激经济增长的重点放在新能源开发、节能技术、电网等领域，通过扩大政府投资和私人投资实现向低碳经济的转型。

2015 年 12 月 12 日，巴黎气候变化大会上通过了对 21 世纪全球低碳经济发展具有重大意义的《巴黎协定》。《巴黎协定》推动缔约各国以自主贡献的方式参与全球应对气候变化行动，积极向绿色可持续的增长方式转型，避免过去几十年严重依赖石化产品的经济增长模式继续对自然生态系统构成威胁①。同时促进发达国家发挥节能减排的带领性作用并对发展中国家的低碳经济建设提供财力支持，强化低碳技术发展和低碳技术转让的合作行为，帮助发展中国家通过技术手段减缓和适应气候变化。《巴黎协定》亦提倡采取市场和非市场双重手段，进行国际合作，通过适宜的减缓、顺应、融资、技术转让和能力建设等方式，引导全球投资偏好未来进一步向绿色能源、低碳经济、环境治理等领域倾斜，推动所有缔约方共同履行减排贡献。

2020 年 9 月中国明确提出 2030 年“碳达峰”与 2060 年“碳中和”目标。“双碳”目标是我国基于推动构建人类命运共同体的责任担当和实现可持续发展的内在要求而做出的重大战略决策。目前，发展低碳经济已经在全球达成共识。与低碳经济相关的一系列新概念、新政策、新技术应运而生，其领域不断拓展，不但包括低碳能源、低碳技术，而且涉及低碳产业、低碳交通、低碳建筑等社会生活的方方面面。随着低碳经济内容及内涵的不断拓展，适应世界气候变化和经济发展格局的低碳经济体系也在逐渐建立，其在逐步

---

① 包尤思．“双碳”形势下如何深化清洁生产审核[J]．中华环境，2022（3）：47-49.

地、持续地、深刻地影响世界经济发展模式和社会生活方式向低碳、绿色、循环、协调和可持续的方向进行深刻变革。

2.1.2 低碳经济的内涵

2.1.2.1 低碳视角

“低碳经济”已成为国际社会研究全球变暖应对之策的热门词汇。低碳的最基本含义是指较低（更低）的温室气体（二氧化碳为主）排放。因此，为维持生物圈的碳平衡、抑制全球气候变暖，需要降低生态系统碳循环中的人为碳排放，通过减排二氧化碳，减少碳源、增加碳汇，改善生态系统的自我调节能力。低碳经济从低碳视角来说主要具有低能耗、低排放、低污染 3 个基本特点①：

（1）低能耗

低碳经济是相对于高碳经济，即相对于基于无约束的碳密集能源生产方式和能源消费方式的高碳经济而言的。低碳经济是目前最可行的、可量化的、可持续发展模式，是转变发展方式的有效途径。温室气体长期减排和经济社会可持续发展，关键在于发展清洁、低碳能源技术，建立低碳经济增长模式和低碳社会消费模式，并将其作为协调经济发展和保护全球气候的根本途径。对我国而言，发展低碳经济和低碳能源技术的实质是可再生能源的开发和化石能源的洁净、高效利用。特别是以煤为主的能源结构和以重化工业为主的产业结构，决定了我国目前发展低碳能源技术的重点在于煤炭的洁净高效转化利用和节能减排技术。

（2）低排放

发展低碳经济的关键在于降低单位能源消费量的碳排放量（即碳强度），通过碳捕捉、碳封存、碳蓄积，降低能源消费的碳强度，控制二氧化碳排放量的增长速度。应促进经济增长与由能源消费引发的碳排放“脱钩”，实现经

---

① 谢军安，郝东恒，谢雯．我国发展低碳经济的思路与对策［J］．当代经济管理，2008，30（12）：1-7.

济与碳排放错位增长（低增长、零增长或负增长），通过能源替代、发展低碳能源和无碳能源控制经济体的碳排放弹性，并最终实现经济增长的碳脱钩。

（3）低污染

低碳能源是低碳经济的基本保证，清洁生产是低碳经济的关键环节，未来能源发展的方向是清洁、高效、多元、可持续。要改变人们的高碳消费偏好，减少化石能源的消费量，不仅要大力发展先进低碳技术，更要注重科技创新和低碳技术在各行业中的应用，力求提高能源利用效率，减少污染物排放，推进废弃物能源化、资源化利用，减少碳足迹，实现低碳生存。

总之，低碳经济是相对于基于化石能源的传统经济发展模式而言的。优化能源结构是实现低碳经济的重点，应通过低碳技术及转变能源利用方式等途径降低能源消费的碳排放强度。

2. 1. 2. 2　经济视角

首先，低碳经济并不是简单地减少碳排放，而是要把这种碳减排建立在能够促进经济增长的技术基础上。低碳技术需要的不再是更大程度地对自然资源的开发利用，而是要最大限度地节约自然资源。正像之前的所有技术革命都会带来经济增长的巨大繁荣一样，如果这种低碳技术能够成为主导的技术，也会促进经济的快速增长。在 2008 年的金融危机之后，发达国家普遍开始积极谋求低排放高产出的技术变革模式，并希望这场技术革命能彻底地改变国家经济增长形态，以期实现新的经济繁荣。如果各国能够完成低碳技术革命，那么也会实现低碳与加快经济增长之间的融合。

其次，气候形势更为严峻的国家也往往是经济发展水平更好的国家。对这些国家而言，其物质积累程度已经远远超过了人们对物质生活水平的要求，通过增加物质投入来加快经济增长速度的空间十分有限。因此，寻求经济持续高增长国家的主要经济增长领域通常集中在第三产业，而第三产业一般都是低投入、低能耗、低污染的产业。在此情况下，对于多数国家而言，如果要实现持续稳定的经济增长，那么引导产业结构向更为低碳的第三产业倾斜，形成低碳的产业格局是实现经济增长的重要手段。从该角度来看，国家所处的经济发展阶段及其经济结构性质实际已经决定了“低碳”和“加快经济增长之间”是相互融合的关系，低碳是一种经济增长模式得以实现的阶段性前提。

最后，世界经济在经历了三次产业革命之后，其生产力的发展方向出现新的特征。第一、二次产业革命都在创造物质财富方面实现了生产力的巨大进步，因此解决的是物质产品的供给问题，第三次产业革命是在流通领域发生了生产力的实质性变革，形成了所谓的信息革命，因此其贡献不仅在于继续增进物质财富，更重要的是创造出更大的需求。这场新的绿色革命则是在争取解决人类经济活动中供给和需求约束后，进一步解决现存的资源约束和环境约束问题。这样的技术取向会促进未来低碳与加快经济增长之间的融合，在世界范围内实现低碳与快速经济增长相融合的目标是低碳经济的基本任务。

2.1.2.3 综合视角

通过前述的内容可以看出，低碳经济不仅仅是单纯的以低能耗、低排放、低污染为特征的低碳技术，也不仅仅是为简单高效实现经济增长目标的投入产出模式。低碳经济是比低碳技术和低碳产业更具有包容性、兼容性的新经济发展模式，其同时兼顾了经济效益和环境效益，是促进经济-社会-环境协调和可持续发展的重要途径。

从技术特征上看，低碳经济是通过利用低能耗、低排放、低污染的技术手段，对实体经济生产分配方式进行的技术创新、组织创新和发展模式转型，从而减少经济发展对化石燃料的依赖，以降低温室气体排放量，适应和减缓气候变化。

从经济发展的角度看，低碳经济是通过不断增加对科技研发的投入，提高能源利用效率，开发清洁能源技术，优化产业结构，发展循环经济，重构国民经济可持续发展的微观基础。

低碳经济是具有包容性、兼容性的新经济形态。低碳经济的“包容性”表现在其内容不仅包含在低碳技术、低碳产业、低碳贸易、低碳金融等多个领域的目标实现，还包含一切具有节能、减排、清洁、环保特点的常规技术、传统产业和产品，不仅具有低能耗、低排放、低污染的技术特征，还具有低消耗、低废弃、低成本的价值特征。低碳经济的“兼容性”则表现在低碳经济不仅把减少碳源、缩小碳足迹、降低碳强度与提高碳汇和固碳能力联络起来，同时还旨在构建完善的温室气体排放和节能减排统计监测制度、碳排放交易市场制度、碳税制度等一系列健全的低碳发展机制，更重要的是其同时要求严控城市空间中的碳排放，在交通、建筑、工业、居住等各个领域建设低碳城市，将低碳城市建设作为低碳经济发展的载体。

低碳经济的最终目标是实现低碳高增长，强调的是发展模式。因此，从综合视角来看，低碳经济是指通过建立控制温室气体排放和保持经济可持续增长的发展模式，使碳生产力和人文发展均达到一定水平的经济形态。低碳经济的核心特征是使碳排放与经济增长脱钩，不仅包括技术的作用，还要强调生产、生活方式和社会变革的重要性。低碳经济的本质是通过一系列减缓和适应气候变化的政策和措施来减少温室气体排放，促进经济持续、健康和稳定增长，最终达到经济增长、环境保护和社会效益改善相互平衡的可持续发展。

国务院于 2021 年 2 月 24 日发布《关于加快建立健全绿色低碳循环发展经济体系的指导意见》，明确提出我国建立健全绿色低碳循环发展经济体系的两大阶段性目标："到 2025 年，产业结构、能源结构、运输结构明显优化，绿色产业比重显著提升，基础设施绿色化水平不断提高，清洁生产水平持续提高，生产生活方式绿色转型成效显著，能源资源配置更加合理、利用效率大幅提高，主要污染物排放总量持续减少，碳排放强度明显降低，生态环境持续改善，市场导向的绿色技术创新体系更加完善，法律法规政策体系更加有效，绿色低碳循环发展的生产体系、流通体系、消费体系初步形成。""到 2035 年，绿色发展内生动力显著增强，绿色产业规模迈上新台阶，重点行业、重点产品能源资源利用效率达到国际先进水平，广泛形成绿色生产生活方式，碳排放达峰后稳中有降，生态环境根本好转，美丽中国建设目标基本实现。"①

① 国务院．国务院关于加快建立健全绿色低碳循环发展经济体系的指导意见[J]．中华人民共和国国务院公报，2021（7）：39-43.

2.1.3 低碳经济的内容

2.1.3.1 低碳消费

低碳消费是基于当前发展过程中出现的能源消耗大、资源浪费、碳排放日益增多、环境污染、生态平衡严重失调等问题而提出的一种新型的消费方式，它是在低碳经济发展理念的指导下发展出的新的消费方式，也是低碳经济发展的必然要求。低碳消费的目的是实现消费的低碳化。低碳消费把人们的消费纳入到生态系统中，接受生态系统对人类消费的约束，使之与生态系统协调统一，实现人与自然的和谐发展。此处的低碳消费主要指生活消费，并不涉及生产消费，因为生产消费与技术有很大相关性，通常在低碳技术和低碳产业部分进行探讨。低碳消费的含义主要包括 4 个层次："低排放消费"，在消费过程中温室气体排放量最低；"节约消费"，即对资源和能源的消耗量最小，效用达到最大；"可持续消费"，对人类可持续发展危害最小；"新型消费"，转向消费新能源，鼓励开发新的低碳技术、研发低碳产品、拓展新的消费领域①。

2.1.3.2 低碳能源

从某种角度来说，低碳经济的实质就是用低的能源消费、低的排放和低的污染来保证国民经济和社会的可持续发展。低碳能源是指高能效、低能耗、低污染、低碳排放的能源，包括可再生能源、核能和清洁煤，其中可再生能源包括：太阳能、风能、水能、海洋能、地热能及生物质能等。由此看来，低碳经济发展的核心就是低碳能源。发展低碳经济就是要改变现有的能源结构，使现有的"高碳"能源结构逐渐向"低碳"能源结构转变。这就要求我们一方面大力推广使用现有技术可控的低碳能源；另一方面大力推进科技创新，积极开发高效、经济、实用的低碳能源新技术，并将其转化成实际生产力。

---

① 张锐．全链式挖掘绿色低碳消费新势能[J]．中关村，2022（1）：22-23.

2.1.3.3　低碳产业

低碳产业是低碳经济发展的载体。“载体”是事物从一种状态变化到另一种状态的中介物质；经济发展载体是经济发展中起核心支撑作用的平台，作用就是承载、传递和催化经济数量的增长和经济质量的提升。经济发展不同阶段应有不同的经济发展载体与之相对应，低碳经济发展的载体是低碳产业。低碳经济发展的水平取决于低碳产业承载能力的大小（低碳产业发展规模的大小、质量的好坏）；低碳产业的传递和催化能够促进低碳产业的发展并将带动现有高碳产业的转型发展，催生新的产业发展机会，形成新的经济增长点，发挥“乘数”效应，促进经济发展。

2.1.3.4　低碳城市

低碳城市是指在经济社会发展过程中，以低碳理念为指导，以低碳技术为基础，以低碳规划为抓手，从生产、消费、交通、建筑等方面推行低碳发展模式，建设碳排放与碳处理动态平衡的城市。低碳城市以绿色能源、绿色交通、绿色建筑、绿色生产、绿色消费为要素；以碳中和、碳捕捉、碳储存、碳转化、碳利用、碳减排为手段。通过组织机制创新、激励机制创新、治理机制创新、制约机制创新、评价机制创新可以发挥低碳城市的平台作用。

2.1.3.5　低碳技术

低碳技术分为两个领域的内容：一是通过对无污染、低碳的新能源和可再生能源的开发，特别是对太阳能、水能、风能和生物质能、地热能等清洁能源的开发，从而减少传统化石能源在能源利用中的使用比重，优化能源结构。二是能源技术的创新实践，即在生产、生活各个方面研发并推广使用节能技术，提高现有资源和能源的利用效率，尤其是高碳的化石能源利用效率，在不减少经济产出的同时减少能源的使用，从而达到“节能减排”的目的。低碳技术在碳的减排方面可以分为 3 个类型：一是无碳技术，即零碳排放技术，如核能、太阳能、风能、生物质能等可再生能源技术；二是减碳技术，是指通过高能耗、高排放领域的节能减排技术来减少温室气体的排放[①]；三是去碳技术，是对生活和生产中现有的碳量进行吸收和利用，其中最典型的是二氧化碳捕获与封存技术。

2.2 节能减排发展概述

2.2.1 节能减排的内涵

我国经济发展进入新常态，产业结构优化明显加快，能源消费增速放缓，资源性、高耗能、高排放产业发展逐渐衰减。随着工业化、城镇化进程加快和消费结构持续升级，我国能源需求刚性增长，资源环境问题仍是制约我国经济社会发展的瓶颈之一，节能减排依然形势严峻、任务艰巨。2007 年，国务院发布《国务院关于印发节能减排综合性工作方案的通知》，是我国首个与“节能减排”相关的政策性文件；2012 年，国务院发布《国务院关于印发“十二五”节能减排综合性工作方案的通知》；2017 年，国务院发布《国务院关于印发“十三五”节能减排综合工作方案的通知》[②]，随着国家层面和区域层面众多节能减排政策的出台，节能减排已经成为我国各阶段“五年规划”中的重点和深入推进的任务。结合中国已经颁布的政策文件内容，节能减排的内涵可以从“节能”和“减排”两大角度展开阐述。

2.2.1.1 节约能源

节约能源是深化能源利用管理体制，加强上层规划，采取一系列有效措施，采取技术上可行、经济上合理以及环境和社会可以承受的措施，从能源生产到消费的各个环节和不同领域，降低消耗，减少损失和污染物排放，制止浪费，有效、合理地利用能源，以实现社会-经济-环境三者的协调可持续

① 中国电器工业协会．电力装备助力“碳达峰·碳中和”途径与措施研究（上）[J]．电器工业，2022（6）：1-7.

② 国务院．国务院关于印发“十三五”节能减排综合工作方案的通知[J]．中华人民共和国国务院公报，2017（3）：26-48.

发展。能源是国民经济的命脉，能源与人民生活和人类的生存环境息息相关，在社会可持续发展中起着举足轻重的作用。我国一直以来实施节约与开发并举、把节约放在首位的能源发展战略。随着我国城市化的推进，经济总量的不断扩大，人民生活水平不断提高，对能源的需求量也将相应增长，经济发展面临的能源约束矛盾和能源环境问题将更加突出，因此，节约能源，努力提高能源利用水平，保障我国能源安全，是我国经济社会发展长期面临的重大问题。

根据《中华人民共和国节约能源法》中的定义，能源是指煤炭、石油、天然气、生物质能和电力、热力以及其他直接或者通过加工、转换而取得有用能的各种资源。能源按直接获得和间接获得的方式可分为以现存的形式存在于自然界中的一次能源，如煤、石油、天然气、核燃料、水力、风、生物质能等。由一次能源直接或间接转化为其他种类和形式的能源称为二次能源或人工能源，如电、汽油、柴油、液化气、煤气和蒸汽等。能源按其能否再生可分为可再生能源和不可再生能源，不可再生能源包含煤炭、石油、天然气、水等化石燃料以及核能。可再生能源包括水力、风力、太阳能、生物质能以及海洋能和浅表地热能等。因此，可以通过提高能源利用效率、减小中间环节的损失、增加新能源和可再生能源的比例等手段达到节约能源的目的①。

2.2.1.2　减少污染物排放

减排所指的主要是减少污染物的排放。污染物主要包括工业“三废”，即废水、废气及工业固体废物。其中，工业废水中常见有害物包括氨氮、石油类、挥发酚、铅、砷、六价铬、总磷、总氮等。废气中有害物包括二氧化硫、烟尘、工业粉尘、氮氧化物、氟化物、一氧化碳和碳氯化合物。工业固体废弃物包括冶炼废渣、粉煤灰、煤矸石、尾矿、脱硫设施产生的石膏、污水处理厂产生的污泥和危险废物及其他工业固体废弃物②。

《国务院关于印发“十三五”节能减排综合工作方案的通知》中明确指

---

① 沙之杰．低碳经济背景下的中国节能减排发展研究［D］．成都：西南财经大学，2011.

② 宿永铮．节能减排、产业结构优化与镇江经济发展方式转变研究［D］．镇江：江苏大学，2010.

出要推进“主要污染物减排、移动污染物减排、生活污染综合整治、农业污染排放治理、城市废弃物规范有序处理、大型固体废弃物综合利用”。虽然我国提出的节能减排工作表面上只对工业“三废”提出了明确的减排目标与计划，对温室气体的减排没有提出明确的要求，但这并不表示减排任务对温室气体的忽略。恰恰相反，温室气体减排是节能减排的重要组成部分，无论是节约能源还是减少污染物排放都能够直接或间接地带来温室气体减排的效果。2009 年，在哥本哈根气候变化会议召开之前，中国就自身的减排目标做出郑重承诺，到 2020 年完成单位 GDP 的二氧化碳排放量比 2005 年下降 40%到 45%的目标。要实现碳总量的控制，则要提高能源利用效率、增加新能源和可再生能源在能源结构中的比重。随着能源利用效率提高，以及风能、太阳能、核能等新能源和可再生能源在能源结构中的比重提高，单位 GDP 能耗也必然随之降低，从而达到减少碳排放的目的。

综上，节能减排包含着丰富的含义，涉及社会生产、人民生活、经济发展、环境保护等多个领域。节能减排既是我国减少碳排放，顺应全球低碳发展的重要举措，又是我国优化自身产业结构、能源结构，改善环境质量，实现长期可持续发展的有效途径。

2.2.2 节能减排的内容

根据《国务院关于印发“十三五”节能减排综合工作方案的通知》，我国节能减排的最新总体目标是：“以提高能源利用效率和改善生态环境质量为目标，以推进供给侧结构性改革和实施创新驱动发展战略为动力，坚持政府主导、企业主体、市场驱动、社会参与，加快建设资源节约型、环境友好型社会，确保完成‘十三五’节能减排约束性目标，保障人民群众健康和经济社会可持续发展，促进经济转型升级，实现经济发展与环境改善双赢，为建设生态文明提供有力支撑。到 2020 年，全国万元国内生产总值能耗比 2015 年下降 15%，能源消费总量控制在 50 亿吨标准煤以内。全国化学需氧量、氨氮、二氧化硫、氮氧化物排放总量分别控制在 2001 万吨、207 万吨、1580 万吨、1574 万吨以内，比 2015 年分别下降 10%、10%、15%和 15%。全国挥发性有机物排放总量比 2015 年下降 10%以上。”①

节能减排技术也是节能减排最关键的内容之一，各个节能减排工程的建设和实施都依赖于节能减排技术的进步与发展。节能减排技术主要可以分为节能技术、可再生能源技术和二氧化碳捕捉、封存和利用技术等。

节能技术是指通过提高能源的开发效率和效益，从而降低能源消耗速度，减少对生态环境影响的技术。发展节能技术，减缓非再生化石能源的消耗速度，对于全球气候的改善、环境的保护以及低碳经济的发展具有十分重要的意义。根据所需节能资源的类型可以将节能技术划分为 4 种：节电技术、节水技术、节油技术和节气技术。目前世界上的主要耗能产业集中在工业生产、发电、建筑业及交通运输业②，积极探索高能耗领域的节能技术，有利于在能源消费端降低对传统化石能源的依赖，建立多元化的新型能源消费结构，强化能源节约和高效利用，以实现高排放部门的低碳减排目标，构建低碳城市和低碳生活方式。

可再生能源技术主要是指能够促进可再生能源开发和提高可再生能源利用效率的技术。可再生能源是指在自然界中可以不断再生、永续利用的能源，具有取之不尽、用之不竭的特点。可再生能源对环境无害或者危害极小，而且资源分布广泛，适宜就地开发和利用，新能源一般就是指在新技术基础上加以开发和利用的可再生能源。积极发展可再生能源技术和新能源技术，提升可再生能源在能源供给端的使用比例，减少可再生能源在能源传输过程中的损耗，提高可再生能源转化效率，有利于调整和优化能源结构，减少温室气体排放，对发展低碳经济具有重要的现实意义。

二氧化碳捕捉与封存技术（CCS）主要包括二氧化碳捕捉、运输和封存，其将工业和有关能源产业所生产的二氧化碳分离出来，再通过碳储存手段，

---

① 国务院．国务院关于印发“十三五”节能减排综合工作方案的通知[J]．中华人民共和国国务院公报，2017（3）：26-48.

② 张婷，蔡海生，张学玲．新兴低碳经济实践模式及实现路径研究综述[J]．金融教育研究，2013，26（3）：50-57.

将其输送并封存到海底或地下等地方①，使其长期与大气隔绝，以达到减少碳排放的目的。目前，带动世界经济发展的主要能源仍是化石能源，在未来相当长的一段时期，煤、石油、天然气等化石能源仍将在世界能源消费结构中占主要地位。IEA 预测，到 2050 年全球温室气体的排放水平将是当前水平的 2.5 倍，这将给全球环境带来更大的威胁②，CCS 技术的研发能够保证在满足世界经济发展所需化石能源供应的同时减少二氧化碳的排放量，对于缓解全球气候变暖以及低碳经济的发展具有十分重要的意义③。

2.2.3 节能减排与低碳经济

节能减排与低碳经济之间并非等同关系，节能减排是实现低碳经济的重要工具，节能减排与低碳经济间具有一定的一致性，节能减排所取得效果和面临的问题同时也在一定程度上反映出低碳经济发展所处的阶段。

要实现经济的低碳发展和可持续发展，节能减排是非常重要的方式和手段。节能减排是党中央、国务院站在经济社会发展全局，从全国人民的根本利益出发而做出的重大战略决策，是落实科学发展观、构建社会主义和谐社会的重大举措。节能减排是应对温室气体减排国际压力、能源供需矛盾和生态日益恶化问题的主要手段，是实现节约、低碳、清洁、低成本、低代价发展的方式。其实质就是应用技术上现实可靠、经济上可行合理、环境和社会都可以接受的方法，有效利用能源，提高能源利用效率，是实现低能耗、低污染、低排放和高效能、高效率、高效益发展目标的着力点。通过节能减排，可以减少环境污染物的排放，从而保护自然和森林植被，并有助于提高资源和能源的利用效率，充分利用和开发可再生资源，从而减少污染物的排放，

---

① 何民宇，刘维燥，刘清才，等．CO_2 矿物封存技术研究进展[J]．化工进展，2022，41（4）：1825-1833.

② 曲建升，曾静静．二氧化碳捕获与封存：技术、实践与法律：国际推广二氧化碳捕获与封存工作的法律问题分析[J]．世界科技研究与发展，2007（6）：78-83.

③ 张婷，蔡海生，张学玲．新兴低碳经济实践模式及实现路径研究综述[J]．金融教育研究，2013，26（3）：50-57.

保护环境，以实现可持续发展和循环型社会的目的①。

从低碳经济的低碳性特征来看，控制温室气体排放也是发展低碳经济最重要的内容之一。根据KAYA恒等式，一个国家二氧化碳排放量的增长取决于人口、人均GDP、单位GDP能耗和能源结构4个因素。由此可以看出，节能减排与控制温室气体排放有很大的协同性，对控制温室气体排放具有积极的意义。基于现实的情况，中国人口基数大且在今后一段时间将继续增加，为满足人们不断增长的物质和文化生活需要，社会发展同样要求人均GDP迅速增长，因此这两个因素对中国控制碳排放增长起反向作用。中国所能采取的措施就是降低单位GDP能耗和提高可再生能源在一次能源消费中的比例。长期来看，低碳经济对中国的含义不仅是要求减少煤炭等化石燃料的使用，更是要全力地提高中国的能源利用效率，使单位GDP的能源消耗和碳排放逐步降低，使中国的产业与技术在未来国际竞争中能占据一席之地②。因此，虽然控制碳排放与节能减排具有一致性，但节能减排只是当前中国低碳经济转型的一项具体行动。低碳经济包括低碳生产、低碳消费、低碳资源、低碳建筑、低碳交通、低碳生活、低碳环境、低碳社会等方方面面。

从节能减排的角度来看，目前低碳经济社会的构建仍具有一定的难度，主要原因在于以下几点。第一，理顺以资源性产品为代表的要素价格对形成节能减排的市场机制、调整经济结构都有着重要作用，但会对宏观经济造成一定的冲击，例如会进一步加大通货膨胀的压力。所以，一些资源性产品的价格形成机制还不能充分反映市场供求关系、资源稀缺程度和环境损害成本，“污染者付费”的原则没有很好落实。第二，由于各地方就业压力和税收压力较大，淘汰落后产能、加快结构调整在落实上有难度，存在地方保护主义。例如有的工艺和装备落后、资源利用率低、环境污染重的中小企业的关停并转受到地方利益的保护，而有些地方仍争先恐后上项目，特别是重化工项目，对国家的相关规定置之不理。第三，从行政手段向市场化的方式过渡，建立

① 沙之杰．低碳经济背景下的中国节能减排发展研究[D]．成都：西南财经大学，2011.

② 潘家华，庄贵阳，郑艳，等．低碳经济的概念辨识及核心要素分析[J]．国际经济评论，2010(4)：88-101，5.

节能减排的长效机制尚需时日。当前，我国节能减排工作仍然主要由中央政府主导和以行政手段为主，依靠节能减排指标的层层分解来约束地方政府和企业，市场化的长效机制尚未建立起来，企业缺乏加大投入的内在动力和外在压力。第四，政策和投资效果的滞后效应。各项推动低碳经济发展的政策包括针对节能减排的投资，发挥的作用和实施的效果存在滞后性。企业环保技术的改进转化为企业的节能绩效也需要一个过程，不可能立竿见影。第五，当前我国正处于工业化和城市化快速发展时期，整体上第二产业在整个国民经济中的比重仍较高，低耗能的第三产业发展较滞后。我国制造业大国的地位决定了调整经济结构存在较大的难度①。

2.2.4 节能减排重点领域

2.2.4.1 能源领域

清洁能源建设对削减能源需求和碳减排的作用可以从能源的供应端和管理端分别讨论。清洁能源供应端的建设通过从源头上更换能源种类，使用清洁能源，提高能源使用效率对能源使用终端的需求的削减起到促进作用。各种清洁能源供应设施和管网布局的建设可以提高清洁能源在一次能源中的消费比例。提高清洁能源使用效率的设施主要是分布式能源系统和冷热电联产系统。分布式能源系统建立在用户端供应能源基础上，其可以利用需求应对式设计和模块化配置将用户多种能源需求，针对资源配置状况进行系统整合优化，通过将供能点分散布置，建立能源供应微网，推动清洁能源的使用，减少传统供电电网输变电过程中的能源损耗。天然气调压站点和天然气供应管网布局可以发挥天然气高热能、低碳排的优势，减少居民对煤炭和石油的需求。工业企业生产会排放较多的废热，余热回收设备、热能梯级利用设备等可以使用废热为建筑供热、提供工业和生活热水等，从而削减了对制热能源的需求以促进碳减排。在清洁能源的管理端，智能的能源管理系统如能源互联网的建设，基于计算机技术、网络通信和自动化仪表技术统计区域内各

① 庄贵阳．节能减排与中国经济的低碳发展[J]．气候变化研究进展，2008（5）：303-308.

地区能源消耗情况，从而对各地区能源终端的用能和需求情况进行全面有效的管理和控制。

2.2.4.2　建筑领域

低碳建筑能够在建筑的全生命周期内，最大限度地节约资源，减少污染，为人们提供健康、适用和高效的使用空间。低碳建筑一方面有直接的节能作用，另一方面也通过节地、节水、节材等方式间接达到节能目标。低碳建筑的节能直接体现在低碳建筑通常在设计阶段就充分利用现有的可再生能源达到降低能耗的目的。根据当地的气候条件，选择能满足建筑物能源需要的可再生能源种类。例如在多晴天的地区扩大太阳能技术的应用，使其成为建筑物的主要可再生能源来源。在降水较多的地区，利用风能、地热能等满足建筑能源需要。低碳建筑还通过建筑物布局设计、朝向设计等保证室内拥有充足的自然光照，从而可以减少冬季采暖能耗与室内照明能耗①。低碳建筑使用先进的蓄能技术装备和节能材料保持建筑物的能量平衡，尽量减少能源的二次输入。以保温隔热为例，低碳建筑通过各种保温技术对建筑围炉结构进行改造，在建筑窗体、玻璃幕墙上使用高保温性能的玻璃等设施，提高建筑的保温性能，一定程度上使能量在建筑内部得以维持。低碳建筑对能耗的降低间接体现在低碳建筑的施工阶段，使用无污染、可再生循环利用建筑材料替代传统的木材、砖瓦等，能够减少对木材、土地等资源的消耗，尽可能采用对环境影响小的施工方法也能够帮助减少施工过程中的碳排放和环境污染。大力发展低碳建筑，努力提高建筑领域能源利用效率，可为抑制未来建筑能耗的增长奠定基础，也利于我国气候变化和节能减排目标的实现②。

2.2.4.3　交通领域

交通道路网络是低碳交通建设的基础，道路网络根据各地区的功能定位和发展格局建设功能明确、主次有序、四通八达的道路系统，可以提高交通

---

①　肖倩．绿色建筑设计理念和设计策略研究[J]．居舍，2019（8）：98.

②　张苗苗，杨钺．浅谈绿色建筑的可持续发展[J]．城市建设理论研究（电子版），2017（33）：179.

可达性，缩短出行路程。第一，道路建设选择泡沫沥青、橡胶沥青等可再生、可循环的道路材料，这些新材料和技术能够削减建设过程中的能耗，并延长道路的使用寿命。第二，交通走廊和公共交通枢纽的建设，它们可以实现高速公路、轨道交通、城市快速路等不同交通设施的高效衔接，对空间资源进行整合和共同利用，使居民使用公共交通实现无缝换乘，降低对小汽车的依赖。第三，交通附属设施，包括道路路灯、信号灯、加油站、停车场等为辅助交通运输衍生的设施。这些设施单个能耗可能不大，但由于数量众多，降低其能耗对交通碳减排也有重要意义。例如 LED 灯应用在隧道中可以大幅度减少电能消耗；停车场费用的提高可以减少小汽车出行量；充电桩、加气站等配套设施的建设可以促进新能源汽车、小排量汽车的普及。第四，慢行交通系统的建设也是帮助削减交通能耗的重要方式，慢行交通系统通过布局自行车、步行通道，与公交系统相互补充，使短途出行更加低碳。第五，道路绿化建设，道路绿化可以调节路面及周围湿度、温度，吸收汽车尾气中的碳和污染物，促进物质循环和能量流动，也是低碳交通系统构建过程中的重要辅助设施。

2.2.4.4 产业领域

不同行业和产业在碳排放上存在明显差异，从行业视角来看，可以分为“三低行业”，即能源强度低、碳强度低和碳排放系数低，包括采矿业、有色金属业等，以及“三高行业”，即能源强度高、碳强度高、碳排放系数高，包括食品业、纺织业、皮革业、造纸业、石化原料业、橡胶业、化工产品业、金属制品业等。从产业层面来看，随着农业所占 GDP 比重明显下降，工业和服务业的比重则显著上升，同时工业部门能耗强度对于二氧化碳排放强度起到了决定性的作用，这为有效实施产业结构调整与升级提供了有力的依据。因此，我们应以工业耗能为节能减排的重点，特别是要严格限制重度工业耗能行业的发展，淘汰落后产能，推动节能环保、新能源、高新技术等低碳产业发展，尤其是要大力发展能耗低、污染小、就业容量大的现代服务业。

2.2.4.5 市政领域

城市供水和污水处理过程能源消耗数量与成本较高，该过程中产生的温室气体排放量很大。在水资源综合利用过程中，区域共享的水资源供应网络、分质供水网络、供水管网效率建设、水资源渗漏控制装备都可以优化水资源在产业、交通、建筑等领域的配置，减少水资源处理中的能耗浪费。高效的城市污水收集、处理和回收系统更能实现水资源的循环利用。通过整合水资源管理、废水回收和雨水开发等增强供水服务，减缓水资源的消耗和碳排放，实现水资源的可持续利用。水资源利用系统还可以构建分质供水系统等现代设施，加强非常规水资源（再生水、雨洪、海水）使用，通过低冲击开发模式的推广修复水文循环。在废物处理工程方面，垃圾在收集、转运、日常管理过程中也会耗费能源并排放二氧化碳。废弃物处理工程在未来可以开展垃圾分类收集和处理工作，分布式推行餐厨垃圾的就地资源化，建筑废弃物、危险废弃物、污水厂污泥等就近输送至区域性设施进行集中处理。低碳市政基础设施要对能源、建筑、交通、水和废弃物系统进行低碳技术的植入和结构模式的提升，构建循环化与高效率的系统，从而实现结构上的节能减排。

2.3　能源结构及优化发展概述

2.3.1　能源结构及优化的内涵

能源结构指能源总生产量或总消费量中各类一次能源、二次能源的构成及其比例关系。能源结构分为能源供给结构和能源消费结构①。通常来说，能源生产结构是指各类能源产量在能源总生产量中的比例。能源消费结构是指各类能源消费量在能源总消费量中的比例，进一步地，能源消费结构又可以分为一次能源消费结构、终端能源消费结构和部门能源消费结构等。各类一次能源消费量在能源总消费量中的比例，称为一次能源消费结构；煤炭、石油、天然气和电力等能源直接消费品种在能源消费中的结构份额称为终端能源消费结构，也称能源消耗结构；各产业部门的能源消费结构，称为部门能

① 蔡彤娟．气候投融资 为绿色建材发展带来新机遇[J]．中国建材，2022（7）：64-69.

源消费结构①。

能源结构优化是指在一定的资源和技术经济条件下，使各种能源占能源总量的比例趋于合理，以达到提高能源开发利用整体效益的目的。能源结构优化是中国能源发展面临的重要任务之一，也是保证中国能源安全的重要组成部分。整体来看，能源结构优化的基本目标是，在能源的供给端尽可能地增加可再生能源的使用比例，在能源的运输过程中提高能源使用效率，在能源的消费端减少非可再生能源的使用比例，推动相关领域的节能减排进程，实现低碳经济社会的建设目标。能源结构优化的内涵可以从不同的角度得到较为全面的体现。

从能源规划的角度来看，能源规划是依据一定时期的国民经济和社会发展规划，预测相应的能源需求，从而对能源的结构、开发、生产、转换、使用和分配等各个环节做出的统筹安排。能源结构优化从能源规划的角度来看，应在明确社会经济发展阶段和能源供需现状的前提下，了解能源发展基础和趋势，以及当前阶段面临的主要问题和挑战，制定能源结构优化的基本原则和主要目标，分解能源结构优化的主要任务，提出能源结构优化的保障政策和措施，从国家能源战略层面的高度统筹指引国家能源结构的优化发展，保障国家能源安全。

从能源利用的角度来看，能源利用效率包括能源技术效率和能源配置效率。能源技术效率是指在能源投入给定时，实现能源产出水平的最大化，或者给定能源产出水平，使能源投入最小化；能源配置效率是指各能源品种价格既定时，通过合理配置能源结构实现能源投入最小化。基于能源利用效率的视角，能源结构优化即是指在一定的技术和资源约束下，综合运用市场调节和政府宏观调控合理配置各能源品种的消费比例，以促进能源利用效率的提高。

从能源产出角度来看，能源产出既包括社会经济效益又包括环境效益，能

① 杨学民，刘创．北京市交通运输仓储及邮政业碳排放核算的影响因素分析[J]．物流工程与管理，2022，44（4）：105-110.

源结构优化须以在促进社会经济发展的同时，降低对环境造成的影响为目的。

2. 3. 2　能源结构优化的内容

国务院于 2014 年发布《能源发展战略行动计划（2014—2020 年）》，明确指出，我国优化能源结构的路径如下：大力优化能源结构，把发展清洁低碳能源作为调整能源结构的主攻方向。坚持发展非化石能源与化石能源高效清洁利用并举，逐步降低煤炭消费比重，提高天然气消费比重，大幅增加风电、太阳能、地热能等可再生能源和核电消费比重，形成与我国国情相适应、科学合理的能源消费结构，大幅减少能源消费排放，促进生态文明建设。到 2020 年，非化石能源占一次能源消费比重达到 15%，天然气比重达到 10%以上，煤炭消费比重控制在 62%以内①。中国的能源结构长期以煤炭为主，水力发电也有一定比重。改革开放后，能源需求随着经济发展水涨船高，并正朝向高效率低污染的石油气发电形式过渡，同时以风电、核电、太阳能为代表的新能源也得到了快速的增长。

调整中国能源结构，坚决控制能源消费总量。控制煤炭和石油等高碳能源消费日趋增加的势头，减少对化石能源资源的需求与消费，降低对国际石油的依赖，降低煤电的比重。当前及今后一段时间内，能源消费仍然具有以下属性：以煤为主的能源消费结构，煤炭和石油等高碳能源消费不断增加，能源消费总量不断增长。调整能源结构也要保障能源结构的经济安全。石油安全关系国民经济安全，中国能源发展战略，仍然应该将石油安全放在关键位置。居高不下的中国原油需求的对外依存度，无疑会给中国石油安全带来很大压力。降低煤电比重是节能减排和保护生态环境的需要，也是能源结构调整的重中之重。电源生产结构也应得到调整，如优化电源布局结构，优化发展煤电，大力发展水电，积极发展核电，合理布局东、中、西部电力能源结构。要推动能源多元化发展，加快可再生能源和新能源对常规化石能源的替代。例如，优化常规化石能源的供应结构，减少煤炭消费的比重，特别是

① 傅金睿．电力行业市场规模及发展驱动因素分析[J]．新能源科技，2021（6）：3-4.

终端的消费比重：充分利用国内和国际市场，加大油气的供应使得其消费比重持续提高①；学习借鉴发达国家的技术和经验，大力推广水、风、太阳能、核能等多种发电形式，积极利用生物质能，并将其作为能源安全战略的重要组成部分，加快其发展，逐步降低对化石能源的过度依赖；构建完整的新能源和可再生能源技术发展路线图，整合现有产业资源，打造新能源和可再生能源发展的宽松环境②。通过一系列举措，升级能源供应体系，实现经济、环境和资源协调可持续的发展。

除此之外，还需要建立合理的能源消费模式，大力推进节能减排，提高能源利用效率。引导社会的消费需求，约束能源消费的过度扩大，加强节约型能源体系的建设，最大限度地实行节能减排，使得能源的利用率提高。例如，增大对资金的投入、制定有关的财税政策、宣传低碳环保的观念、研发新技术和新能源等；大力推进科技进步，为建立新的高效、清洁、低碳型能源工业体系提供技术支持③；突破新型煤炭高效清洁利用技术，以及轨道交通技术、纯电动汽车技术等；在充分开发水力能源和远距离超高压输电网技术的同时，突破太阳能发电和光伏发电技术、风力发电技术，初步形成可再生能源作为主要能源的技术体系；逐步提高核能、可再生能源和新型能源占总能源的比重。

2.3.3 能源结构优化与低碳经济

改善能源结构、减少能源消耗、提高能源效率、减少二氧化碳排放是实现低碳经济的核心内涵。低能耗、低排放和低污染，低碳与经济增长的融合关系以及可持续的、新的经济模式本质都离不开能源结构优化的大力支持。能源结构优化的最终目标可以被认为是在遵循能源发展规划的基础上，以社会经济的可持续发展和经济-能源-环境的协调发展为前提，合理配置各能源

---

① 张运河，梁玉国，张庆．低碳经济背景下的中国能源结构优化[J]．价值工程，2011，30(11)：1-2.

② 徐冬青．后金融危机时代中国能源安全战略体系的构建[J]．世界经济与政治论坛，2010(6)：140-147.

③ 刘红，王远．能源结构优化调整探讨［J］．中国工程咨询，2013（3）：26-28.

品种的消费比例，在提高能源利用效率的同时，降低二氧化碳排放①。能源结构主要通过能源总量、经济增长、产业结构、人口等 4 个介质对低碳经济产生影响②③。

2.3.3.1　能源总量

低碳经济系统的稳定运行离不开充足的能源支撑，能源投入是经济发展的重要保障。能源消耗直接影响着碳排放。但能源结构不同，产生的碳排放也会有很大差别。能源结构反映了能源投入的配置方式。能源结构的变动会改变能源效率，进而影响低碳经济的发展。一般来说，单位煤炭的碳排放量最大，石油、天然气次之。根据有关专家分析，我国各能源品种利用效率由高到低分别为电力、天然气、煤炭和石油，其中，煤炭的利用效率约为 27%，石油、天然气和电力分别比煤炭高 23%、30%和 48%；不同的配置形式即可形成相应的能源总体效率，煤炭的消费比例与能源效率呈负相关，石油的消费比例与能源效率呈正相关。以煤为主的能源结构必然导致消耗相同单位能源的碳排放量和污染物偏高。

2.3.3.2　经济增长

碳排放与经济增长有着密切的联系。经济的高速增长伴随着能源和环境资源投入的增加，在其他条件没有改善的情况下，必然带来碳排放的增长。学界一般通过环境库兹涅茨曲线（ EKC）来分析碳排放与经济发展之间的关系，虽然各国各时期具体情况不同，但碳排放与经济增长之间的密切关系是被普遍证实的。我国煤炭资源丰富，经济的高速增长以及产业结构和经济增长方式的阶段性特征也决定了很长时间以来我国以煤炭为主的能源结构特征。煤炭、石油、天然气等由于燃烧效率、热值、燃烧条件等的不同，产生的碳排放也会有很大差别。一般来说，燃烧 1 吨标准煤的煤炭、石油和天然气，

---

①　王韶华．基于低碳经济的我国能源结构优化研究[D]．哈尔滨：哈尔滨工程大学，2013.

②　王韶华，于维洋，张伟．我国能源结构对低碳经济的作用关系及作用机理探讨[J]．中国科技论坛，2015（1）：119-124.

③　范德成，王韶华，许珊．基于低碳经济的节能减排与能源结构优化[M]．北京：科学出版社，2018：110-111.

将分别排放 0. 7476 吨碳、0. 5825 吨碳、0. 4435 吨碳。因此，能源结构不同，产生的碳排放也会有很大差别。研究测算，全国烟尘排放量的 70%、二氧化硫排放量的 90%、氮氧化物排放量的 67%都来自于燃煤。可见，以煤炭为主的能源结构必然导致消耗相同单位能源的碳排放量和污染物偏高。

2. 3. 3. 3　产业结构

能源结构与产业结构关系密切，而产业结构在一定程度上影响着碳排放量的变化。各产业的生产特点决定了能源消耗强度不同。不同产业由于其生产投入要素、产品性质、生产工艺流程等的不同，对各能源品种的需求也有很大差别，所以产业结构的特征决定了能源消费的不同组合方式，而能源消费的不同组合方式通过各产业的产出水平反映能源总体利用效率，从而决定了各产业的能源消耗强度不同，直接导致碳排放不同。一般来说，以工业为主的第二产业碳排放量最大，第一产业次之，第三产业最少。我国的直接碳排放主要集中在工业部门，包括冶金、建材、化工、电力等原材料部门。根据工业化发展的一般规律，随着工业化进程的深入，能源消费导致的碳排放增长速度先上升后减缓，而能源消费导致的碳排放强度则呈倒“U”形曲线。

2. 3. 3. 4　人口

人作为经济活动主体，通过经济活动作用于自然环境，人口因素是影响碳排放的最基本的因素。影响碳排放的人口因素主要包括人口规模、城市化、年龄结构、家庭规模等。人口规模直接决定了生活用能总量，包括照明、家电、炊事、采暖、降温、交通等各方面的用能，由于各项活动具有对不同能源的需求及利用方式，因此会影响能源消费结构，从而对碳排放有着明显的影响；在城市化进程中，居民消费水平不断提高、生活方式发生改变，对生活型能源的直接和间接需求增大，对能源消费类型的需求产生变化，影响着能源消费结构和碳排放量。从人口年龄结构来说，不同年龄人群有不同的消费方式及经济活动，也会产生不同的能源消耗；家庭结构主要通过家庭交通工具和其他能源消耗型生活模式对碳排放产生影响。随着城市化进程的加快，城市化对碳排放的影响减弱，但家庭小型化对碳排放具有显著的正向影响。

家庭规模缩小增加了居民消费，导致更高的碳排放量①。

2. 3. 4　能源结构优化和节能减排

我国能源资源禀赋“富煤、贫油、少气”的特点决定了在以往的经济发展过程中，经济的增长对于煤炭等传统化石燃料的依赖性较强，在经济发展过程中直接或间接的污染物排放超过了环境的自净能力，导致了 CO_2、CO、NO_x、SO_2、可吸入颗粒物等大气污染物的浓度较高，对中国的环境造成危害并带来巨大的节能减排压力。我国在《国民经济和社会发展第十一个五年规划纲要》（以下简称《“十一五”规划纲要》）中明确提出节能减排，即节约物质资源和能量资源，减少废弃物和环境有害物的排放，降低单位国内生产总值能耗以及污染物排放总量。随着经济高质量发展的不断推进，节能减排是实现“双碳”目标的重要手段和方式，能源结构优化是推动节能减排的重要抓手。推动能源消费结构和能源供给结构的优化，减少对传统化石能源的依赖，进行清洁能源的开发、存储、稳定供应和利用，对产业结构进行优化调整，发挥政策的激励作用，这些都是推动节能减排的重要途径。

2. 3. 4. 1　能源消费结构

能源是国家繁荣和经济可持续发展的重要基础，随着经济的增长和人民生活水平的提高，在对能源的消费需求越发提高的同时，能源约束、环境约束越发趋紧，想要从根源上减少废气污染物的排放，扭转以“低效率、高污染、高排放”的煤炭为主的用能结构显得格外关键。

我国一次能源结构仍以煤炭为主，2020 年的能源消费结构中，煤炭、石油、天然气、非化石能源分别占比 56. 8%、18. 9%、8. 4%、15. 9%②，我国仍有 50%的大气污染排放、70%以上的 CO_2 排放与煤炭消费密切相关③。据测

① 胡宗义，王天琦 . 人口结构和经济增长对碳排放的影响分析[J]. 经济数学，2018 (3)：1-7.

② 国家发展改革委，国家能源局 . “十四五” 现代能源体系规划［EB/OL］. https：//www. ndrc. gov. cnxxgkzcfbghwb202203/t20220322_ 1320016. html？ code = &state = 123，2022-03-22/2022-09-10.

③ 中国煤炭资源网 . “十四五” 煤控任务再升级［EB/OL］. http：//www. sxcoal. comnews 4618730/info，2020-12-02/2022-09-10.

算，煤炭占能源消费总量的比例每降低一个百分点会带来单位 GDP 能耗下降 0.421 个百分点①，同时能源消费结构优化的迟缓也是导致中国一些地区污染物排放居高不下的关键原因之一，不同地区之间在能源消费结构优化程度上存在着较大的差距，因此减少煤炭在一次能源消费中的占比、优化能源消费结构在进一步的节能减排实践中是十分重要且必要的。能源结构优化通过控制对化石能源的消费，提高清洁能源在一次能源消费中的占比，提高能源综合利用效率，能够有效减少单位 GDP 能耗并抑制污染物排放的增长。近年来，我国的节能减排实践已取得一定的成效，对比世界主要能源消费国的能源消费结构，我国化石能源占一次能源消费总量的比例正稳步下降，经济增长对能源消费依赖性显示出趋弱态势，人均能源消费量低于世界主要能源消费国的平均水平②。同样，我国未来能源消费结构优化推动节能减排的潜力也是巨大的，《“十四五”现代能源体系规划》提出了到 2025 年非化石能源消费比重提高到 20%左右等能源低碳转型目标，通过在节能减排和“双碳”约束下预测中国能源未来发展的阶段、能源消费总量、各能源消费增量贡献值③、可再生能源需求占比④，分行业分地区进行能源消费预测以及节能减排最优路径规划，有利于公众、企业、政府认识我国节能减排发展的现状和未来的总体发展目标和方向，针对不同地区和行业提出更合理高效的地区能源消费结构优化方案。

2.3.4.2 能源供给结构

正所谓“巧妇难为无米之炊”，中国在进行能源消费结构优化，从传统化石能源向清洁可再生能源逐步过渡的同时，对清洁能源产生了巨大的需求。面对清洁能源的庞大市场，为保障清洁能源的充足供应以及确保能源结构转型的安全，我国对清洁能源的安全稳定供给提出了要求。

---

① 张寅浩．能源消费强度的区域差异及其影响因素分析[J]．宏观经济研究，2022（10）：129-142.

② 李辉，庞博，朱法华，等．碳减排背景下我国与世界主要能源消费国能源消费结构与模式对比[J]．环境科学，2022，43（11）：5294-5304.

③ 李洪兵，张吉军．中国能源消费结构及天然气需求预测[J]．生态经济，2021，37（8）：71-78.

④ 陈正．中国能源需求结构预测分析[J]．统计与信息论坛，2010，25（11）：81-86.

我国目前主要开发和使用的清洁能源有风能、水能、潮汐能、生物质能、太阳能、天然气、氢能、核电等，2020 年我国发电装机容量为 22 亿千瓦，其中水电为 3.7 亿千瓦，煤电为 10.8 亿千瓦，气电为 1 亿千瓦，核电为 0.5 亿千瓦，风电为 2.8 亿千瓦，太阳能发电为 2.5 亿千瓦，生物质发电为 0.3 亿千瓦①。天然气是向清洁能源过渡的重要桥梁，分析天然气消费的替代效应并寻求天然气对传统化石能源的最优替代路径②，构建开放条件下天然气安全保障体系③是解决国内天然气供给能力不足问题的重要途径，我国政府也在近年来出台了《关于促进天然气协调稳定发展的若干意见》等一系列政策来促进天然气消费、保障天然气行业的稳定发展；氢能具有清洁高效的特点，来源丰富、质量轻、应用广泛、储存方式多样，但对设备腐蚀性强，安全要求高，其发展受成本、技术等因素制约④。《氢能产业发展中长期规划（2021—2035 年）》将氢能纳入我国能源战略体系，持续加大投入、加强布局，推动氢能产业发展，为“节能减排”提供有力支撑；在生物质能方面，我国存在大量的农村地区，农作物秸秆和家禽排泄物存在成为生物质能潜力以及减排效应⑤，生物质能的稳定性、储能性相对风能、太阳能等物理态的能量而言较好⑥；同样我国水能、风能、太阳能资源蕴藏量巨大，但风、光电有强随机性、间歇性和波动性的特点，要通过大规模水-风-光储能互补协调运行来加大清洁能源的开发和利用⑦；核电不受地理和气候条件的制约，我国核电建设起步相

① 国家发展改革委，国家能源局．“十四五”现代能源体系规划[EB/OL]．https：//www.ndrc.gov.cnxxgkzcfbghwb202203/t20220322_ 1320016.html？code=&state=123，2022-03-22/2022-09-10.

② 王小林，成金华，陈军，等．天然气消费替代效应与中国能源转型安全[J]．中国人口·资源与环境，2021，31（3）：138-149.

③ 梁萌，张奇，彭盈盈．构建开放条件下中国天然气安全保障体系的路径[J]．天然气工业，2021，41（11）：161-169.

④ 凌文，李全生，张凯．我国氢能产业发展战略研究[J]．中国工程科学，2022，24（3）：80-88.

⑤ 赵晴云，马若婧，周璐芸，等．北方农村清洁供暖先行区农业废弃物的生物质能潜力及减排效应评估[J/OL]．农业资源与环境学：1-17[2023-02-15]．https：//doi.org/10.13254/j.jare.2022.0297.

⑥ 孙培勤，孙绍晖，常春，等．我国生物质能源现代化应用前景展望（一）：生物质资源和供给[J]．中外能源，2014，19（6）：21-28.

⑦ 黄强，郭怿，江建华，等．“双碳”目标下中国清洁电力发展路径[J]．上海交通大学学报，2021，55（12）：1499-1509.

对发达国家而言较晚，核能的消费占比严重偏低①，未来随着核电发展规模扩大，应发挥核电在优化能源结构、保障能源安全方面的积极作用。

每一种清洁能源都有其化学、分布、稳定性及存储要求等，应具体分析每一种能源的发展现状、存在的问题以及未来发展的着力点，考虑不同能源的互补协调供应，进行能源供给结构优化，令其服务于节能减排目标的未来最优发展路径，加强清洁能源的供应，提升清洁能源的价格竞争优势，更好应对能源消费结构变动所带来的能源需求变化。

2.3.4.3 产业结构

我国能源消费有很明显的产业集中性，环境污染排放总量和产业结构调整之间存在倒“U”形关系，即当一国产业结构从第一产业为主导向第二产业为主导调整时，环境污染排放总量会不断增加；当一国产业结构从第二产业为主导向第三产业为主导调整时，环境污染排放总量会减少②。我国产业结构与废水排放量、工业固体废弃物产生量和 SO_2 排放量之间也存在倒“U”形曲线关系③，提高产业结构调整的质量，对能源效率存在显著的促进效应及空间溢出效应④。在未来国家经济绿色发展中，产业结构的改善可以有较高的贡献度⑤，通过优化调整产业结构，保持第一产业比重基本不变，提高第三产业比重，增强第二产业实力并降低第二产业比重⑥，推动纺织等重污染企业绿色转型，对一二三产业的能源消耗总量提出要求，通过产业结构优化推动能源结构优化，实现节能减排目标。

---

① 张生玲，李强．低碳约束下中国核电发展及其规模分析[J]．中国人口·资源与环境，2015，25（6）：47-52.

② 李鹏．产业结构调整与环境污染之间存在倒U型曲线关系吗？[J]．经济问题探索，2015（12）：56-67.

③ 李鹏．产业结构与环境污染之间倒“U”型曲线关系的检验：基于产业结构调整幅度和经济增长速度共同影响视角的分析[J]．经济问题，2016（10）：21-26，109.

④ 于斌斌．产业结构调整如何提高地区能源效率？——基于幅度与质量双维度的实证考察[J]．财经研究，2017，43（1）：86-97.

⑤ 张雷，李艳梅，黄园淅，等．中国结构节能减排的潜力分析[J]．中国软科学，2011（2）：42-51.

⑥ 张省，王金营．“十四五”期间节能减排约束下的经济增长优化研究[J]．河北经贸大学学报，2022，43（5）：45-56.

2.3.4.4　能源政策

能源结构的优化，面临技术的突破、新能源的研发和替代、落后设备的淘汰、企业的绿色转型等问题，需要政府政策的顶层设计和积极引导。目前中国能源结构优化的相关政策较多使用环境型政策工具和供给型政策工具作为落实手段①，各地政府在节能减排方面主要关注煤炭行业②。通过碳交易政策、新能源补贴等具体的能源政策来优化城市产业结构、提高城市绿色创新能力、推进要素市场化改革、推动城市能源环境效率提升③。减排政策在地区间存在效应差异，在东中部地区减排效应明显，对西部地区无明显作用，对发达省份的影响显著高于欠发达省份④，通过节能减排政策进行能源结构优化，进一步挖掘减排潜力的同时，也要注意减排政策应根据区域间差异合理化制定，全面提升各区域的减排效率。

2.4　近年国际与国内动态

2.4.1　国际动态

2.4.1.1　《联合国气候变化框架公约》第二十四次缔约国会议（COP24）

2018 年 12 月 2 日至 15 日，《联合国气候变化框架公约》第二十四次缔约国会议（COP24）在波兰卡托维兹开幕，这是 2015 年以来最为重要的气候谈判。此次气候大会将成为促进各国就 2015 年《巴黎协定》实施规则达成一致，从而将愿景转变为现实，并开启更有力的气候行动的重要时刻。来自近

---

① 唐云霓，闫如雪，周艳玲．碳中和愿景下能源政策的结构表征与优化路径[J]．清华大学学报（自然科学版），2023，63（1）：1-14.

② 杨承启，庄心怡．基于文本挖掘的能源与环境保护政策大数据研究[J]．财会学习，2021（7）：146-149.

③ 刘海英，郭文琪．碳排放权交易政策试点与能源环境效率：来自中国 287 个地级市的实证检验[J]．西安交通大学学报（社会科学版），2022，42（5）：72-86.

④ 曾诗鸿，李璠，翁知雄，等，我国碳交易试点政策的减排效应及地区差异[J]．中国环境科学，2022，42（4）：1922-1933.

200个国家的代表就《巴黎协定》实施细则进行谈判，并着重关注碳中和及国别平等。各缔约方围绕自主贡献、减缓和适应、气候资金、技术、能力建设、全球盘点和透明度等《巴黎协定》的机制和规则基本取得共识，达成了《巴黎协定》的实施细则，为落实《巴黎协定》提供了指引。该细则明确规定了各缔约方碳排放的通报方式和监督机制，各国将遵守该机制并汇报排放量。不过大会最终未能就市场机制的具体实施细则达成一致。但本次大会成果传递了推动加强气候行动和支持力度的积极信号，彰显了全球绿色低碳转型的大势不可逆转，提振了国际社会合作应对气候变化的信心，强化了各方推进全球气候治理的政治意愿。

2.4.1.2 联合国政府间气候变化专门委员会发布《IPCC全球升温1.5℃特别报告》

2018年10月8日，联合国政府间气候变化专门委员会（IPCC）受《巴黎协定》缔约方委托，历时两年半，发布了《IPCC全球升温1.5℃特别报告》，对全球温升1.5℃的潜在影响以及可能的减排路径进行了评估。报告指出，较工业化前水平，目前全球温升已经达到了1℃，造成了极端天气事件增多、北极海冰减少及海平面上升等影响。为实现1.5°C温控目标，全球需要在能源、土地、城市与工业系统等方面进行深远的、前所未见的转型，在21世纪中叶实现碳中和，在2050年将可再生能源发电占比提高到70%~85%，彻底淘汰燃煤发电，并增加森林碳汇以吸收大气中多余的二氧化碳。将全球升温控制在1.5℃需要在社会各方面实施快速、深远和前所未有的变革。

2.4.1.3 国际能源署（IEA）发布《世界能源展望2018》

2018年11月13日，国际能源署（IEA）发布了《世界能源展望2018》（*World Energy Outlook* 2018），报告基于全球能源市场和技术发展最新数据与能源行业根本发展问题的分析，对全球到2040年的能源发展前景进行了展望。报告介绍了全球能源趋势，以及这些趋势对供需、碳排放、空气污染和能源获取可能产生的影响，尤其在地缘政治因素对能源市场产生新的复杂影响之际，强调了能源安全的关键性和重要性。全球能源领域目前正在进行重大转型，从电气化不断发展到可再生能源的扩张，石油生产的剧变以及天然气市场的全球化。该报告基于场景的分析概述了所有燃料和技术的能源系统的不同的未来，它与基于计划政策以及那些能够满足《巴黎协定》要求的长期气候目标、减少空气污染和确保普遍获取能源的路径形成了鲜明对比。同时，报告也提出能源效率是解决能源安全和可持续性问题的有力工具，对于所有地区和各种燃料而言，未来的能源之路是进行开放的，快速、低成本的能源转型，需要加速对更清洁、更智慧、更高效的能源技术的投资。因此，各国政府的政策选择将决定未来能源系统的形态①。

2.4.1.4　世界银行集团宣布 2021—2025 年新的重要气候目标

2018 年 12 月 3 日，世界银行集团宣布 2021—2025 年新的重要气候目标，将目前 5 年投资额增加一倍至 2000 亿美元，以支持各国采取雄心勃勃的气候行动。新计划显著加大了对气候适应与韧性的支持力度，承认气候变化对生活生计日益增大的影响，在世界最贫困国家尤甚。

世界银行集团将利用来自世界银行集团、国际金融公司和多边投资担保机构以及世界银行集团调动的私人资本共约 2000 亿美元开发一个新的评级系统来跟踪和激励全球减排进展。行动措施包括支持更高质量的预测、早期预警系统和气候信息服务，使 30 个发展中国家 2.5 亿人口做好应对气候风险的准备。此外，预计的投资项目还将在 40 个国家建立更具气候响应性的社会保护系统，在 20 个国家资助气候智慧型农业投资项目。世界银行集团将继续把气候考虑纳入其工作范围，包括筛查项目的气候风险，建立适当的风险缓释措施，披露温室气体排放总量和净排放量，对所有物质投资采用影子碳价等。为了增强对各国的全系统影响，世界银行集团将支持把气候考虑纳入政策计划，投资设计，实施和评估，还将支持至少 20 个国家实施和更新《国家自主贡献》，在设计和实施具有变革性影响的低碳政策方面增加与财政部的接触。

---

① 刘恩侨．全球能源结构转型大势[J]．中国经济报告，2021（1）：105-113.

2.4.2 国内动态

2.4.2.1 两会：生态文明建设首提“四个一”

2019年，在参加十三届全国人大二次会议内蒙古代表团审议时，习近平总书记提出了加强生态文明建设的“四个一”。

“四个一”强调生态文明建设的重要性，系指：“在五位一体总体布局中生态文明建设是其中一位；在新时代坚持和发展中国特色社会主义基本方略中坚持人与自然和谐共生是其中一条基本方略；在新发展理念中绿色是其中一大理念；在三大攻坚战中污染防治是其中一大攻坚战。”①就当前推进生态文明建设和生态环境保护工作，会议强调了“四个要”：“要保持加强生态文明建设的战略定力；要探索以生态优先，绿色发展为导向的高质量发展新路子；要加大生态系统保护力度；要打好污染防治攻坚战。”

生态文明建设“四个一”的提出体现了生态文明建设在新时代党和国家事业发展中的地位，体现了党对建设生态文明的部署和要求，是推动我国生态文明建设迈上新台阶的必然要求。

2.4.2.2 全国生态环境保护大会：建设生态文明是根本大计

2018年5月18日至19日，全国生态环境保护大会（第八次）在北京召开。此次会议加强了对于生态文明建设的意义表述程度，从党的十九大报告中的建设生态文明是中华民族永续发展的“千年大计”，上升为“根本大计”。同时，对于党的十八大以来的生态文明建设用3个词提出肯定：发生历史性、转折性、全局性变化，也指出当今生态环境质量持续好转，出现了稳中向好趋势，但成效并不稳固。会议对于生态文明建设的现实情况做出3个判断：目前正处于压力叠加、负重前行的关键期，已进入提供更多优质生态产品以满足人民日益增长的对优美生态环境需要的攻坚期，也到了有条件有能力解决生态环境突出问题的窗口期。

---

① 杜尚泽，赵成，寇江泽．着眼于中国的可持续发展、中华民族的未来[J]．人民周刊，2022(5)：40-45.

对于新时代推进生态文明建设提出了 6 个原则，一是坚持人与自然和谐共生，二是绿水青山就是金山银山，三是良好生态环境是最普惠的民生福祉，四是山水林田湖草是生命共同体，五是用最严格制度最严密法治保护生态环境，六是共谋全球生态文明建设。对生态文明建设提出五点要求：要加快构建生态文明体系；要全面推动绿色发展；要把解决突出生态环境问题作为民生优先领域；要有效防范生态环境风险；要提高环境治理水平。强调加快建立健全 5 个生态文明体系：以生态价值观念为准则的生态文化体系；以产业生态化和生态产业化为主体的生态经济体系；以改善生态环境质量为核心的目标责任体系；以治理体系和治理能力现代化为保障的生态文明制度体系；以生态系统良性循环和环境风险有效防控为重点的生态安全体系①。

2.4.2.3　国务院：关于全面加强生态环境保护 坚决打好污染防治攻坚战的意见

2018 年 6 月，中共中央、国务院印发《关于全面加强生态环境保护 坚决打好污染防治攻坚战的意见》（以下简称《意见》），对全面加强生态环境保护、坚决打好污染防治攻坚战作出部署安排。明确了打好污染防治攻坚战的时间表、路线图、任务书②，确定到 2020 年，生态环境质量总体改善，主要污染物排放总量大幅减少，环境风险得到有效管控，生态环境保护水平同全面建成小康社会目标相适应。

《意见》针对重点领域，抓住薄弱环节，明确要求打好三大保卫战（蓝天、碧水、净土保卫战）、七大标志性重大战役（打赢蓝天保卫战，打好柴油货车污染治理、水源地保护、黑臭水体治理、长江保护修复、渤海综合治理、农业农村污染治理攻坚战），着力解决一批群众反映强烈的突出生态环境问题，取得扎扎实实的成效。

2.4.2.4　国务院：打赢蓝天保卫战三年行动计划

2018 年 6 月，国务院印发《打赢蓝天保卫战三年行动计划》（以下简称

---

① 佚名．坚决打好污染防治攻坚战 推动生态文明建设迈上新台阶[J]．理论导报，2018（5）：1.

② 中华环境编辑部．全面加强生态环境保护 坚决打好污染防治攻坚战：让良好生态环境成为幸福生活的增长点[J]．中华环境，2018（7）：11-12.

《行动计划》），明确了大气污染防治工作的总体思路、基本目标、主要任务和保障措施，提出了打赢蓝天保卫战的时间表和路线图。《行动计划》提出基本目标，到2020年，二氧化硫、氮氧化物排放总量分别比2015年下降15%以上；PM2.5未达标地级及以上城市浓度比2015年下降18%以上，地级及以上城市空气质量优良天数比率达到80%，重度及以上污染天数比率比2015年下降25%以上。

《行动计划》提出六方面任务措施，并明确量化指标和完成时限。一是调整优化产业结构，推进产业绿色发展。二是加快调整能源结构，构建清洁低碳高效能源体系。三是积极调整运输结构，发展绿色交通体系。四是优化调整用地结构，推进面源污染治理。五是实施重大专项行动，大幅降低污染物排放。六是强化区域联防联控，有效应对重污染天气。

2.4.2.5 中国提出碳达峰和碳中和目标

2020年9月，中国在第七十五届联合国大会一般性辩论上郑重宣布了中国二氧化碳排放力争于2030年前达到峰值，努力争取2060年前实现碳中和的目标。中国能源结构偏煤，产业结构偏重，在短时间内将高碳排放强度大幅降低无疑将是一个巨大的挑战。为实现这一目标，中国政府已经密集出台了多项政策。中央层面在2021年5月成立了碳达峰碳中和工作领导小组，作为指导和统筹做好“双碳”工作的议事协调机构。2021年7月全国碳排放交易市场开市，10月首次提出中国将构建起碳达峰碳中和“1+N”政策体系，国务院印发《2030年前碳达峰行动方案》（以下简称《方案》），在“双碳”的落实方面，显示出了巨大的和坚定的决心。

按照《方案》部署，到2025年，中国的非化石能源消费比重将达到20%左右，单位国内生产总值能源消耗比2020年下降13.5%；到2030年，非化石能源消费比重达到25%左右，单位国内生产总值二氧化碳排放比2005年下降65%以上。《方案》要求，将碳达峰贯穿于经济社会发展全过程和各方面，重点实施能源绿色低碳转型行动、节能降碳增效行动、工业领域碳达峰行动、城乡建设碳达峰行动、交通运输绿色低碳行动、循环经济助力降碳行动、绿色低碳科技创新行动、碳汇能力巩固提升行动、绿色低碳全民行动、各地区梯次有序碳达峰行动等“碳达峰十大行动”。紧接着，各部委纷纷发布支撑“双碳”实施的工作方案，2022 年 2 月国家能源局联合国家发改委发布《关于完善能源绿色低碳转型体制机制和政策措施的意见》，5 月财政部印发《财政支持做好碳达峰碳中和工作的意见》，7 月住建部联合国家发改委印发《城乡建设领域碳达峰实施方案》，8 月工信部等三部门印发《工业领域碳达峰实施方案》，科技部等九部门印发《科技支撑碳达峰碳中和实施方案（2022—2030 年）》。

实现碳达峰碳中和的目标是我国为应对气候变化，对全世界做出的庄严承诺，也是着力解决资源环境约束问题，实现中华民族永续发展的必然选择，这一过程，必将使中国经济结构和经济社会运转方式产生深刻变革。

第3章　我国城市能源结构现状及发展趋势

3.1　我国城市化和城市发展状况

新中国成立至今，中国的城市化和城市体系总体上呈持续性发展的态势，尤其是改革开放以后，城市的发展与经济建设同步进入一个新时期，城市经济持续增长，城市人口不断上升，城市数量激增。而能源作为重要的生产要素与经济增长有着密不可分的关系。能源是经济增长的重要动力，经济的增长又影响着能源的消费。城市作为经济发展的引擎，承载着众多人口，城市人口、经济发展的状况直接关系到城市能源的消费情况。

3.1.1　城市人口增长状况

从图3-1中我们可以明显看到，城镇人口增长速度分为两个阶段：1978—1994年和1995—2019年。两个阶段城市人口都在迅速增长，第二个阶段较第一个阶段人口增速更快。1978—1994年是农村城镇化，1994—2019年前半段是土地城镇化、人口半城镇化，之后转变为“以人为本”。为弥合土地城镇化和人口城镇化之间的落差，近年来我国城市化进入以城市群为主体，推动大中小城市和小城镇协调发展的城市化阶段。

3.1.1.1　影响中国城市化和城市人口规模的因素

（1）工业和服务业的发展

1978年后，伴随着改革开放的不断深入，我国的二三产业快速发展，各级经济开发区迅速建立发展，乡镇企业异军突起，新增就业主要在工业和服务业中产生；同时随着“家庭联产承包责任制”的推行，极大调动了农民的积极性，粮食产量大幅增长，一方面，为城市化的快速发展奠定了物质基础；

另一方面，减少了农业劳动力的投入，为城市的非农产业发展提供了充足的劳动力资源①。

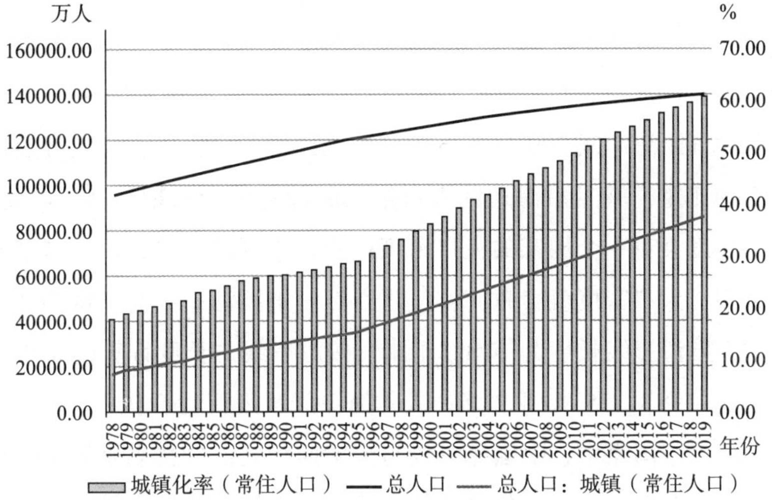

图3-1　1978—2019年城市人口增长

资料来源：wind。

（2）紧张的人地关系

土地是重要的生产要素同时也是一种稀缺资源，在土地资源相对固定的情况下，人口越多意味着土地资源越稀缺，人口密度越大。联合国经济与国际事务部《2014全球城市化发展报告》显示，世界总人口为72.44亿人，中国人口为13.96亿人，人口数量位居世界第一，占世界总人口的19.27%。就狭义的人地关系而言，据联合国统计，2012年中国人均耕地面积为0.0784公顷/人；而世界平均水平为0.1986公顷/人，中国仅为世界平均水平的2/5。由于人口数量多、基数大，中国的人地关系较为紧张。但是，世界上也有一些国家人口密度比中国还要高，比如新加坡、日本、韩国等。虽然这些国家土地资源稀缺，但是凭借发达的经济基础和高度集约的城市缓解了这一矛盾②。因此，

① 任杲，宋迎昌，蒋金星．改革开放40年中国城市化进程研究[J]．宁夏社会科学，2019（1）：23-31.

② 胡彩梅．特大城市人口的国际比较[J]．开放导报，2015（3）：26-30.

对中国而言通过推进城市化，发展大城市，提高人口聚集度是缓和人地关系矛盾的有效途径。

(3) 较短的海岸线

从世界人口分布密度来看，沿海沿湖的平原地带，尤其是一些海岸线比较曲折、具有优良港湾的地区和某些大河入海口处是世界人口最稠密的地区。目前，各大洲距海岸线200公里以内临海地区的人口比重，已显著超过了其面积所占的比重，并且沿海地区人口增长的趋势将会长期存在。由此可见，海岸线的长度会对一个国家的人口密度产生影响，换言之，一个国家的人均海岸线越短，人口密度就会越高，反之亦然。中国海岸线总长度为32075千米，其中大陆海岸线长度为14500千米。按海岸线总长度计算的海岸线与国家面积之比仅为3.335米/平方米，人均海岸线长度仅为0.023米。在拥有海岸线的190多个国家中，中国海岸线与国家面积之比的排名是第147位。因此，在人口不断向沿海地区集聚的趋势下，中国较短的海岸线意味着中国将会面临更高的城市人口密度。①

3.1.1.2 城市人口增长的未来趋势

新中国成立至今，从1949—1978年的低速城镇化，到1978—1993年的农村城镇化，再到1994—2013年的土地城镇化、人口半城镇化，城镇化道路漫长而曲折。城镇化过程中需要处理两个关键问题，一是如何协调城乡关系，二是如何协调大中小城市、小城镇之间的关系。政府有两个主要政策工具，一是土地制度，二是户籍制度，这两者影响了土地、劳动力两类要素在城乡之间、大中小城市之间的流向和配置。

从城乡关系来看，“以乡补城”色彩浓重。在制度设计上，放松对土地、劳动力等要素流向城市的束缚，同时对农村人口市民化加以限制，使得城市得以低成本发展和扩张，这也带来了耕地资源浪费、城市建设粗放、内需不足、社会矛盾加剧等问题。

① 中国·深圳综合开发研究院．中国城市化和特大城市问题思考[M]．北京：中国经济出版社，2017.

从城市间关系来看，长期以来我国城镇化的政策倾向于限制大城市人口的扩张，积极发展中小城市和小城镇。但受经济规律支配，在现实中依旧是“人往高处走”，人口向大城市聚集是大势所趋。人口流向大城市，但是土地供给却主要向中小城市倾斜，这就造成城市之间的人口、土地资源的错配。

2014 年以来，城镇化战略转变为“以人为本”的新型城镇化。一方面突出“以人为本”，力求弥合土地城镇化和人口城镇化之间的落差。通过有序引导人口流动以及农业转移人口的市民化，并稳步推进城镇基本公共服务常住人口全覆盖。同时，放缓过快的土地城镇化步伐，保障农民利益，保护耕地资源。

另一方面以城市群为主体，推动大中小城市和小城镇协调发展。随着城镇化战略转变，配套政策也随之调整。户籍政策方面，加大非户籍人口在城市落户推进力度。同时推动城市常住人口享有平等的基本公共服务。土地制度方面，推进农地改革，下放审批权，促进土地要素的跨区域调配。这些配套政策的调整，背后更深层次的逻辑是“政府干预”让位于“市场配置”，有利于调整城乡关系，改善固有的城镇化弊病。而放开对要素的制度性限制，也更有利于资源加速向城市群聚集。城市群是城镇化发展到一定阶段的必然产物，也是符合城镇化规律的区域发展模式。粤港澳大湾区、京津冀、长三角作为中国最发达的城市群区域以及经济效率最高的区域，在人口、产业、资本等方面有非常强的集聚能力，是撬动中国经济的重要增长极，未来还需要进一步加大政策资源向这些城市群的倾斜力度。

未来中国的人口一定会继续向城市聚集。较高的经济效率使得城市具有十分明显的资源集聚效应。在市场规律支配下，各类资源要素向城市的集聚效应非常明显，城市拥有更多的就业机会、更好的工资待遇，这吸引了大量人口流入。城市群的聚集效应则更为明显，未来，我国的人口城市化率一定会继续攀升，依照发达国家的现状，其人口城市化率在 80%～90%，如 2018 年美国为 82.26%，英国为 83.4%，法国为 80.44%，日本为 91.62%。根据联合国预测，到 2030 年中国的城市化率会达到 70%，城市人口会增长到 10 亿。

3.1.2 城市数量和规模发展状况

从图 3-2 中我们可以看到，我国城市数量呈现先明显增长后基本平稳的趋势，至 2019 年我国的城市数量达 679 个。1978—1998 年城市数量迅速增长，1998 年至 2014 年间城市数量略有减少，2015 年至今城市数量呈现缓慢增长态势。在城市数量总体增长的同时，大中小城市和小城镇协调发展，我国初步搭建了“293 个地级市+388 个县级市+2844 个县级行政区划”的城镇结构。

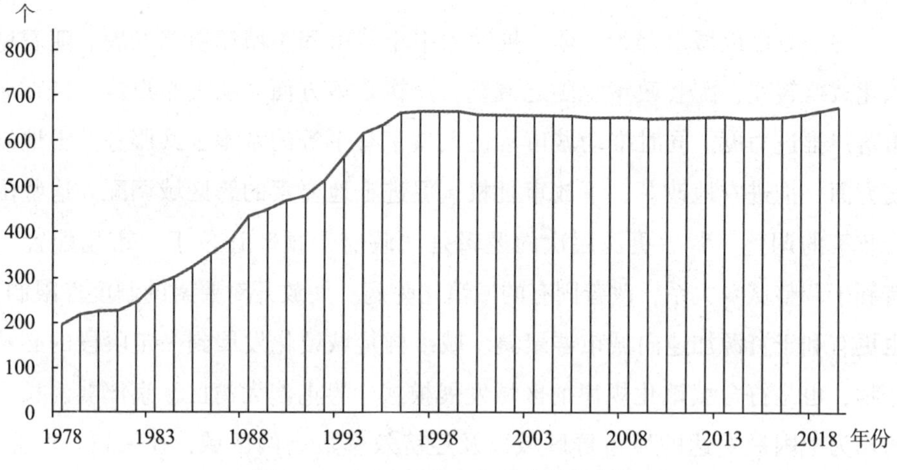

图 3-2　1978—2019 年城市数量变化

资料来源：根据《2019 年城市建设年鉴》整理而得。

截至 2018 年地级及以上城市按人口规模分类情况如下：

（1）400 万以上人口规模城市

截至 2018 年底，我国拥有 400 万以上人口规模的城市一共有 17 个（见表 3-1），除汕头、深圳、佛山 3 座城市外，其他均为直辖市或省会城市，直辖市或省会城市占总数量的 82.35%，并且大部分城市分布在东部。

表 3-1　400 万以上人口规模城市　　单位：万人

城市	市区年平均人口	城市	市区年平均人口
重 庆	2458.15	杭 州	625.26
上 海	1458.76	沈 阳	596.24
北 京	1367.5	汕 头	559.81
天 津	1065.81	哈尔滨	550.86
广 州	912.78	济 南	548.12
武 汉	868.69	深 圳	444.71
成 都	831.36	佛 山	428.28
西 安	811.56	石家庄	419.45
南 京	688.8		

资料来源：《中国城市年鉴 2019》。

（2）200 万~400 万人口规模城市

截至 2018 年底，我国拥有 200 万~400 万人口规模城市一共有 42 个，其中包含大连、南宁、郑州、长沙、昆明、南昌、太原、福州、合肥、贵阳、乌鲁木齐、兰州共 12 个省会城市及副省级城市，这些城市占总数量的 28.57%（见表 3-2）。

表 3-2　200 万~400 万人口规模城市　　单位：万人

城市	市区年平均人口	城市	市区年平均人口
大 连	399.97	贵 阳	254.72
南 宁	381.25	枣 庄	244.56
郑 州	375.6	盐 城	243.84
邯 郸	371.77	莆 田	240.87
苏 州	360.19	厦 门	236.78
长 沙	347.76	菏 泽	234.64
徐 州	339.83	扬 州	233.11
唐 山	334.46	宜 宾	229.92
淮 安	332.79	阜 阳	229.43
昆 明	316.06	襄 阳	227.04

续表

城市	市区年平均人口	城市	市区年平均人口
南昌	305.92	赣州	226.74
常州	301.45	连云港	223.34
茂名	299.68	绍兴	222.02
宁波	292.6	六安	220.44
太原	289.84	乌鲁木齐	216.77
淄博	288.53	南通	214.84
保定	286.02	揭阳	210.99
福州	281.91	兰州	207.95
临沂	277.76	洛阳	205.91
合肥	275.69	贵港	202.7
无锡	261.18	南阳	202.11

资料来源：《中国城市年鉴 2019》。

（3）100 万~200 万人口规模城市

截至 2018 年底，我国拥有 100 万~200 万人口规模城市一共有 97 个（见表 3-3），其中包含海口、呼和浩特、银川、西宁 4 个省会城市，省会城市仅占总数量的 4.12%，100 万~200 万人口规模城市以地级市为主。唯一未上榜的省会城市拉萨市区年平均人口为 30.36 万。

表 3-3　100 万~200 万人口规模城市　　单位：万人

城市	市区年平均人口	城市	市区年平均人口
南充	194.37	黄石	134.63
潍坊	192.93	许昌	133.71
宿州	191.23	齐齐哈尔	132.91
烟台	190.56	天水	131.6
济宁	187.96	桂林	131.36
商丘	186.56	西宁	130.58
淮南	182.21	安顺	130.18
柳州	181.21	曲靖	129.8
吉林	179.81	莱芜	129.44

续表

城市	市区年平均人口	城市	市区年平均人口
达 州	177.61	聊 城	127.39
大 同	176.69	广 安	126.81
宿 迁	176.47	宜 昌	126.72
海 口	174.33	赤 峰	126.59
绵 阳	173.85	德 州	124.65
泰 安	171.56	珠 海	123.13
温 州	171.41	阳 江	122.37
开 封	170.92	贺 州	120.83
抚 州	170.15	眉 山	120.34
潮 州	168.58	十 堰	118.65
亳 州	167.7	银 川	118.37
湛 江	167.08	永 州	117.7
毕 节	165.84	安 阳	117.14
泰 州	163.94	乐 山	116.03
台 州	161.96	宜 春	115.74
惠 州	159.39	蚌 埠	115.28
包 头	156.2	株 洲	114.66
信 阳	156.05	泉 州	114.2
泸 州	152.12	来 宾	113.75
钦 州	151.65	汉 中	112.96
内 江	151.48	玉 林	112.81
芜 湖	149.54	东 营	112.06
鞍 山	148.29	湖 州	111.91
遂 宁	148.05	平顶山	111.07
自 贡	148	岳 阳	110.18
宝 鸡	146.07	滨 州	109.84
秦皇岛	144.82	荆 州	109.78
江 门	144.17	新 乡	108.14
清 远	144.13	资 阳	108.08
肇 庆	142.44	鄂 州	107.73
常 德	140.53	龙 岩	105.01
日 照	138.26	淮 北	104.99
河 源	137.91	武 威	103.8

续表

城市	市区年平均人口	城市	市区年平均人口
抚顺	137.17	镇江	102.97
大庆	136.85	盘锦	102.44
呼和浩特	136.17	衡阳	101.34
益阳	135.85	河池	101.22
巴中	135.61	安康	101.15
威海	135.12	九江	100.19
漯河	134.72		

资料来源：《中国城市年鉴 2019》。

按照目前学界的标准，市区年平均人口 100 万以上 500 万以下的城市为大城市，市区年平均人口 500 万以上 1000 万以下的城市为特大城市，市区年平均人口 1000 万以上的城市为超大城市。从表 3-4 中我们可以看到，2018 年我国符合大城市定义的城市有 156 个，符合特大城市定义的城市有 14 个，城区常住人口超 1000 万的超大城市有 4 个。而从表 3-4 中我们看到百万级以上城市数量不断增长，大城市数量增长速度快于特大城市和超大城市增长速度。

表 3-4　2015—2018 年大城市、特大城市、超大城市增长情况

年份	大城市数量（个）	特大城市数量（个）	超大城市数量（个）
	（人口 100 万以上 500 万以下）	（人口 500 万以上 1000 万以下）	（人口 1000 万以上）
2015	144	13	4
2016	153	13	4
2017	154	13	4
2018	156	14	4

资料来源：根据历年《中国城市年鉴》整理而得。

3.1.3　城市经济发展趋势

城市经济的发展离不开产业的支持，城市群发展与产业集聚实际上是相辅相成的，受规模效应驱使而共同发展。上下游产业链内的企业在某一区域内实现集中式分布，并形成协作分工，进而使得不同城镇因为产业联系而相互关联，带动了城市群发展。此外，城市群有更大的消费市场、更便利的交通环境、更友好的商业环境、更完备的产业链，有利于提高生产效率，降低交易和信息成本，实现市场价值，因此又会进一步促进产业集聚。

从产业结构上看，我国的城市经济正从工业化中期向后期迈进，服务业在产业结构中的比重不断提高。产业内部也出现了明显转型升级趋势：农业加快向机械化、规模化方向发展，农业生产的集约化、规模化、专业化不断提升，制造业由低端向中高端发展，高新技术产业与装备制造业快速发展，传统产业和新兴产业在转型升级中向中高端迈进。

从产业结构的空间分布来看，根据《中国统计年鉴（2019）》数据，区域产业结构是东部地区（5. 1 ∶ 40. 7 ∶ 54. 1）优于西部地区（10. 6 ∶ 40. 7 ∶ 48. 6），西部地区优于中部地区（9. 1 ∶ 42. 2 ∶ 48. 5）。东部地区第一产业产值比重明显低于中、西部地区，中、西部地区第一产业比重差别不大。东部地区工业化水平较高，服务业发展较好；中部地区第三产业落后于东部地区；西部地区第三产业产值占比超过了第二产业，同时也超过了中部地区。①

随着中国经济转型升级，我国的城市化也将分化发展。首先，北上广深等服务业高度发达的城市，随着其生产性服务业对周边城市的辐射作用增强，将带动周边地区城市化进程；对于未能转型成功的城市尤其是资源枯竭型城市，将难以再次吸引大量人口，城市化速度会持续放缓。其次，大中型城市和城市群将进一步发展，高新技术制造业和生产性服务业将进一步向大中型城市集聚，城市群城镇体系的分工协作将会随着城镇交通网络建设进一步深化。最后，中西部地区城市承接产业转移将进一步加速地区城市化进程，东部地区逐渐将劳动密集型加工制造业向中西部地区转移，使得劳动人口回流到中西部地区，从而加速当地的城市化进程。

城市化和城市的发展进程必然需要能源的支撑，城市能源生产、消费现状和趋势以及城市发展的趋势将共同影响我国的大气污染和碳排放。

---

① 石淑华. 我国新型城镇化发展模式研究[M]. 北京：经济科学出版社，2020.

3.2 城市能源结构现状、特征和趋势

3.2.1 能源生产消费总量

3.2.1.1 国民经济和能源经济主要指标

随着经济的发展，城镇化进程的推进，人口数量不断增加，三大产业不断发展，对能源的需求不断增长，伴随着能源需求的激增，能源生产总量在开发技术的升级下也呈快速增长态势（见表3-5）。

表3-5 国民经济和能源经济主要指标

指标＼年份	2000	2005	2010	2011	2012	2013	2014	2015	2016	2017	2018
1. 年底人口总数（万人）	126743	130756	134091	134735	135404	136072	136782	137462	138271	139008	139538
2. 国内生产总值（亿元）	100280	187319	412120	487941	538580	592964	643563	688859	746395	832036	919281
第一产业	14717	21807	38431	44782	49085	53028	55626	57775	60139	62100	64745
第二产业	45664	88082	191627	227035	244639	261952	277283	281339	295428	331581	364835
第三产业	39899	77430	182062	216124	244856	277984	310654	349745	390828	438356	489701
3. 进出口总额（亿元）	39273	116922	201722	236402	244160	258169	264242	245503	243386	278099	305008
出口总额	20634	62648	107023	123241	129359	137131	143884	141167	138419	153309	164128
进口总额	18639	54274	94699	113161	114801	121038	120358	104336	104967	124790	140880
4. 一次能源生产总量（万吨标准煤）	138570	229037	312125	340178	351041	358784	362212	362193	345954	358867	378859

续表

年份 指标	2000	2005	2010	2011	2012	2013	2014	2015	2016	2017	2018
5. 能源消费总量（万吨标准煤）	146964	261369	360648	387043	402138	416913	428334	434113	441492	455827	471925

注：一次能源生产总量与能源消费总量均为发电煤耗计算法，发电煤耗计算法是指电力按当年平均火力发电煤耗换算成标准煤。

资料来源：《中国能源统计年鉴 2019》。

3.2.1.2　一次能源生产总量及构成

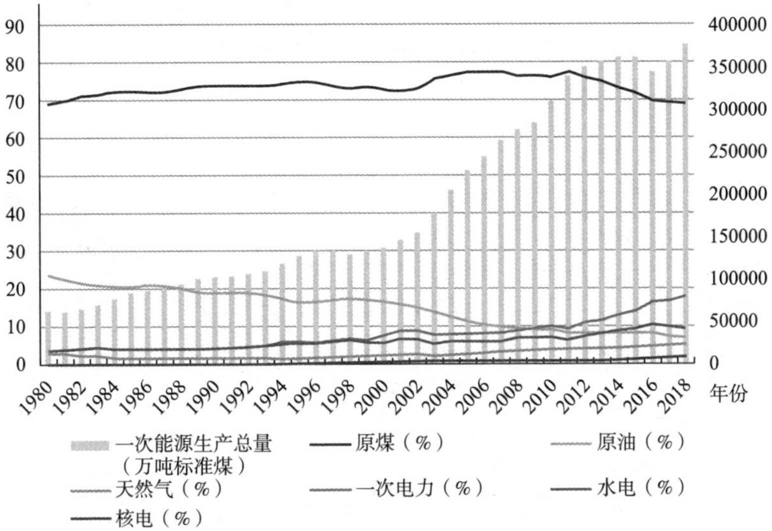

图 3–3　1980—2018 年一次能源生产总量及构成

资料来源：《中国能源统计年鉴 2019》。

中国能源蕴藏量十分丰富，其中煤炭资源占据主导地位。截至 2010 年年底，中国陆地范围煤炭剩余探明可采储量位居世界第三。石油和天然气资源十分丰富，中国石油地质储量经勘探表明比探明储量大。水能资源理论蕴藏量居世界首位。中国一次性能源生产总量逐年扩大，根据统计年鉴数据，1980 年一次能源生产总量为 62046 万吨标准煤，2005 年提高到 229037 万吨标准煤，2018 年一次能源生产总量为 378859 万吨标准煤，增长十分迅速（见图 3–3）。

3.2.1.3 人均能源生产量和消费量

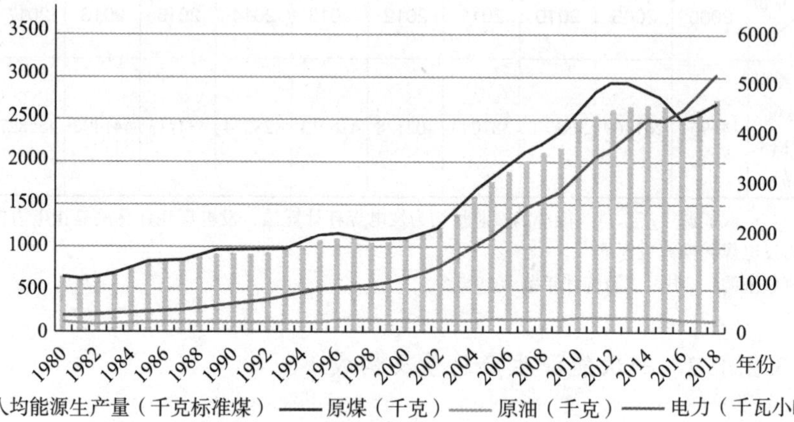

图 3-4　1980—2018 年人均能源生产量

资料来源：《中国能源统计年鉴 2019》。

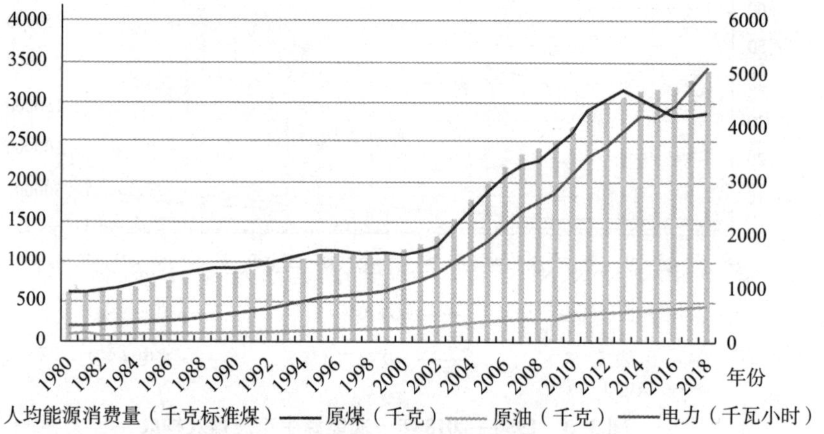

图 3-5　1980—2018 年人均能源消费量

资料来源：《中国能源统计年鉴 2019》。

从图 3-4 和图 3-5 中我们可以看到，人均能源生产量与人均能源消费量同步变化，总体呈上升趋势，生产和消费均以煤炭资源为主。2018 年人均能源生产量和人均能源消费量分别为 2720 千克标准煤和 3388 千克标准煤，是 1980 年人均能源生产量 650 千克标准煤的 4.18 倍和 1980 年人均能源消费量 614 千克标准煤的 5.52 倍，人均能源生产和消费增长都十分迅速。

3.2.2　能源消费结构

随着经济的增长，能源消费总量逐步提升，根据统计年鉴数据，1980 年能源消费总量为 60275 万吨标准煤，2005 年提高到 261369 万吨标准煤，2018 年能源消费总量为 471925 万吨标准煤，增长十分迅速（见图 3-6）。而从能源禀赋来看，我国是“富煤、贫油、少气”的国家，这使得煤炭在能源消费中占据了主导地位。

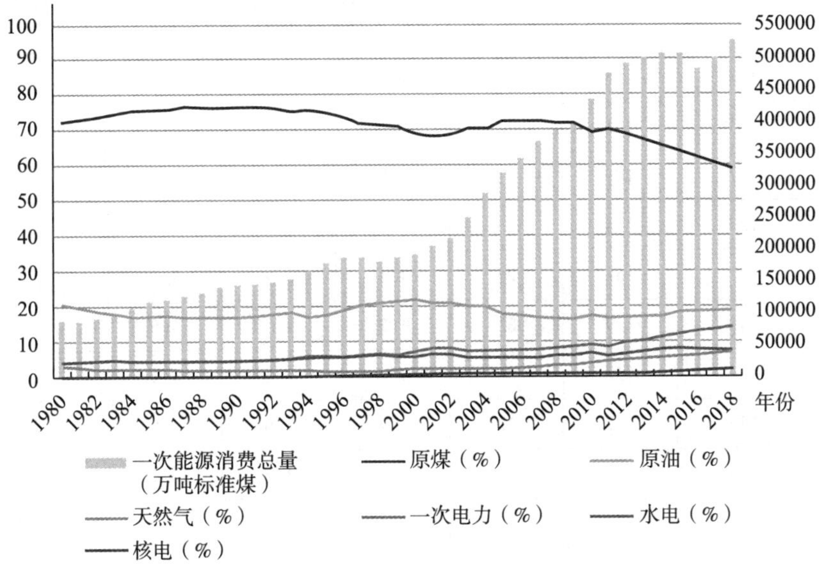

图 3-6　1980—2018 年能源消费总量及构成

资料来源：《中国能源统计年鉴 2019》。

3.2.3　能源消费强度

中国人均生活能源消费量伴随能源消费总量的增长逐步提高，城镇人均生活能源消费量总体明显高于全国人均生活能源消费量。人均生活能源消费出现变化。人均生活能源消费最开始以煤炭为主，到 1996 年转变为以电力消费为主。液化石油气和天然气的人均消费逐步提升，人均煤气消费量在1980—2007年呈上升趋势，随后人均煤气消费量逐步下降（见表3-6）。

表3-6 1980—2018年全国及城镇人均能源消费强度

年份	人均生活能源消费量（千克标准煤）	煤炭（千克）	电力（千瓦小时）	液化石油气（千克）	天然气（立方米）	煤气（立方米）	城镇人均生活能源消费量（千克标准煤）
1980	112	118	11	0.4	0.2	1.4	332
1981	101	122	12	0.5	0.2	1.4	290
1982	102	124	12	0.5	0.2	1.5	281
1983	107	128	13	0.6	0.1	1.5	283
1984	113	135	15	0.6	0.4	1.6	288
1985	127	149	21	0.9	0.4	1.3	307
1986	127	148	23	1.1	0.6	1.3	306
1987	132	152	26	1.1	0.7	1.6	300
1988	141	159	31	1.2	1.4	1.6	307
1989	139	152	35	1.4	1.5	2.4	297
1990	139	147	42	1.4	1.6	2.5	298
1991	139	143	47	1.8	1.6	3.2	292
1992	134	127	55	2.1	1.8	4.4	267
1993	133	123	63	2.5	1.5	4.6	258
1994	129	109	73	3.2	1.7	6.3	238
1995	131	112	83	4.4	1.6	4.7	242
1996	121	83	88	5.9	1.7	6.4	238
1997	119	77	99	6.2	1.7	8.9	226
1998	119	73	104	6.9	1.9	9.7	218
1999	122	70	109	6.8	2.1	9.3	213
2000	132	67	115	6.8	2.6	10.0	213
2001	136	66	127	6.7	3.3	9.4	210

续表

年份	人均生活能源消费量（千克标准煤）	煤炭（千克）	电力（千瓦小时）	液化石油气（千克）	天然气（立方米）	煤气（立方米）	城镇人均生活能源消费量（千克标准煤）
2002	146	66	138	7.6	3.6	9.8	215
2003	166	70	160	8.6	4.0	10.1	238
2004	191	75	184	10.4	5.2	10.7	264
2005	211	77	221	10.2	6.1	11.1	288
2006	230	77	256	11.5	7.8	12.7	248
2007	250	74	308	12.4	10.9	14.1	327
2008	254	69	332	11.0	12.8	13.9	324
2009	264	69	366	11.2	13.3	12.5	328
2010	273	68	383	10.5	17.0	12.5	320
2011	294	69	418	12.0	19.7	10.9	331
2012	313	69	460	12.1	21.3	10.2	344
2013	335	68	515	13.6	23.8	7.9	357
2014	346	68	526	15.9	25.1	7.1	364
2015	368	70	552	18.6	26.2	5.9	378
2016	394	69	611	21.4	27.5	4.6	395
2017	414	67	654	23.3	30.3	3.7	413
2018	434	55	722	22.6	33.6	3.4	434

资料来源：《中国能源统计年鉴 2019》。

3.2.4　主要能源品种消费

3.2.4.1　煤炭消费量及消费结构

煤炭消费在我国能源消费结构中处于主导地位，从近几年来看，各行业煤炭消费从 2011 年至 2013 年呈上升趋势，并在 2013 年达到 424426 万吨的峰值，之后随着治理大气污染、减少碳排放的推进，煤炭消费总量有所下降（见表 3-7）。各行业中工业的煤炭消费量占据主导地位，占据煤炭消费总量的 95%左右，居民生活煤炭消费量占到煤炭消费总量的 2%左右，位居第二。

表 3-7　2011—2018 年分行业煤炭消费总量　单位：万吨

行业＼年份	2011	2012	2013	2014	2015	2016	2017	2018
消费总量	388961	411727	424426	413633	399834	388820	391403	397452
农、林、牧、渔业	2207	2266	2451	2479	2625	2778	2834	2363
工业	368916	391191	403157	392567	378190	367435	371160	380696
采矿业	32914	43100	39165	35170	30802	25246	25106	26064
制造业	163946	165862	173152	179535	181345	172342	162194	161049
电力、热力、燃气及水生产和供应业	172056	182229	190840	177863	166043	169847	183860	193583
建筑业	797	767	811	914	878	805	733	650
交通运输、仓储和邮政业	646	614	615	558	492	404	353	321
批发和零售业、住宿和餐饮业	3572	3752	3966	3767	3864	3826	3461	2686
其他	3612	3883	4136	4046	4159	4081	3580	3021
居民生活	9212	9253	9290	9303	9627	9492	9283	7714

资料来源：《中国能源统计年鉴 2019》。

3.2.4.2　原油消费

随着经济的发展，工业化和城市化逐步推进，国民经济对石油的依赖性逐步加深，原油的消费总量逐年攀升。如表 3-8 所示，就原油消费总量的行业结构而言，工业消费量同样占据主导地位，且近年来所占比重进一步提升，从 2011 年的 99.76%提升至 2018 年的 99.99%。而交通运输、仓储和邮政业的消费量在 2013 年达到峰值后便不断下降，交通运输、仓储和邮政业的消费量占原油总消费量的比例也从 2013 年的 0.31%下降至

2018 年的 0.01%。

表 3-8　2011—2018 年分行业原油消费总量　　单位：万吨

年份 行业	2011	2012	2013	2014	2015	2016	2017	2018
消费总量	43966	46679	48652	51597	54788	57126	59402	63004
农、林、牧、渔业								
工业	43860	46560	48503	51552	54752	57104	59394	62996
采矿业	1001	1074	1059	1068	1024	788	740	644
制造业	42858	45483	47442	50484	53728	56315	5865334	62351
电力、热力、燃气及水生产和供应业	2	2	2	0	0	0	0	0
建筑业								
交通运输、仓储和邮政业	105	119	149	45	36	22	9	9
批发和零售业、住宿和餐饮业								
其他								
居民生活								

注：表中空白处原始数据即为空缺。
资料来源：《中国能源统计年鉴 2019》。

3.2.4.3　燃料油消费

如表 3-9 所示，随着我国经济的快速发展，燃料油消费总量逐步提升，在 2017 年达到最高点 4887 万吨，2018 年有所回落。就燃料油消费总量的行业构成而言，近年来，工业和交通运输、仓储和邮政业并驾齐驱，工业燃料油消费量在 2015 年达到 3133 万吨，占燃料油消费总量的 67.20%，达到峰值随后有所回落。交通运输、仓储和邮政业燃料油消费量从绝对量看基本呈增长趋势，到 2018 年交通运输、仓储和邮政业燃料油消费量达到燃料油消费总量的 39.59%。

表 3-9 2011—2018 年分行业燃料油消费总量　　单位：万吨

年份 行业	2011	2012	2013	2014	2015	2016	2017	2018
消费总量	3663	3683	3954	4355	4662	4631	4887	4536
农、林、牧、渔业	1	2	2	1	1	1	1	1
工业	2260	2242	2421	2836	3133	3035	3044	2688
采矿业	30	16	24	25	32	39	31	28
制造业	2186	2203	2371	2799	3093	2990	3008	2656
电力、热力、燃气及水生产和供应业	44	23	26	12	9	7	5	4
建筑业	31	27	59	45	54	52	43	32
交通运输、仓储和邮政业	1345	1384	1429	1441	1439	1511	1771	1796
批发和零售业、住宿和餐饮业	9	9	19	17	19	17	15	10
其他	16	20	23	15	16	14	13	9
居民生活								

资料来源：《中国能源统计年鉴 2019》。

3.2.5 我国城市能源结构的趋势

我国城市人口众多，随着城市化进程的进一步发展，城市人口会继续增长。与此同时，城市能源消费也在不断增长。从前文分析可知，我国能源消费总量和人均能源消费量一直呈增长态势，尤其 21 世纪以来对能源的消费需求增长速度进一步加快。虽然我国的能源生产总量和人均能源生产量整体也呈上涨趋势，但是能源消费增长速度仍略高于能源生产增长速度，我国主要能源煤的进口量也从 2000 年的 218 万吨增至 2018 年的 28210 万吨，出口量从 2000 年的 5505 万吨下降至 2018 年的 494 万吨。同时，在能源的生产结构中，属于不可再生资源的原煤生产总量在能源总量生产中占比一直为 70%~80%，而水电等可再生能源的生产占比一直较低。因此我国城市能源消费的未来面临着巨大压力。从上文中的分析可知，2013 年后我国对煤炭的消费出现了明显的下降趋势，而对水、电、天然气的消费占比一直呈现上升趋势。随着2030年前碳达峰、2060年前碳中和目标的提出，预计我国未来城市能源消费中对煤炭等不可再生且污染性强的能源的依赖性将逐步降低，而水电、风电等可再生能源的消费占比会不断上升。

总体上看，目前我国能源消费结构中煤炭的消费占比很高，而且中国85%的煤炭是通过直接燃烧使用的，主要包括火力发电、工业锅（窑）炉、民用取暖和家庭炉灶等。高耗低效燃烧煤炭向空气中排放出大量SO_2、CO_2和烟尘，也给我国各个城市带来大气污染问题的困扰。

3.3　我国城市大气污染、碳排放状况及趋势

城镇化通过能源消费转移，从消费生物能源转化为消费化石能源，在产品生产和交通运输活动中催生间接能源消费，增加能源需求，从而带来碳排放的增大，污染大气。①

具体来说，城镇化增加了居民能源需求，居民从农村进入城市对电力的使用变得更为便利，而从农村进入城市会刺激居民更多购买和使用电器，从而增加对能源的消费。② 而与此同时城镇化带来的农民进城导致农业劳动力短缺，增加了农业机械化需求，刺激了能源需求带来的碳排放。而城市中的现代工业相比于传统农业和制造业是能源密集型的，因此生产能源消费随着城镇化的推进递增，从而不断增加碳排放；城镇化将食物生产和消费从空间上分开，推动了交通需求上升，也增加了能源需求，加大了碳排放。③

同时我国是“富煤、贫油、少气”的国家，这使得煤炭在能源消费中占据了主导地位，而煤炭并非清洁能源，在使用的过程中产生大量二氧化碳和

① 易艳春．我国城镇化阶段的低碳发展路径研究［M］．北京：经济科学出版社，2020.

② HOLTEDAHL P，JOUTZ F L．Residential electricity demand in Taiwan［J］．Energy economics，2004，26（2）：201-224.

③ JONES D W．How urbanization affects energy-use in developing countries［J］．Energy policy，1991，19（7）：621-630.

其他有害气体，从而带来了严重的大气污染。

总而言之，随着经济的发展，城镇化脚步逐渐加快，带来了能源消费需求的增加，能源在开采和使用过程中增加了碳排放，从而导致了大气污染。

3.3.1 城市大气污染历史变化

近年来，我国大气污染问题仍较严重，极端大气污染事件时有发生。严重的大气污染造成航班延误、高速封路、交通事故等交通损失和居民的健康损失，除此之外还直接或间接导致许多难以量化评估的损失，严重影响了居民生活和社会经济发展①。京津冀、珠三角、长三角等城市经济带空气质量污染的状况更加明显。根据生态环境部网站公布的全国空气质量状况，以 2020 年 1 月为例，全国 337 个地级及以上城市平均优良天数比例为 69.5%，PM2.5 浓度为 64 微克/立方米；仅有 101 个城市环境空气质量达标；PM10 浓度为 83 微克/立方米；臭氧浓度为 88 微克/立方米，同比上升 11.4%；SO_2 浓度为 14 微克/立方米；NO_2 浓度为 32 微克/立方米；CO 浓度为 1.6 毫克/立方米。2020 年 1 月，京津冀及周边地区“2+26”城市平均优良天数比例为 25.5%，同比下降 9.8 个百分点，远低于全国平均水平；PM2.5 浓度为 119 微克/立方米，同比上升 10.2%，情况甚至有所恶化。其中北京市 1 月优良天数比例为 80.6%，PM2.5 浓度为 59 微克/立方米，北京地区空气质量要明显好于京津冀其他区域。长三角地区 41 个城市 1 月平均优良天数比例为 68.1%，低于全国平均水平，PM2.5 浓度为 63 微克/立方米。

本书根据全国 74 个城市的数据绘制了 2013 年 1 月至 2022 年 2 月空气中主要污染物二氧化硫、二氧化氮、PM10 和 PM2.5 年平均浓度值变化趋势图。从图 3-7 中可以看出随着大气污染防治活动的开展，我国 74 个城市各项空气主要污染物月均浓度呈下降趋势。其中，PM2.5 峰值由 2013 年 1 月的 130 微克/立方米下降到 2022 年 1 月的 70 微克/立方米；PM10 峰值由 2013 年 1 月的 178 微克/立方米下降到 2022 年 1 月的 91 微克/立方米；二氧化硫峰值由 2013

① 穆泉，张世秋．2013 年 1 月中国大面积雾霾事件直接社会经济损失评估[J]．中国环境科学，2013（11）：2087-2094.

年1月的81微克/立方米下降到2022年1月的10微克/立方米，下降幅度最大；二氧化氮峰值由2013年1月的63微克/立方米下降到2022年1月的36微克/立方米。

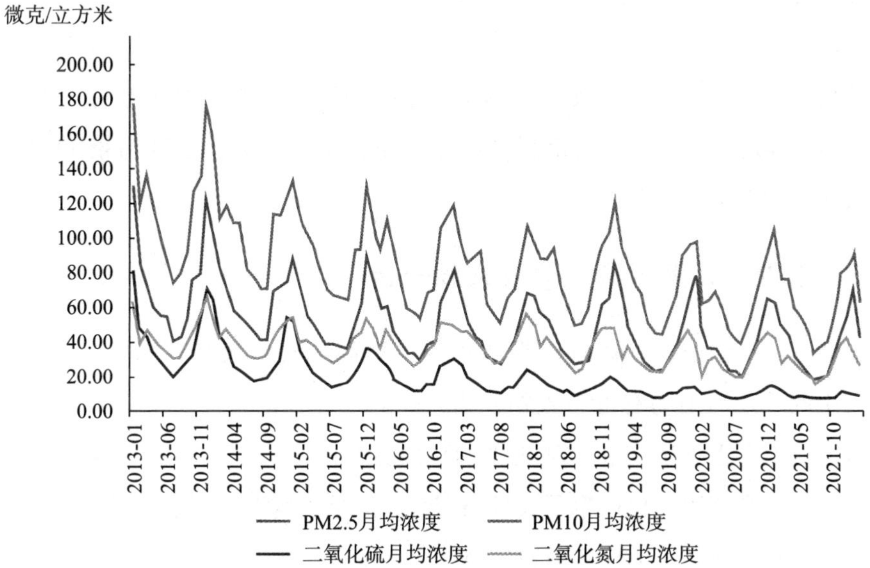

图3-7　74个城市大气污染历史变化

注：74个城市包括北京、天津、石家庄、唐山、秦皇岛、邯郸、邢台、保定、张家口、承德、沧州、廊坊、衡水、太原、呼和浩特、沈阳、大连、长春、哈尔滨、上海、南京、无锡、徐州、常州、苏州、南通、连云港、淮安、盐城、扬州、镇江、泰州、宿迁、杭州、宁波、温州、嘉兴、湖州、绍兴、金华、衢州、舟山、台州、丽水、合肥、福州、厦门、南昌、济南、青岛、郑州、武汉、长沙、广州、深圳、珠海、佛山、江门、肇庆、惠州、东莞、中山、南宁、海口、重庆、成都、贵阳、昆明、拉萨、西安、兰州、西宁、银川、乌鲁木齐。

资料来源：wind。

污染物排放强度和大气扩散条件存在明显的季节变化。通过对全国74个城市2013年1月至2022年2月空气质量数据进行汇总，发现各项主要污染物（PM2.5、PM10、二氧化硫和二氧化氮）浓度均呈现夏季低、秋冬高的态势，其中PM10和PM2.5的季节差异尤其突出，二氧化硫浓度除1~3月略高外，其余月份浓度值都比较均衡。

我国污染负荷高，排放强度大，环境污染比较严重。目前癌症率高发与多年来环境污染的影响密切相关。受大气污染影响，我国大约有近2亿人呼吸不到新鲜空气，因空气污染导致每年有1500万人患上支气管炎。① 虽然PM2.5、PM10、二氧化硫和二氧化氮浓度呈明显的下降趋势，但《2020中国生态环境状况公报》显示：全国337个地级及以上城市中，202个城市环境空气质量达标，占全部城市数的59.9%；135个城市环境空气质量超标，占全部城市数的40.1%，337个城市累计发生严重污染345天，重度污染1152天，空气污染状况仍不容乐观。

3.3.2 大气污染成分及来源分析

大气污染物通常指以气态形式进入近地面或底层大气环境的外来物质。大气中的重要污染物有可吸入颗粒物、臭氧、氮氧化物、一氧化碳、二氧化硫等。城市是人类生产和生活集聚的场所，集中了大量人口和工业，消耗了大量的能源和资源，也产生了大量的废气，严重影响大气环境质量。

（1）CO、SO_2、NO_X等有毒气体

SO_2等有毒气体主要是人为污染造成的，主要来源于煤、石油燃料的燃烧，肥料施用和工业生产过程。CO是含碳物质燃烧不充分的产物，其主要来源是汽车尾气，CO的化学性质未定，可在大气中停留几天的时间，它无色、无味，可使人眩晕昏迷，甚至可以降低血液的输氧能力导致人死亡。

（2）颗粒物质

大气颗粒物是重要的空气污染物之一，其中空气动力学直径小于2.5μm的细颗粒物（PM2.5）是近年来北京和国内大多数城市空气质量的首要污染物。颗粒物与其他气体相比，来源广、成分复杂、控制难度大。城市空气中的颗粒物主要来源于机动车尾气尘、施工扬尘、煤烟尘、土壤风沙尘、混凝土制造业、垃圾焚化业等。

---

① 谢红梅．环境污染与控制对策[M]．成都：电子科技大学出版社，2016.

（3）CO_2 等温室气体

CO_2 是大气中的正常组分，为各类碳氢化合物完全燃烧的主要产物，是温室气体的主要成分，大气中的 CO_2 来源主要包括自然排放和人工排放。自然排放是指生物活动、自然循环和被认为使用土地改变植被而释放出来的 CO_2，全球每年释放约 17.89 亿吨二氧化碳。人工排放主要是由于使用矿石能源、生产水泥、矿井瓦斯燃烧等活动产生的。①

（4）其他空气污染物

除以上类型外，还有其他众多危害空气质量的污染物，例如空气中的微生物。空气中的微生物是指空气中细菌、霉菌和放线菌等有生命的活体，它们主要来源于自然界，同时污水处理、动物饲养、发酵过程和农业活动也是空气微生物的重要来源。空气微生物是城市生态系统的重要组成部分，与城市空气污染、城市环境质量和人体健康密切相关，是评价城市空气质量的重要指标之一。

大气污染的来源按照人类活动划分，可以分为工业污染源、农业污染源、交通运输污染源和生活污染源。工业污染源是指由火力发电、钢铁、化工和硅酸盐等工矿企业在生产过程中排放的煤烟、粉尘及有害化合物等形成的污染源。农业污染源主要是不当使用化肥、农药、有机粪肥等过程中产生的有害物质挥发。交通运输污染源是指由汽车、飞机、火车和轮船等交通工具在运行时向大气中排放的尾气。生活污染源是指居民因日常烧饭、取暖、洗澡等活动燃烧化石燃料而向大气排放烟尘、硫氧化物、氮氧化物所形成的污染源。②

3.3.3　大气污染治理未来展望

空气质量的改善，得益于国家紧急采取的空气污染防治综合措施。近年来，学者们在空气污染研究领域做出了巨大贡献，其对污染物的时空特征、成分特征和来源解析、影响因素、重污染过程的模拟、防治政策建议等方面的研究为国家采取合理有效的政策措施提供了依据和重要支持。从污染物地

---

① 刘清．大气污染防治 共享一片蓝天[M]．北京：冶金工业出版社，2012.

② 谢红梅．环境污染与控制对策[M]．成都：电子科技大学出版社，2016.

域来源分析，局地排放和周边输送增加了大气污染物控制和治理的难度，一座城市不可能单独治理雾霾污染问题①。京津冀地区为全国污染最严重的地区之一，区域联防联控将成为未来若干年该地区乃至中国大气污染控制的主要手段。机动车、燃煤、工业生产、扬尘是未来治理的重要方向，想要改善城市空气质量，必须进一步减少污染物的源头排放。在机动车污染控制方面，需要推进公共自行车服务系统建设，大力发展公共交通，进一步提升燃油品质以及推广使用新能源汽车；在燃煤污染控制方面，加快“改代转”实施速度和力度，对所有燃煤电厂和锅炉房进行清洁替代或环保升级改造，用优质低硫型煤替代劣质散烧原煤，转变能源发展方式，推广能源新技术，扩大可再生能源和新能源利用，严格排放监管。以北京为中心的京津冀城市群地区为先行区，将在大气污染防治过程中为中国探索出一套全新的分层跨区多向联动大气污染防治管理模式，分层纵向建立了“国家-区域-城市”联动的立体防治构架，跨区实行横向联动的防治管理体系，协同产业准入、能源结构调整、监测预警、会商问责的多向联动机制②。当然，这样一个联动机制的有效运行，既离不开民众和社会组织等多元主体的共同参与，也需要法律体系区域间的匹配对接，才能实现更长远时期的绿色发展。

3.3.4 我国城市碳排放现状、趋势和问题

随着中国经济改革开放以来40余年的高速增长，中国已经成为世界上最大的能源消费国，而以煤为主的能源消费结构又使得中国当前成为世界第一大碳排放国。

(1) 我国城市碳排放现状

根据二氧化碳信息分析中心（Carbon Dioxide Information Analysis Centre）数据，中国在2006年便成为最大的碳排放国家，同年中国人均碳排放超过全

---

① 王跃思，姚利，刘子锐，等．京津冀大气霾污染及控制策略思考[J]．中国科学院院刊，2013(3)：353-363.

② 王振波，梁龙武，林雄斌，等．京津冀城市群空气污染的模式总结与治理效果评估[J]．环境科学，2017 (10)：1-12.

球平均水平。2013年中国碳排放总量达到102.48亿吨，超过欧美总和，人均碳排放为6.60吨，超过欧盟平均水平的6.57吨。同时，我国目前正处于新型城镇化阶段，城镇生活能源消费和城镇化相关的基础设施建设驱动着碳排放的快速增长。随着人们对美好生活需求的日益增长，城市生活能源消费由生存型逐步过渡到发展型和享受型，从而导致碳排放量快速增长。城镇化同样伴随着城镇建筑面积的扩张，新建的房屋和基础设施消耗了大量的建筑材料，带来了巨大的碳排放。① 虽然我国碳排放总量巨大并且保持快速增长趋势，但能源消费的二氧化碳排放强度总体上呈下降趋势，生态环境部相关负责人在《中国应对气候变化的政策与行动》白皮书发布会上介绍，2020年中国碳排放强度比2015年降低了18.8%，比2005年降低了48.4%。

（2）我国城市碳排放趋势

2020年9月，我国在第七十五届联合国大会上宣布：中国将提高国家自主贡献力度，采取更加有力的政策和措施，二氧化碳排放力争于2030年前达到峰值，努力争取2060年前实现碳中和。根据学者们利用CMRCGE模型进行的测算，预计到2025年我国各省的能源需求总量可达54.5亿吨标准煤，全国因能源利用产生的碳排放总量将达到105亿吨。“十四五”时期我国各省的碳排放强度将年均降5.4%左右，能源需求重心将逐步从东部向中部转移。②

（3）我国城市碳排放面临的问题

我国城市能源消费以煤为主的现状短时间内难以改变，低碳科技水平相对落后，区域碳排放差异较大，缺乏健全的低碳发展的法律法规，同时我国仍是发展中国家，人民日益增长的对美好生活的需求和城镇化刺激的基础设施的快速扩张，导致碳排放量大、增速快的现状仍将持续，2030年和2060年实现“双碳”目标面临挑战。

---

① 魏一鸣．中国碳排放与低碳发展[M]．北京：科学出版社，2017：30-37.

② 李继峰，顾阿伦，张成龙，等．“十四五”中国分省经济发展、能源需求与碳排放展望：基于CMRCGE模型的分析[J]．气候变化研究进展，2019，15（6）：649-659.

3.3.5 城市能源结构优化对大气污染治理和碳减排的意义

我国能源结构具有典型的“富煤、贫油、少气”特征，这使得煤炭将在能源消费中占据主导地位，而煤炭并非清洁能源，在使用的过程中会产生大量二氧化碳和其他有害气体，从而带来严重的大气污染。

2021 年 10 月 24 日发布的《中共中央 国务院关于完整准确全面贯彻新发展理念做好碳达峰碳中和工作的意见》中明确指出，要构建“清洁低碳安全高效能源体系”，通过对能源消费强度和总量的双控制，能源利用效率的提升，严控化石能源消费和能源体制机制的改革来优化城市能源结构，实现二氧化碳总量的控制。

城市能源的结构优化对大气污染治理和碳减排具有重要意义，我国城市以煤为主的能源消费结构导致了大气环境的污染，同时给中国的碳排放带来了巨大压力，因此必须调整城市以煤为主的能源消费结构，高度重视可再生能源的开发和利用，促进城市能源结构的不断优化，从而减少碳排放，打赢大气污染防治攻坚战。

第 4 章　国外城市能源结构优化经验

在气候变化背景下，推动能源结构在国家、城市层面和交通、建筑等多个领域的转型，发展低碳经济，应对目前的气候变化，是世界各国超大型城市发展的共同目标。本章将梳理英国、德国、美国及日本 4 个国家的典型超大型城市——英国伦敦、德国柏林、美国纽约、日本东京能源结构转型的实践历程，重点以交通运输和建筑节能领域的能源转型经验为例，对 4 个发达国家及其主要城市的能源体系的重塑和演变、能源转型政策和具体措施行动的共同特征进行总结和分析，为我国能源结构优化的进程提供一定的指导和参考借鉴。

4.1　英国能源结构优化经验

英国作为世界上最先发展起来的工业强国，其快速的发展离不开能源的充足供给和支持。英国能源结构由最初的煤炭转向石油、天然气，目前正朝着低碳发展的方向不断前进。英国能源结构优化的经验和具体措施值得我们学习与借鉴。

4.1.1　英国和典型城市伦敦的政策法规

1952 年 12 月 4 日，英国伦敦受反气旋的影响，工厂生产和居民取暖燃煤排放的大量烟雾无法在大气中扩散，聚集在伦敦城市上空，空气中的污染物浓度是正常年份的 10 倍，室外的能见度几乎为零。当日“伦敦大雾”共导致全英国约 12000 人、伦敦约 4000 名市民直接或间接地因空气污染而死亡。此次事件的惨痛教训引起了英国政府对治理大气污染的高度重视，逐步开始寻求能源转型和优化的对策。英国作为一个岛国，受气候变化的影响十分严重，所以其能源转型最初的目的是应对气候的变化，减排温室气体。在大气污染治理有所成效之后，作为欧盟中的最重要的经济体之一，英国也逐步开始尝试低碳背景下对于经济发展的探索。总体来说，英国能源转型的核心是在充分考虑气候变化背景下向“低碳经济”的转型。

2008年以来，英国政府发布了一系列促进“低碳经济”发展的法律法规(见表4-1)。作为英国心脏的伦敦市，其低碳转型的过程不仅与英国的整体计划相协调，更发布了许多针对伦敦市能源利用现状的具体政策措施，是英国能源转型的示范与先驱。伦敦在低碳转型过程中，最具重要意义的文件是伦敦政府于2004、2010、2011年这3年分别提出的《市长能源战略》《市长能源战略修正案》《大伦敦计划》3个文件。其中两次市长能源战略提出了伦敦的三大能源目标：第一，在2025年实现二氧化碳相对于1990年减排60%；第二，建立高效安全独立的伦敦能源供应体系；第三，在2015年使伦敦成为全球碳金融中心①。为使伦敦的能源结构与产业结构相协调，提高能源的效率，减少二氧化碳的排放，3项计划充分考虑了伦敦的能源结构特点，从可再生能源供应、能源供应结构、民用建筑交通领域节能减排等多方面多领域提出了各项具体政策措施，具体如表4-2所示。

表4-1 英国近10年重要能源转型法规政策

年份	名称	意义	主要内容
2008	《气候变化法案》	从法律高度设定全国性的减排目标	提出碳预算体系；成立气候变化委员会；强制要求政府和企业按时提交减排报告等
2009	《低碳转型计划》	标志着英国绿色政策的成熟	大力投资可再生能源；重点发展碳捕捉和封存技术；从电力、家庭转型、工作与就业、交通运输四大领域推动转型
	《低碳交通战略》	《低碳转型计划》的重要支持	推广电动车、混合燃料车、环保汽车；低碳公交研发；制定交通领域行业产品标准等
	《低碳产业战略》		为高碳产业引入或改造技术；发展碳基金、碳信托、碳排放交易权、企业碳管理咨询服务等；碳足迹制度；节能标识制度

① 田莉，桑劲，邓文静．转型视角下的伦敦城市发展与城市规划[J]．国际城市规划，2013，28(6)：13-18.

续表

年份	名称	意义	主要内容
2009	《可再生能源战略》	《低碳转型计划》的重要支持	规定可再生能源供电比例和惩罚措施；出台可再生能源义务证书结合补贴返还推广不成熟低碳技术；发展海上风力发电、海洋能；设立可再生能源办公室等
2012	《能源法案》	明确提出调整能源结构	完善碳税征收；补贴可再生能源经济行为；建立低碳示范区；保持太阳能风能生物能领先开发水准，探索新核能新能源等；支持碳捕捉技术

资料来源：张亦弛，牟效毅．英国低碳能源转型：战略、情景、政策与启示［J］．国际石油经济，2020，28（4）：17-29.

表 4-2　伦敦市能源转型主要措施

战略文件	政策措施	具体内容
《市长能源战略》《市长能源战略修正案》《大伦敦计划》《伦敦经济发展战略》《应对气候变化战略》《水资源利用战略》《废弃物管理战略》《改善空气质量战略》	可再生能源供应	①在泰晤士河口建立离岸风力发电厂；②大量投入风力和海洋能源技术；③利用废物生产能源燃料；④建设强大的地方网络和大量微型发电机；⑤进口可再生能源
	能源结构转变	①推广热电联合装置提高对天然气的利用率；②推动燃料电池成为交通、电热以及提高矿石燃料使用效率占主导地位的技术；③推动清洁能源产业聚集，鼓励低碳技术创新；④严格规定化石燃料碳排放标准
	民用领域节能减排效率的提高	①给予低收入人群节能技术和信贷支持；②向家庭提供节能咨询服务、二氧化碳计算器仪表器；③提倡使用低碳高效家电系统；④社区同意采暖减少能源转换
	商业活动节能减排效率提高	①提高服务行业比重引起商业活动自动的低碳；②建立“绿色企业特区”；③气候税减制度，核定企业每年污染物减排目标
	建筑行业节能减排效率提高	①制定建筑物能效评估标准；②对古建筑物进行节能改造；③建设高效率新建筑，改造现有建筑；④发展隔温材料
	零排放交通系统构建	①鼓励步行、自行车、公共交通等绿色交通方式；②推动清洁能源在交通领域的应用；③发展新能源汽车
	财政补贴支持	①PAYS 补贴计划；②低碳信贷基金；③伦敦绿色基金

资料来源：刘红梅，王克强．国际性大都市能源战略经验借鉴［J］．上海师范大学学报（哲学社会科学版），2010，39（1）：52-58.

4.1.2 交通运输领域的能源结构优化经验措施

4.1.2.1 交通领域的整体措施

(1) 能源消费结构的低碳化

英国发电行业不断减少对化石能源的使用，逐步采用清洁能源进行发电。这种转变不仅减少了交通运输行业的碳排放，而且减少了人们在日常生活中使用电产生的大量碳排放。在英国，消耗的绝大部分都是清洁能源，包括核能和风能等。由于中国的大部分电力来自煤炭等不可再生资源，相比之下，2017 年中国每千瓦时电力的碳排放量约是英国的 3 倍多，还有非常大的改善空间。[①] 因此，发展清洁能源，减少不可再生能源的使用有利于一个国家和地区的碳减排。

(2) 采用经济措施促进交通方式转变

采取一系列经济措施来加速交通方式的转变，通过税收的方式来增加交通运输的成本，例如增加车辆登记税，燃油税等，倒逼人们放弃高排放量的出行方式，选择低碳出行方式。同时，大力发展公共交通，扩大新能源汽车生产规模，并对新能源汽车给予一定的补贴和优惠政策。

(3) 发展新能源汽车

英国的土地面积相对比较小，国内的交通路线比较短。由于电池容量的局限性，新能源汽车的连续运行时间比较短，但基本上可以满足英国整个国家的运输需求。HydroFLEX 是 2019 年由英国伯明翰大学研发的第一台氢动力火车。实验速度非常慢，承载能力很低。它不适用于交通需求强烈的国家，但足以满足英国部分地区的使用需求。

4.1.2.2 典型城市伦敦在交通领域的具体措施

伦敦寻求低碳经济转型的最初和主要目的是控制大气污染，减少有害物质的排放。据伦敦环保署统计，2016 年伦敦地区 66%的二氧化碳排放来自于路面交通，其中汽车和摩托车排放的二氧化碳占路面交通排放总量的 45%，

---

① 中国国家统计局．中国能源统计年鉴 2017[M]．北京：中国统计出版社，2018.

道路运输排放二氧化碳总量占整体排放量的 11%。由此可见，交通领域的减排是伦敦市减排的关键一环。伦敦政府发布的《伦敦市空气质量战略》《交通 2025 方案》《大伦敦计划》等文件都对交通领域尤其是道路交通的能源转型做出了详细的规划。

为有效引导交通领域的汽车及相关设施从使用石油、煤炭等化石能源向使用可再生能源和清洁能源过渡，控制交通废气的排放，伦敦主要从以下几个方面入手。

第一，推行公交优先政策。伦敦的公共交通网络十分发达，形成了以轨道交通为核心的多元交通换乘接驳功能的一体化。伦敦多年来一直致力于交通基础设施和大型换乘枢纽的建设，以实现公共汽车、火车、地铁间的无缝换乘；伦敦还在市中心地区设立了公交专用车道以及交叉口公交优先信号，以此提高公交系统的效率。伦敦政府通过与公交公司的合作，明确规定自 2012 年起投入使用的新公共汽车必须是氢能源机动车，逐步淘汰常规能源的公共汽车，从公共汽车本身出发减少对化石能源的使用。①

第二，对私人常规能源汽车加以限制。伦敦对私人汽车的限制得益于“交通拥堵收费”和“低排放区”政策。“交通拥堵收费”政策是指在高峰时段对中心拥挤区域的车辆征收一定的费用，限制私人汽车进入市区，促使交通量向公共交通转移，但是“绿色汽车”可以减免该费用，收取的拥堵费用将全部用于伦敦未来的公共交通建设。“低排放区”政策则覆盖了伦敦绝大部分区域并且全年无休。高排放的汽车驶入低排放区会被区域内的摄像头识别，如果不符合标准则需要缴纳规定的费用②，该政策还鼓励私人购买低排放汽车。除此以外，伦敦政府也对私人汽车使用的燃料做出了严格的规定。

第三，大力推广新能源汽车和绿色汽车。政府投入大量的资金推广天然气、电力、燃料电池、混合动力等清洁能源驱动的低污染汽车，为购买者提

① 张力．伦敦现代城市交通体系建设与交通治理的经验与启示[J]．生态经济，2014，30（09）：125-128.

② 刘细良，张超群．城市低碳交通政策的国际比较研究[J]．湖南社会科学，2013（2）：160-164.

供约1/4的购车补贴。尤其对于电动汽车实行免交停车费、免交碳排放税等优惠，还推进配套电动汽车充电设施和网络的建设，减免充电费用。对于现有的汽车进行立法要求安装催化器，对过滤器和捕捉器等设备进行一定的改造。除了以上主要手段外，伦敦政府还提供了一些辅助措施。比如提高市中心的停车费用，在城市外围和地铁周边建设免费的停车场；实施TOD模式，以公共交通引导城市发展，沿着公共交通车站建设商业和办公中心；设立上百个自行车租赁站，扩大自行车租赁的服务范围等。

4.1.3 建筑节能领域的能源结构优化经验措施

20世纪70年代，为了保护环境，减少碳排放，英国开始制定一系列建筑节能标准，而且对建筑行业的节能尤为重视。为此，英国相继颁布了《建筑法》《家庭节能法》，之后又进行了不断的修改和完善。建筑能效法规分别于2002年、2005年和2006年进行了三次修订，如今已进行了四次修订。为了节省能源并减少建筑物的排放，2006年，英国为新住宅和公共建筑制定了最低能效标准，对建筑隔热和供暖系统提出了要求，分为新建住宅建筑、既有住宅建筑、新建公共建筑和既有公共建筑4个部分。

其中，新住宅建筑物的设备安装应使其性能与建筑物的二氧化碳排放量相符。在设备的设计和建造过程中，应有效控制和调试由房屋结构引起的热损失。除了隔热要求外，建筑围护结构必须保持合理的通风，但是在围护结构节点的隔热层，如窗户、门和墙壁的间隙处不可避免地会产生热量损失。为了减少这些热损失，有必要采用一些设计规则或添加一些细节来评估建筑物围护结构节点的热传导效果。对于现有的住宅建筑，对其外墙、屋顶、外窗、地板等都做出了明确的要求。实现社区中多个建筑物与中央热源的连接，并采取社区联合能源供应的方式。法规还对门和天窗等的扩建总面积提出了一定的要求。①

2006年颁布的法规展现了英国政府、社会及居民对于建筑节能领域的关

① 梁广，余春荣．英国建筑节能法规进展[J]．门窗，2013（3）：53-56.

注和重视。随着全球环境形势的日渐严峻，英国的建筑节能法规将不断地创新和完善。目前新修订的节能法规对于英国的建筑节能领域起到了不容小觑的作用。

总体而言，英国的建筑节能法规具有如下特点：①法律法规完善；②节能减排指标明确详细，覆盖全流程；③重视建筑节能创新和设计；④利用税收等经济手段，建立激励约束机制，以此提升民众的主动意愿。

建筑节能是一个国家低碳发展的重要一环，英国的建筑节能法规实施几十年以来取得了可观的成绩和效益，对我国建筑节能法规的完善具有一定的借鉴意义。

4.2　德国能源结构优化经验

德国被视为“全球能源转型的先驱和可再生能源发展的领导者”。德国把减少温室气体排放和减少核能使用作为能源结构优化的目标，采用了发展可再生能源和提高能源效率的方式，积极推进电力的市场化改革和国家的基础设施建设，重视技术创新，提倡绿色低碳的发展理念。

4.2.1　政策法规

根据 BP 集团最新发布的第六十七版世界能源统计年鉴的数据，德国 2017 年一次能源总消费量占全球总消费量的比例为 2.5%，全球排名第六。近 5 年来德国一次能源消费总量在全球一次能源总消费量排名中稳居世界前十，是名副其实的能源消费大国。然而，德国国内的能源禀赋有限，90%以上的石油、天然气依赖进口，作为欧盟最大的经济体，德国自身的能源储备并不足以支持其巨大的能源消耗。1973 年世界石油危机以后，德国意识到可能面临能源安全问题，于是开始其能源转型的尝试。德国的能源转型经历了一个循序渐进的过程，总体可以分为两个阶段，在这两个阶段德国的能源转型动机和战略有所不同。2011 年福岛核电站泄漏事件之前，依据《可再生能源法》，德国将核能作为主要过渡能源，大力开发风能、太阳能等可再生能源，以缓解对进口石油天然气的依赖程度。2011年福岛核电站泄漏事件之后至今，德国全面放弃核能，将发展可再生能源放在首要地位，以实现《能源方案》中提出的“经济合理、供应安全、环境友好”三大核心能源转型目标。①

针对能源转型，德国政府在20年间颁布了多项相关法律法规和政策，从立法的高度提出了德国能源转型的具体目标和推进措施。其中最具代表性的是于2010年发布的《能源方案》，方案明确了发展可再生能源在德国能源转型中的核心地位，并提出了温室气体排放下降幅度（与1990年相比）、可再生能源占终端能源消耗总量比重、可再生能源占电力消耗总量比重、一次能源消耗下降幅度（与2008年相比）、电力消耗下降幅度（与2008年相比）、交通领域能源消耗下降幅度6项指标作为未来40年能源转型的目标，为尽早实现这些目标，德国主要从3个方面提出向可再生能源转型的措施（见表4-3）。

表4-3　德国部分可再生能源转型措施

内容	依据法规	具体措施
提高可再生能源的市场份额和竞争力	《可再生能源法》《能源行业法》《促进可再生能源生产令》	强制规定电网运营商将可再生能源电力完全入网并优先全额收购可再生能源电量，提高可再生能源电力的并网率；向不同类型的可再生能源发电技术支付不同的上网电价，基于可再生能源发电技术的成熟度给予不同程度的补贴；相对于陆上风电，设立专项贷款积极发展海上风电等
加强电网技术建设和电力市场灵活性	《可再生能源法》	投入大量资金鼓励电力系统向适应风电和光伏发电的分散式架构系统转型；E-Energy计划构建智能电网和能源互联网；合理利用欧盟其他国家储能功能；使用可再生能源发电设备的电力运营商可以直接参与电力交易获得补贴
多种激励措施结合提高能源效率	《能源投资补贴清单》《太阳能电池正负补贴规则》	降低投资光伏发电的门槛，对符合条件的光伏发电系统安装住户提供补贴贷款贴息；对安装智能电表和其他节能设备的用户给予优惠并颁发证书；为鼓励企业主动节约能源，对节能企业给予税收减免；鼓励投资者和用户积极采用可再生能源技术成果

资料来源：金乐琴．德国能源转型战略及启示[J]．生态经济，2014（11）：61-64.

① 金乐琴．德国能源转型战略及启示[J]．生态经济，2014（11）：61-64.

4.2.2　交通运输领域的能源结构优化经验措施

柏林是德国的首都，也是整个欧洲的心脏城市之一，根据“德国绿色城市索引”报告，柏林在近 3 年都是德国人均碳排放量最低的城市。柏林在交通领域的能源转型和减排管制与德国整体的政策联系十分紧密，其在德国国家性交通领域政策文件的指导下，形成了柏林市的低碳交通发展规划。

第一，与日本东京一样，柏林也是将轨道交通作为城市交通主体的代表性城市，形成了以轨道交通为主的公共交通一体化规划、投资、建设、运营、管理系统，把公共交通优先发展战略摆在首要位置。柏林以智能、高效、安全、清洁为导向，构建了集通勤铁路、轨道交通、快速公交、普通公交于一体的无缝衔接系统，居民可以利用公共交通工具实现无缝换乘，大大提高了公共交通的便捷性。柏林重视公共交通系统的智能化和信息化，开发了公交信息管理一体化预订平台，根据需求制定变化的运营时间表，提高公交准点率和服务质量水平。公共交通系统的科学化管理和建设使柏林实现了从高排放的私人汽车出行方式向公共交通出行方式的高质量转移①。

第二，作为公共交通系统的补充，柏林积极倡导慢交通，即自行车和步行方式的复苏。德国是最先提出“最后一公里”概念的国家，解决居民公共交通到达站点与目的地之间最后一公里距离的方法之一，是对公共自行车项目的大力建设。柏林根据城市功能建筑分布的特点，综合规划了复杂的自行车网络，在重要的公共汽车和轨道交通枢纽设置共享自行车的服务点和专门的自行车的停放区域。此外，德国要求所有城市都要按照标准设置步行街道并配有清晰的行人通行按钮，在居民区对汽车进行限速，还把“将自行车与行人的安全作为行驶安全的第一要务”写进了机动车驾驶的培训教材，这些规定为自行车和步行的出行方式提供了绝对的安全保障，鼓励了更多的人通过这两种方式，而不是乘坐出租车和私家车解决最后一公里的难题。

第三，柏林发展低碳交通的关键，即是与其他国际大都市相同的对新能

---

① 张扬．欧洲四国“绿色交通”考察（下）[J]．交通与运输，2017，33（5）：59-61.

源汽车的推广和对小汽车的限制措施。对于柏林而言，降低交通业的原油需求量对调整其能源结构具有重要的意义。柏林在交通领域能源转型的措施主要是大力推广电动汽车，这一措施可以提高电网的利用效率。2009 年和 2011 年，德国发布《一揽子经济刺激计划》和《政府行动计划》，在未来向电动汽车领域提供一定的资金支持，涵盖了驱动、电池、材料、通信、整车技术等六大领域。2009 年，德国政府还发布了《国家电动交通工具》发展规划，包含 3 个节点，第一个节点是到 2020 年实现 100 万辆电动汽车上路；第二个节点是 2030 年达到 500 万辆；第三个节点是到 2050 年将全面放弃化石燃料，柏林也明确提出了将逐步全面放弃化石燃料作为汽车驱动能源的目标。这些计划除了对电动汽车能量储存技术、车辆驱动技术、材料可获得性等技术提出支持措施外，还将加快与电动汽车有关的基础设施建设。具体包括发电和电网基础设施、电网和电动汽车接口、电网交通工具相关信息和通信技术方面，尽量使用来自可再生能源的电力，满足电动汽车的电力需求，改善不同种类可再生能源电力供应的并网问题；要求建立适当的市场指导机制，应对由于使用电动交通工具导致的对电网峰谷期的影响；同时建设标准化机制规范电力输出，降低电力供应的成本，鼓励用户养成一定的新能源汽车充电习惯。

另外，柏林还制定了一系列费税制度和电动汽车购买分阶段补贴政策。德国是世界著名的汽车生产工厂，但是其居民汽车出行比例不足 30%，这得益于德国对小汽车的限制政策，其增加了汽车使用难度和使用成本①。以柏林为例，柏林在市中心多个区域建立了多个无车区，在该区域不允许车辆停靠和通行，还对市中心的行车速度做出了严格的规定，减少了汽车排放和停车的频率，这增加了小汽车的使用难度。在柏林，小汽车的使用成本也远高于其他国家的城市，柏林居民购车时就要缴纳比纽约高几倍的消费税、车辆登记费，在拥有汽车后柏林的驾照费用和停车费用同样十分昂贵。更重要的是，德国燃油税几乎是美国的 10 倍，这极大地增加了小汽车的使用成本，从侧面引导人们更多地购买使用以清洁能源为燃料、低能耗的小汽车。此外，以公

① 钱喆，吴翱翔，张海霞．世界级城市交通发展战略演变综述及启示[J]．城市交通，2015，13(1)：52-59.

共交通为导向的发展模式正在柏林高速发展，将低碳交通规划和土地综合利用规划相结合，在人口密集的区域密集建设公共交通基础设施，对小汽车做出更严格的限制；在人口稀疏区域围绕公交系统建设生活设施，减少居民出行的距离，降低小汽车的使用频率。

4.2.3　建筑节能领域的能源结构优化经验措施

4.2.3.1　建筑节能领域的具体措施

德国的建筑能效起步较早，近零能耗的建筑是建筑能效发展到较高阶段的产物。德国首次提出与能源建筑相关的法规是 2013 年版的《节能法》。接近零能耗的建筑物意味着建筑物具有很高的能效水平，建筑物所需的能量消耗几乎为零或非常低，十分环保。德国建筑行业的节能减排措施主要如下：

（1）提高建筑节能标准

德国不断提高自身的建筑节能标准，到目前为止，德国强制性节能标准中的相关技术指标非常严格，但是也充分考虑了实施的可操作性。同时，近些年来，可再生能源在德国电网中所占的比例增大，从而间接促进了德国的建筑节能。

（2）加强和促进现有建筑物的改造

德国把现有建筑物的改造作为建筑节能领域的主要手段，并制定了清晰合理的法规、标准和奖励政策，来加快改造的进度。德国明确规定，在进行“较大的工程改造”时，现有建筑物必须执行新的标准。

（3）配套经济刺激措施

德国政府的经济措施主要包括税收减免、低息贷款和利息减免等。经济激励措施是对整个社会开放的，所有居民都可以申请，只要符合标准就可以享受优惠政策。

4.2.3.2　对我国建筑节能和能源结构优化的参考借鉴

（1）重视建筑的健康环保性能

德国在注重建筑节能，不断提升各项标准的同时，还将建筑的舒适度作为一个重要部分，例如高舒适度设计标准的四季室内温度、室内风速要求、建筑噪声控制、维修材料是否环保上都有比较高的标准要求，① 使德国建筑整体既环保又健康。德国可持续的建筑标准体现了绿色理念和对高品质建筑性能的要求，其中最突出的一环是对建筑的健康环保方面的要求。随着我国的高质量发展，我国对高品质建筑的需求也会越来越大。随着人们生活水平的提高，对于建筑材料的环保性能、室内健康要求会越来越高，中国绿色建筑的发展在降低能耗的同时，也应该不断提高对于健康环保性能的重视。

（2）创新推动建筑品质的提升

德国建筑节能领域科学的设计，创新的材料技术是不断提高建筑质量和促进低碳减排的主要原因。这些有赖于德国健全的法律制度，知识产权保护体系和开放的市场、竞争环境。为此，中国需要进一步完善法律制度，鼓励研发和创新，保护知识产权，营造公平的市场环境，促进建筑节能的良性发展。同时，中国应充分发挥其社会治理制度的优势，制定合理的发展战略，促进技术进步。

（3）适当的经济激励措施

德国政府对节能建筑的经济激励措施非常详细具体，涉及税收、贷款等多个方面。在建筑节能领域，中国还应不断学习国外先进经验，完善各级经济激励措施，推动社会自觉建设符合法定节能标准的优质住宅。

（4）加强现有建筑物的翻新

德国十分重视现有建筑物的翻新。并为此制定了详细的法规和奖励政策。但我国目前尚无明确统一的规定，这在一定程度上导致了现有建筑物改造的执行不力。因此，我国有必要汲取经验，明确规定，完善法律法规和标准，增加资金的投入，提高改造任务的效率和执行力。

---

① 卢求．从德国近零能耗建筑的发展看中国绿色建筑的节能问题［C］//中国城市科学研究会，苏州市人民政府，中美绿色基金，中国城市科学研究会绿色建筑与节能专业委员会，中国城市科学研究会生态城市研究专业委员会．2020 国际绿色建筑与建筑节能大会论文集．中国城市出版社（China City Press），2020：7.

（5）严格细致的监督措施

德国建筑节能的监督和管理方法是非常完善的。德国建立了建筑节能证书制度。根据能耗水平，显示建筑物的能效水平。法律还规定，在房地产广告和销售中必须出示建筑节能证书，让消费者能够明确地获取房屋的能效水平以及日常生活中的能源成本。德国的建筑节能证书和其他建筑节能监管措施值得中国参考。

4. 2. 4　建立能源合作社

4. 2. 4. 1　柏林市民能源合作社

自 1990 年以来，德国的电力市场已经高度开放，联邦政府拥有电网的所有权，并通过招标转让了经营权。但是这些私营公司大多数追求利益最大化，忽略了环保和能源的利用效率，舍弃了能源供给的社会和环境价值。在这种情况下，柏林成立了“柏林市民能源合作社”。由柏林市民个人出资购买柏林电网，与现有的运营商共同竞争柏林市电网的特许经营权①。经历了一系列经营权的调整，能源合作社呈现出蓬勃发展的趋势，个人和社区已逐渐成为德国能源转型的主要群体。公众从被动的能源消费者转变为主动生产能源的消费者。合作社挑战了传统能源公司的垄断地位，见证了德国能源治理结构的变化。

4. 2. 4. 2　德国云德生物能源村

2001 年，德国政府启动了建设生物能源村的计划。用没有碳排放的生物质能替代传统的化石能源。云德村是德国的第一个“生物能源村”。2004 年，“云德生物能源村合作社”成立。该村建立了沼气厂，利用玉米、小麦、牲畜粪便等原材料燃烧进行发电，而余热则用于村庄的取暖。多余的电力用来输送到其他地区。云德村利用生物质能不仅实现了村民的能源自给自足，还具有一定的生态和社会效益。该能源运作模式不仅改变了当地的生活形态，也加快了德国可再生能源转型的进程。

---

① 刘虹桥. 德国公民能源运动初起[EB/OL](2019-08-10)[2022-09-10]. http://www.csp-plaza.com/article-3725-1.html.

4.2.4.3 建立能源合作社对于我国能源结构优化的参考借鉴

德国可再生能源的投资大部分来自社区和公众组成的能源合作社。公众的高参与度提高了人们对于政府政策的支持度。能源合作社使居民有公平的机会，以开放的姿态参与能源生产和经营，这是其最重要的价值。能源合作社考虑了多方的利益，建立在自治、自愿和自力更生原则的基础上。它扩大了公众参与能源转型的范围，有利于维护社会和环境效益，避免私营企业的不当逐利。除此之外，能源合作社还将运营的收入返还给社区和公民，公众不仅享有稳定的电力供应和合理的电价，而且还得到了更多的就业机会，有利于提高社区意识。当前，我国正处于城市化快速发展的阶段，社区治理是其中重要一环，通过建立能源合作社，可以更好地提高社区治理水平。

4.2.5 建立公民电厂

4.2.5.1 具体措施

德国有将近一半的风力发电厂是公民自主经营的。企业可以与个人联合开发风电项目，民众入股取得分红的模式使项目与个人收益挂钩，得到了民众的支持。德国对于民营风电厂提供了极大的政策支持，对于项目的审批手续也有极大的宽容度，还对一些项目提供了专项的补贴资金。此外，德国地方政府制定具有行政约束效力的土地利用规划，以此来划定风力开发的特定区域，进而维系民营风电厂的生产运营。

4.2.5.2 建立公民电厂对于我国能源结构优化的参考借鉴

可再生能源项目与传统化石燃料的治理体系不尽相同，是自下而上的方式，小到厂址选定、电价议定等问题，都需要居民的参与。通过建立公民电厂，让居民可以直接参与到能源生产和分配过程中，有利于保证供电供给，还可以促进地方就业，增加公众对地方能源事务的参与度，促进能源结构的转型。公民电厂以低碳发展为方向，考虑到了地方的特性，促进了地方政府与民众之间的良性互动，使得地方能源治理结构和制度更加公开、透明和民主。

4.3　美国能源结构优化经验

据《BP 世界能源统计年鉴》，美国近三年（2017—2019 年）的一次能源消费量占全球一次能源消费量的份额分别为 16.4%、16.6%和 16.3%，是仅次于中国的世界第二大能源消费国。在美国的能源结构中，石油是最重要的能源品种，近 3 年美国的石油消费量占全部一次能源消费量的比例都超过了 40%。其中，2017 年美国消费石油 913 百万吨油当量，占全球石油消费量的 19.8%。但是同年美国石油的产量只有 571 百万吨，有近 40%的石油仍然依赖于进口。多年来，美国长期高度依赖进口石油，其寻求能源转型的主要动机是确保能源的独立和安全，尽可能减少对进口能源的依赖，促进低碳经济发展。另外在全球可持续发展的大背景下，兼顾环境保护的目标①。

4.3.1　美国及典型城市纽约的政策法规

美国的能源转型路径是向清洁能源转型，最重要的政策支持是奥巴马政府提出的“气候行动计划”，气候行动计划依托于《美国清洁能源与安全法》和《美国复苏和再投资法案》这两部重要法律，从加强能源安全、提高能源效率、大力发展清洁能源和非常规化石能源等角度提出了相应的具体措施（见表 4-4）。2017 年，特朗普政府提出“美国优先能源计划”，计划同样要求加快页岩气开发、复兴煤炭工业、摆脱对进口石油的依赖。

表 4-4　奥巴马政府气候行动计划主要内容

主要内容	政策手段
加强能源安全	①增加油气生产；②加快页岩气革命
提高能源效率	①建设智能电网；②净计量电价政策；③制定严格的建筑能效标准；④规定汽燃油能耗；⑤能源效率专项技术投资

① 林绿，吴亚男，董战峰，等. 德国和美国能源转型政策创新及对我国的启示[J]. 环境保护，2017（19）：64-70.

续表

主要内容	政策手段
发展清洁能源	①对可再生能源相关行动实行税收抵免、财政补贴、贷款担保、加速折旧基金等经济政策；②可再生能源配额制度；③大力发展太阳能和光伏发电，投资可再生能源技术；④规定电力消费中清洁能源发电比例；⑤扩大公共土地上可再生能源项目范围；⑥发布绿色倡议倡导家庭节能

资料来源：仲平．美国奥巴马总统“气候行动计划”解读［J］．全球科技经济瞭望，2014，29（3）：5-10.

纽约是美国面积最大、经济最发达、人口最多的城市，这也意味着纽约是美国耗能最大的城市之一。美国的能源转型寻求能源的独立与安全，同时兼顾环境保护的目标，在这样的目标下纽约也制定了自身的能源与可持续发展计划，两者是纽约整体城市规划中最重要的环节之一。纽约政府于 2010 年发布了《纽约能源计划》，多类型措施结合对未来 20 年的能源发展做出了安排。第一是积极培育包括太阳能、风能、潮汐能在内的可再生能源市场，比如对安装太阳能电池的企业实施税收减免政策，创造性融资增加太阳能技术的应用。第二是扩大清洁能源的供应和提高能源的清洁度，包括扩大分布式清洁发电项目的范围，支持可循环利用的发电厂，在城外建发电厂向纽约市内提供电力等。第三是改造能源传输设施，使其更现代化，提高传输的效率，改造重点是液化天然气终端和管道建设。第四是提高能源效率，纽约创建了电力期货市场并为居民安装智能电表，带头降低公共部门的能耗，监督敦促高能耗建筑和企业的耗能行为。除了以上这些硬措施以外，纽约还与各方组织合作，针对不同人群开展定制化的能源教育和培训。在其他可持续发展计划方面，纽约主要依靠《纽约城市总体规划 2030》《纽约规划——更绿色、更美好的纽约》《纽约规划——更强壮、更弹性的纽约》这 3 项城市规划。对于应对气候变化和低碳发展的相关内容，具体的措施如表 4-5 所示。

表 4-5　纽约其他能源措施

主要内容	相关措施
减少建筑耗能	①照明升级与独立电表；②建筑排放基准测试；③为困难业主建筑改造提供资金支持；④给高耗能建筑安装高峰负荷智能仪表并实时定价；⑤大规模安装可再生能源发电机
交通减排	①发达完善的公共交通系统；②政府对新能源汽车的支持，投资新型清洁燃料开发；③共享自行车项目
抑制蔓延策略	①建造可持续发展可支付性住房；②为纽约所有人提供公园；③棕地整治；④增加娱乐休闲水域；⑤将新增人口住房布置在配套设施发达的已经建成区域
城市排放清单	纽约通过市议会立法的方式对城市清单的编制方法和数据更新做出规定，为城市总体和各部门减排目标制定打下基础

资料来源：宋彦，彭科．城市总体规划促进低碳城市实现途径探讨——以美国纽约市为例[J]．规划师，2011，27（4）：94-99.

4.3.2　交通运输领域的能源结构优化经验措施

纽约政府在《纽约规划——更绿色、更美好的纽约》中明确指出，纽约实现可持续发展的关键领域是交通和建筑。纽约市发达的公共交通系统、对新能源汽车的大力支持和完善的自行车共享项目的建设是其减少道路交通排放的三大法宝。

首先，纽约有 26 条地铁线路，468 个车站，地铁线路总长 1300 多公里；公交线路多达 230 条，共有约 5900 辆公共汽车。在现有设施的基础上，纽约还在不断拓展公交系统的覆盖区域，加大本就世界领先的 BRT 快速公交系统的投入。发达完善的公共交通系统使得纽约居民出行时，公共交通方式占到各出行方式的一半以上，从而减少了私人汽车的使用，很好地控制了碳排放水平。纽约还设置了路边公交车专用车道和偏移公交车专用车道，配合公交车专用车道摄影执法和警察巡逻执法两种执法方式，保证了公交汽车的运行效率。由于美国政府允许企业将为员工提供的公交补贴作为可抵扣的营业费用，这使得纽约市民受到市场经济这只看不见的手的影响，在日常出行上大多采取公交方式。

其次，交通领域对新能源汽车的支持是纽约能源多样化、改善环境的又一条途径。为鼓励可再生能源技术在汽车领域的发展，政府投入了大量资金用于混合动力电动汽车、燃料电池和新型清洁燃料提供动力的技术开发。纽约于近几年启动3项计划支持节能汽车的发展。“充电纽约”项目聚焦于电动汽车充电桩选址、电费率新结构、电池储能的可行性研究；“卡车券计划”中政府为达到联邦清洁空气标准的其他30个县市和纽约市购买电动卡车、混合动力卡车和压缩天然气卡车提供高达1000万美元的补助①；“绿色银行计划”是政府和私营贷款机构展开合作的节能汽车支持计划，目的是提高私营资本在清洁能源汽车市场的参与度。而对于已有的私家车、出租车等常规汽车，纽约要求增加其燃烧效率，美国的《低碳燃油标准》提倡用生物燃油代替传统燃料，纽约市政府的交通工具规定必须由生物燃料作为动力②。

最后，相比较伦敦，纽约已经建设有优秀的自行车共享项目。在该项目中纽约通过新修或改造街道道路，为自行车建设大量的自行车专用车道，增加自行车停靠点和自行车停放架数量，将其作为公共交通不能覆盖领域的重要补充。

4.3.3 建筑节能领域的能源结构优化经验措施

美国全国范围内，提高能源效率的领域主要集中于工业和汽车业，但在纽约，碳排放主要来自于建筑物的能耗。纽约建筑物的能源消耗远远大于全国平均水平。因此，纽约将减排重点放在改造城市现有的大型建筑物方面。

在建筑节能方面，纽约制定了一系列战略举措。例如加强纽约市能源和建筑法规建设，对之前的法规进行了全面的修改和完善，加入了许多“绿色”内容，包括对绿色建筑的鼓励、对于能源效率的认定、更为严格的通风系统标准等；有针对性地划分建筑节能的关键领域，着重对现有建筑进行改造；对于高能耗建筑进行严格的管理，进而有效地减少建筑能耗。

---

① 刘细良，张超群．城市低碳交通政策的国际比较研究［J］．湖南社会科学，2013（2）：160-164.

② 朱星华．纽约支持电动汽车发展的政策举措及其启示［J］．全球科技经济瞭望，2014，29（6）：13-17.

4.3.4　能源多样化

纽约能源供应的一个主要特征是能源多样化。为此，纽约州政府采用了一系列措施来增加能源的多样性和丰富性。

纽约还十分重视生物能源的使用，2005 年，纽约州州长宣布，所有州机构和公共机构必须购买和使用由生物燃料加热的建筑物，政府运输必须使用以生物燃料为动力的车辆，并尝试在校车和重型车辆中使用生物柴油燃料。纽约交通运输行业能源资源利用的多样化不仅减少了当地对石油进口的依赖，还改善了当地的环境，促进了经济的高质量发展。

4.4　日本能源结构优化经验

4.4.1　日本及典型城市东京的政策措施

日本是一个多山的岛国，处于亚欧板块和太平洋板块的交界地带，火山地震等自然灾害频发，气候变化对其产业发展和环境影响很大。因此，日本多年来一直注重低碳建设和可持续发展，以应对气候变化。同时，日本也是一个自然资源相对贫乏、能源消费量却巨大的国家。相对其他国家而言，日本由于地理位置和占地面积的原因，除森林和渔业外的其他资源的种类和总量都较为稀少。作为世界第三大经济体，经济和工业产业的发达使得日本长期是世界第四能源消费大国，仅次于中国、美国和欧盟。日本的能源结构以进口石油、天然气、煤炭为主，同时将具有经济性和清洁性的核能作为重要能源。事实上，根据日本国际绿色和平组织和日本环境部等机构发布的报告，日本缺乏的只是石油等传统燃料，其拥有包括地热、水力、太阳能、风能、潮汐能等在内的丰富的可再生能源资源，日本近年在传统能源清洁化和可再生能源替代传统能源方面做出了不懈的努力。2011 年福岛核电站泄漏事件之后，日本考虑到核能泄漏可能带来的巨大环境隐患，进一步促进能源结构向可再生能源的转型，以环境保护为首要目标，对外积极寻求稳定的能源供给，对内寻求节约能源和发展可再生能源两个目标同步进行。

日本的能源政策自上而下逐层推进，各个城市在低碳建设方面各有侧重，首都东京是日本也是世界建设低碳城市的成功典范。2005 年东京发布的《京都议定书目标达成计划》是东京节能减排行动的开始，该计划设定了两项温室气体排放量削减的目标。2007 年发布的《东京气候变化战略》是近 10 年东京最重要的能源战略指导文件之一，该战略的目标是到 2020 年东京的温室气体排放相对减少 25%。此后东京政府又陆续发布了《东京环境总体规划》《东京强制碳减排和排放交易制度》《2020 年的东京都》等文件，从清洁能源、科技发展、绿色建筑、节能工业、绿色家庭等方面提出一系列改革措施①。2014 年，东京政府以将东京建设为世界最佳城市为目标发布了《创造未来：东京长期远景计划》，要求到 2030 年东京能源消耗总量比 2000 年减少 38%，温室气体排放总量较 2000 年下降 30%，从减缓气候变化和适应气候变化两方面对东京各领域的能源转型提出了要求（见表 4-6）。

表 4-6　东京应对气候变化主要措施

战略方向	应对角度	措施及目标
减缓气候变化	清洁能源计划	①传统燃料清洁化，如高硫燃料向低硫和脱硫化转化；②大力开发新能源包括太阳能、生物能、风能、水能等，提高可再生能源利用比例；③光伏发电购买计划；④电力供给系统和煤气供给系统改革；⑤鼓励金融机构支持可再生能源
	低碳科技计划	①大力开展新能源即太阳能、风能、水能发电技术，提高能源转换效率；②智能电网建设；③分布式能源互联网建设；④加强国际清洁能源技术合作
	节能工业计划	①产业结构从资源密集型向知识密集型升级；②在企业内应用生态学和循环经济理念；③尝试创造使用工农业服务业的环境管理科学；④碳信用交易计划；⑤碳排放交易制度；⑥推广能源贸易系统；⑦开发技术基金平台帮助中小企业节能技术改造
	绿色家庭计划	①家用电器节能标签制度；②将太阳能发电供热技术广泛用于家庭中；③能源诊断员制度；④日光灯更换计划；⑤低能量住房计划

① 刘召峰，周冯琦．全球城市之东京的环境战略转型的经验与借鉴[J]．中国环境管理，2017，9（6）：103-107.

续表

战略方向	应对角度	措施及目标
减缓气候变化	绿色建筑计划	①绿色标签计划；②要求面积超过标准的建筑提交环境报告；③引导市政机构使用绝热性好、节能效率高的电气设备；④提高新建住宅排放标准；⑤加大对现有住宅和建筑节能翻新建设力度
	绿色交通计划	①发达的公共交通；②在推行新能源汽车的同时对传统汽车严格规定；③TOD 发展模式
适应气候变化	增强基础设施可靠性	①增加污水存储设施的容量；②延长桥梁使用年限；③完成城市中心污水管道更新；④高密度公园建设增加城市绿化面积
	优化空气质量	①到 2024 年全年 PM2.5 空气质量标准达标率 100%；②到 2030 年所有监测站检测到的光化学污染物浓度低于 0.07ppm
	加强应急能力	所有住房和工作场所必须储备有应急实物（2020 年）

资料来源：朱丽娜 .《创造未来：东京都长期展望》的启示[J]. 上海商业，2016（1）：38-40.

4.4.2　交通运输领域的能源结构优化经验措施

与其他国际大都市相比，东京的交通结构具有更鲜明的特色。

第一，东京的公共交通尤其是轨道交通十分发达，其发达程度甚至超过伦敦和纽约等城市，轨道交通承担了东京市超过 80%的客运流量。东京的轨道交通工具主要有轻轨、地铁和新干线、城市电气铁道、单轨和导向轨等。这些轨道交通总长超过 2000 公里，纵横交错，四通八达，密集分布在东京都市圈的各个角落，这也使轨道交通成为东京市民出行的首选。轨道交通不仅分担城市交通客流量，其对外部城市与东京市内人流的交换而言也十分重要。东京的铁路网络与周围城市联系紧密，换乘非常方便。日本各城市间的距离不远，完善的铁路网络使得人们优先选择铁路的方式进入东京，而不是选择更耗时、更有污染性的汽车方式。在地面交通方面，东京也有公交优先政策和路面电车、公共汽车、出租车等工具满足轨道交通无法解决的剩余出行需求。如此发达的公共交通系统和极高的公共交通利用效率，是东京在交通领域从源头上控制碳排放，降低高排放的传统能源使用率的关键支撑因素。

第二，在控制小汽车使用方面，东京不仅直接大力推行新能源汽车，还间接对传统汽车使用的燃料做出了严格的规定。东京的新能源汽车目前主要是混合动力汽车、电动汽车和燃料汽车，而插电式纯电动汽车和混合动力汽车是市场上较热门的两种新能源汽车，为普及混合动力汽车，东京专门制定了《低油耗汽车利用章程》。2014 年，日本发布了《氢料电池战略规划》，明确接下来的政策重点是从混合动力汽车向燃料电池，尤其是氢燃料电池汽车转移。在日本新能源汽车推广政策的影响下，东京积极开发风力、太阳能、废弃物发电和可再生能源燃料电池技术，尤其是氢燃料电池技术，从新能源汽车的本身降低能耗。在基础设施方面，东京在日本政府的资金支持下，新建了多座氢气站和燃料电池汽车运行基地，并开启了氢燃料电池和生物柴油公共汽车的改造项目①。此外，对于传统的小汽车，东京通过对燃料的技术研究，鼓励其使用低污染的燃料，从而向低耗能汽车间接转型。近年来，东京政府与汽车生产企业展开了密切合作，开发新型燃料技术，包括降低汽油中的硫磺浓度和生物柴油、液化石油气、液化天然气和压缩天然气的技术完善。东京对小汽车的控制和新能源汽车的推广同样配合使用了财政政策。东京对新型燃料和节能汽车进行购买补贴，也对传统燃料和高耗能汽车实行了购买税收政策，包括消费税、燃油税、柴油交易税和石油天然气税等税种。东京政府还规定私人购买传统汽车必须持有停车位合同，而东京的停车位合同不仅需要竞标竞争，其价格也十分高昂，这些经济措施也发挥了对传统汽车的限制作用。

第三，东京的 TOD 发展模式是其整个交通领域减排规划中的重要一环。东京的 TOD 模式非常侧重与公共交通系统和轨道系统的交互关系，要求以现有的公交和轨道站点作为商业中心和就业中心的建设基础；同时又鼓励建立区域性公交网络，引导城市沿主要公共交通的路线建立中心广场或者城市中心，对已有的交通体系进行改造，方便市民的交通和生活，减少居民的私家车出行需求，促进节能减排。TOD 发展模式将城市交通建设和公众的出行很好地结合起来，不仅减少了公共交通运输量，还减少了私人出行量，也进一

① 孙腾，金颖．国际大都市低碳发展策略对上海的启示[J]．上海节能，2017（10）：565-569.

步缓解了机动车带来的城市排放压力。

4.4.3　建筑节能领域的能源结构优化经验措施

日本注重加强节能建筑的建设。20 世纪 70 年代东京经济高速增长时期建造的建筑物已经较为破旧，于是开始了建筑物更新的进程，这为建造节能建筑物提供了契机。因此，2002 年，东京都政府提出了《东京绿色建筑计划》，来保证建筑节能领域的规范和发展。由于东京新建大型建筑物大部分是公寓，所以东京都提出了住宅环境绩效指数，以提高住宅中自然能源的使用率。利用房屋周围的绿色植物，使房屋可以更好地散热和保温。市民将拥有更多的舒适感，同时消耗更少的能源，有利于保护环境，并且实现了人与自然和谐相处的可持续模式。

4.5　四大国际都市能源优化战略特征

四大国际都市能源结构优化战略反映了未来国际能源多元化、环保化、高效化的发展趋势，并且表现出如下相同点。

首先，四大国际都市的能源战略均体现了“开源节流”的思想。一方面，从交通、建筑等多个领域出发，从节能与促进能源的可持续发展入手，出台了一系列节能法律法规和标准文件，控制高碳排放且不可再生能源的消耗以“节能”；另一方面，不断创新发展新能源，积极推动可再生能源市场的培育与新能源的开发以“开源”，从供需两端出发来促进能源结构的转型。

其次，四大国际都市都十分重视建筑与交通两大领域的节能转型。私家车的普及以及通勤距离的增加增大了石油这种不可再生能源的需求和城市环境的维护压力。混合动力电动汽车和燃料电池汽车等新能源汽车的开发成为解决城市交通能源问题的主要手段，政府采用了经济手段等推广新能源汽车的购买和使用。面对建筑能源消耗量与日俱增的现状，四大国际城市将建筑节能放在了城市节能的重要一环，都提出了“绿色建筑”的概念，对建筑的各种耗材、温度、耗能等指标制定了明确的标准，以此提高建筑能源利用效率及节能性能。

再次，由于化石能源是不可再生的，而且使用过程中会导致很多污染物和碳排放，会对环境造成严重的污染，所以四大国际都市都十分重视可再生能源以及新能源的研发使用和推广。其中伦敦将可再生能源视为“绿色能源”，大力推广可再生能源技术，如太阳能热水器、太阳能发电、风能、生物质能等。纽约为促进可再生能源的发展，采用了政府购买风力发电业务、为太阳能电池板装置免税等方式。东京制定了详细的可再生能源战略，全面推广普及可再生能源的使用。四大国际都市通过战略规划、经济手段等一系列措施促进了可再生能源的推广和普及。

最后，各都市政府在政策、法律、财税、金融等方面的相关支持，为四大国际都市能源优化转型战略的实施打下了坚实的基础。伦敦、纽约均调整了与能源相关的机构，来保证能源管理的效率；对于高能耗的建筑、交通行业的标准规范和立法文件都明确而详细，政府对于可再生能源的经济手段支持力度也非常大。除了提供税收等方面的经济支持以外，四大国际城市还采用了金融手段支持可再生能源、节能领域的发展，例如纽约设立了城市节能基金，将节能作为城市规划发展的一部分，而东京政府对金融机构提出了一定的要求，为可再生能源行业的发展提供信贷支持。

4.6 国际经验对我国能源结构优化的启示

英国、美国、日本、德国 4 个发达国家的能源转型实践历程较长，已经取得了一定成就。通过分析英国、美国、日本、德国 4 个发达国家及其典型城市伦敦、纽约、东京、柏林 4 个超大型城市的能源转型背景、目的和战略变化，以及各个城市应对气候变化背景下交通运输和建筑节能领域能源转型的政策经验措施，可以得到一些总结与启示，对正面临能源革命的中国以及北京、上海等超大型城市的能源结构优化具有一定借鉴意义。

4.6.1 “开源”方面：财税补贴和市场手段并行，促进可再生能源的投资和生产

目前，可再生资源的发展主要处于投资和生产阶段。在投资阶段，首要目标是为可再生能源生产企业提供资金上的支持，来扩大其生产规模，形成规模效应，为其技术研发和改进提供资金保障，促进可再生能源生产效率的提高。一般来说，由于规模效应递增的规律，一定范围内扩大可再生能源的规模可以降低企业的成本，所以应该通过优惠贷款、低息贷款、税收优惠等多种方式对可再生能源的生产企业提供支持，多渠道吸纳资金，扩大可再生能源的生产规模。例如德国通过国家复兴开发银行向风力发电厂提供相当于设备投资成本75%的优惠贷款，其利率略低于市场利率，且长期维持低利率水平①。这为我国大都市的可再生能源生产提供了指导借鉴。到了生产阶段，政策目标主要是开拓市场，增加利润，政策主要包括市场准入和价格控制两个层面。市场准入政策就是通过法律法规等强制性要求电力经销商以一定的价格购买一部分可再生能源产品，来扩大可再生能源产品的市场份额，保证可再生能源的竞争力。价格控制是指政府制定可再生能源产品价格，同时对常规的不可再生能源产品征收一定的税费，来保证投资者和生产商的经营利润，调动投资者和生产者的积极性，促进可再生能源企业的发展和壮大。在保证可再生能源企业正常的生产经营利润后，逐步引入市场的价格机制，引导可再生能源的价格回归市场，合理定价，提高其自身的市场竞争力，保证可再生能源行业稳定可持续的发展。

4.6.2 “节流”方面：健全节能管理体制，落实节能降耗标准

节能减排具有一定的外部性，政府不但要鼓励研发节能技术，还需要建立一定的节能标准。城市政府应该大力地推行节能标准制度，并做好政策监督落实的工作，完善一体化能源管理系统，以降低城市的总体能耗。例如在

① 刘红梅，王克强．国际性大都市能源战略经验借鉴[J]．上海师范大学学报（哲学社会科学版），2010，39（1）：52-58.

伦敦，个人和企业普遍使用计算机控制系统来控制能源需求。在纽约，通过智能仪表实时管理能源高峰阶段。纽约还开展了能源智能计划，对能源转型的各个环节进行管理，减少了很大一部分能源开支。因此，我国城市政府也要重视能源管理，利用先进的科学技术手段，开发管理系统，提高能源管理效率，促进能源转型。

4.6.3 实施交通新能源战略

城市的发展要大力推进新能源在交通领域的使用。汽车燃料已经从非石油燃料与石油燃料结合的多元化时代向新能源占据主要地位的时代迈进，目前以氢能源为代表的新能源将逐渐取代化石能源成为主要燃料。我国的一些城市应顺应时代发展潮流，大力发展和支持新能源技术，向新能源技术发展处于世界前列水平的国家学习，借鉴其政策制定和具体实施的经验，在学习经验的同时应主要防止不正当竞争，维护好国家之间的能源关系。我国应完善配套硬件设施建设，设施更新应该紧跟能源更新的步伐。例如，应该逐渐普及充电桩等硬件设施，保证公众的日常出行和生活便利，最终普及新能源汽车的使用。

4.6.4 完善建筑节能立法，鼓励建筑节能

目前，我国城市化进程飞速发展，城市的建筑面积急剧增加，随之而来的建筑能耗占比也迅速增加，建筑节能成为城市节能的重要一环。我国要积极研究制定建筑节能领域的政策，将政府这只看得见的手和市场这只看不见的手有机结合起来，采用灵活的经济手段，如优惠贷款、生产补贴、税收等，对建筑新材料、环保材料的研发和推广提供资金支持，以促进建筑节能领域的更新换代。同时，可以将建筑节能标准纳入绿色 GDP 指标，合理地评估地方环境保护是否符合环境发展要求，以保证地区经济的高质量发展，该绿色指标可以鼓励和督促地方政府积极制定有效的建筑节能政策，从根源上提高地方政府的主动性，因地制宜，逐步建立起适合我国城市建筑的管理和运行机制，未来我国应加强建筑节能及其未来发展的科学研究，创新建筑节能技

术、完善建筑节能规范管理体系，并且加大对建筑新能源的开发力度。

4.6.5　超大型城市的能源转型需要密切结合城市自身的特点

能源转型的路径和目标是相辅相成的。碍于自身所处的发展阶段和资源禀赋的不同，各国以及各个城市在能源转型目标和路径的选择上不尽相同，从而使各国各城市的能源转型政策也有所不同。例如英国的能源转型目标在气候变化背景下以发展“低碳经济”为核心；美国的能源转型目标将能源安全和经济目标放在首要地位，环境减排目标次之；日本的能源转型以环境保护为首要目标，寻求稳定的能源供给和发展可再生能源两个目标同步进行；德国则注重能源转型过程中安全、经济、环境目标的高度统一；法国则是要确定新的、更加稳定和可持续的能源发展模式，同时谋求绿色增长。在国家能源转型战略背景下，各超大型城市是转型战略实施和目标实现的重要区域，同时面临着最大的转型挑战和机遇。因此，超大型城市的能源转型需要在国家战略的指导下，密切结合国家和城市的自身特点与能源发展现状，做好能源转型的长期战略规划，用长远的眼光选择能源转型的方向与路径。

第5章　城市能源结构优化政策体系及效应

低碳经济的表现形式之一是严控城市碳排放，从居住、建筑、交通、工业等各部门出发建设低碳城市。低碳经济的发展也离不开能源结构优化政策的支撑。本章主要讨论低碳经济与节能减排背景下城市能源结构优化的政策体系，包括燃油税、碳税与碳价格制度、产品标准与碳标签、硫税、煤改气与煤改电、建筑节能与低碳建筑、绿色建筑、可再生能源配额制、能源互联网、低碳交通、绿色交通等，对相关概念的界定、政策内容进行阐释，对我国政策发展历史进行梳理，分析各种政策的效应及问题，并进行国际比较与国际经验的借鉴分析。

5.1　燃油税

5.1.1　定义与基本原理

燃油税是指政府对燃油、燃气在生产、销售或零售环节征收的专项性质的税收。在我国，其实质是汽车燃油税，是费改税的产物，取代养路费而开征，即通过征税办法从油价中提取一定比例作为过桥费、道路通行费，以及承担管理运输和养护公路的作用。其基本原理是：耗油量与行程长短、载货量、车辆类型等密切相关，耗油量越大说明其享有使用公路的权利越多，因此，包含在油价中应上缴的燃油税也随之增加，对公路养护所尽义务也就越大。

5.1.2　理论依据与政策动因

向道路使用者收取适当税费主要基于以下两方面考虑：一是，虽然我国道路设施的投资方式多样，如政府建成后收费或免费使用、私人投资后定期收费、两者共同投资、“建设-经营-转让”的 BOT 投资等，但无论采取何种形式，有关主体均需要通过一定收费来弥补道路建设与修养成本，保证道路设施使用效果。二是，道路设施具有准公共物品的经济性质，存在不完全非竞争性与排他性，使用过程会产生拥挤性、污染性与炫耀性外部成本，出现私人边际成本 PMC 低于社会边际成本 MSC 的情况，偏离帕累托最优状态。其中，拥挤性外部成本易导致道路使用的低效率，车辆过多，出现过度交通拥挤现象。因此，政府也需要通过收费来减少拥挤性外部成本，以保证道路的高效利用。①

对道路的建设、维修、保养与使用是采取收费还是征税的谈论，可从公共财政理论开始探索。公共财政，指国家财政遵循社会共同需要原则来确定自身职能和开支，即财政收入取之于公共，支出应用于公共。“费改税”的目标是实现“税费归位”，一方面把具有（准）税收性质或名为税、实为费的收费项目纳入税收；另一方面规范政府收费项目，改善由税费不清、税收缺位或收费越位造成的政府收入格局不规范现状。② 从“成本-效益”原则与实践情况出发，收费存在不便于行车者、难以筹足资金、征收成本相对较高等问题，而汽车燃油课税相对有效率、收入稳定、征收成本低且税负可在各时期平衡负担。③

5.1.3　燃油税征收的国际比较

在国外燃油税一般被称为燃油消费税、汽车燃油税、汽油税等，是使用费性质的消费税。燃油税以其具有的公平性与环保性被众多国家所采纳：1909 年英国首先开征燃油税；1919 年美国奥里根州开征汽车燃油税，1929 年所有州都开征了燃油税；1953 年日本设置了汽油税；1999 年德国实施生态税改革，采取“燃油税”附加方式收取“生态税”，将治理费用纳入消费者购

① 张京．燃油税改革的分析[J]．税务研究，2006（12）：42-44.

② 张锐．关于改革完善现行税制的思考[J]．山东社会科学，2003（1）：132-134.

③ 朱洪仁．燃油税开征的国际比较及我国的政策选择[J]．财经研究，2000（3）：60-64.

买化石燃料产品的价格中，将化石燃料对气候和环境所造成危害的治理成本内部化。据不完全统计，目前已有130多个国家开征了燃油税，同时由于国情差异，油品税种设立、税额标准和征收办法不尽相同。①

5.1.3.1 征税范围的确定

从国外实践来看，燃油税的征税范围有小口径、中口径与宽口径之分：小口径燃油税的征税对象仅包括汽油；中口径燃油税的征税对象包括汽油与柴油；宽口径燃油税的征税对象为所有的燃油，包括汽油、柴油、天然气、煤油、燃料用重油等。② 为减少尾气排放、保护环境，多数国家对汽油、柴油及相关燃料如天然气、乙醇等征税，如美国、新西兰、日本等。澳大利亚联邦政府对原油生产者和燃油批发商征收消费税。同时德国等欧洲国家出于控制汽油价格及消耗的目的而征收汽油税，对柴油不征税，且汽车行驶在（高速）公路上不再征收使用费，而日本会同时征收汽油税和地方道路税。此外，虽然大多数国家对用于道路交通的油品课以高税，但对特定行业领域（农业、牧业、渔业、取暖等）用油，采取了低税、免税、补贴等措施以减轻其负担。如以农、牧业为主的印度、新西兰等国家，对柴油采取减税或免税的政策，并严格执行。

5.1.3.2 税率的确定

税率是燃油税设计中最为重要的问题，也是最难确定的要素。从国外实践来看，多数国家燃油税的税率都采用定额税率的形式，也有国家采用比例税率的形式。从税率高低来看，不同燃油的税率高低是不一致的。绝大多数国家都对汽油课以高税，其税赋比例一般比柴油高1至2倍，少数国家甚至达到3至6倍。OECD国家的汽油税率一般也是最高的，而工业用重油、加热油以及柴油税率较低。其中，为鼓励消费者节约用油，刺激汽车生产商研制低油耗车型，英、日、德、法等国的税率较

① 张京．燃油税改革的分析[J]．税务研究，2006（12）：42-44.

② 曲顺兰，路春城．中国能源税制的改革与完善：兼论燃油税的开征[J]．中国人口·资源与环境，2008（3）：163-168.

高，分别为 73%、120%、260%和 300%。美国情况略有不同，其柴油税率高于汽油，究其原因是为鼓励普及汽车消费而对汽油征收 30%的低税率。①

5.1.3.3　征税环节与征收部门的选择

征税环节的科学可行与否，直接关系到燃油税的实施效果能否达到预期效应。虽然各国对征收环节的规定存在差异，但税负实际上通过零售商转嫁给最终消费者。澳大利亚和新西兰设置在生产和进口环节征收；绝大多数欧洲国家和日本直接向消费者或石油商在零售或批发环节征税；美国两者兼有，主要在进口、生产和销售环节对汽油和柴油征税，在零售环节对煤油和特殊燃料如天然气、乙醇等征税。

5.1.3.4　税收征管

不少国家把燃油税征收的税源作为不同用途的资金来源，将其划分为国家税种和地方税种，以解决中央税和地方税的税权管理分配问题。燃油税作为专门的目的性税，其税收收入专门用于公路的建设、维护和管理方面的开支。各国均设有专门机构监督燃油税的征收与管理：美国 1956 年成立了“联邦公路信托基金”，国内产品税中某些与公路有关的税收收入，如汽油、卡车、拖车等国内产品税，都归入该项基金，专款专用；日本也建立了“道路建设改善特别预算账户”，石油消费税、道路使用税和液化气税都归入该账户，专门用于道路建设和环境治理。②③④

---

① 网易新闻．燃油税，你忽悠多少次才够？[EB/OL]. http：//news. 163. com/special/000126D6/ranyoushui070312. html；搜狐财经．中国开始全额征收燃料油消费税［EB/OL］. https：//business. sohu. com/20080219/n255240418. shtml，2008-02-19/2022-09-10；新浪财经．燃油税 09 年 1 月 1 日起实施[EB/OL]. http：//finance. sina. com. cn/focus/zgkzrys/.

② 刘英姿，饶立新．美国联邦燃油税征收政策及对我国的启示[J]. 税务研究，2003（9）：53-55.

③ 朱洪仁．燃油税开征的国际比较及我国的政策选择[J]. 财经研究，2000（3）：60-64.

④ 曲顺兰，路春城．中国能源税制的改革与完善：兼论燃油税的开征[J]. 中国人口·资源与环境，2008（3）：163-168.

5.1.4 我国开征燃油税的情况介绍

5.1.4.1 改革历程

燃油税是我国税费改革的重大进步，也是我国经济与国际经济接轨的必然。燃油税以其优势被世界众多国家所采纳，我国引进国外经验征收燃油税亦有利于与国际惯例接轨。我国于1994年首次提出征收燃油税，并考虑合并养路费和其他费用为燃油税，来最大限度地节省能源和基础设施开支。1994年海南省在全国率先试点实行“燃油费”，将过桥费、道路通行费、公路养路费和运输管理费合并为燃油附加费。1997年全国人大通过《公路法》，首次提出以燃油附加费替代养路费，并拟于1998年1月1日起实施，具体办法由国务院决定。1998年10月，国务院在提请全国人大审议的公路法修正案里将燃油附加费改为燃油税。

2000年9月，财政部等12个国家部委发布了《交通和车辆税费改革实施方案》，其中有关燃油税改革方案的指导思想为“根据发展社会主义市场经济的要求，进一步规范政府行为，继续深化和完善财税体制改革，正确处理税费关系，遏制各种乱收费现象”。主要内容是开征燃油税来取代公路养路费、公路客货运附加费、公路运输管理费、航道养护费、水路运输管理费、水运客货运附加费，以及地方用于公路、水路、城市道路建设方面的部分收费。开征燃油税后，相关收费同时废止；保留少量必要的路桥还贷收费。此外，方案还规定燃油税为中央与地方共享税，由国家税务总局组织征收。同时，分享的办法是：对军队、武警部队、铁路、国家储备、农垦等直供燃油征收的燃油税以及由海关征收的燃油税全部作为中央收入；其余燃油税收入，中央分享40%，地方分享60%。燃油税收入主要用于返还和交通建设。①

自2000年9月方案发布后，燃油税政策的出台又经历了一番曲折。从2001年至2005年相关负责人多次表示燃油税将“择机出台”；此后3年内，国家发改委、国家税务总局、财务部等国家机构及其负责人多次表示将抓紧

---

① 范平．燃油税改革若干问题研究[J]．理论前沿，2005（19）：26-28.

研究完善燃油税改革方案，推进其尽快出台，择机实施。2008 年 12 月 6 日，由国家发改委、财政部、交通运输部与国家税务总局等联合发布的《成品油价税费改革方案》征求意见稿打破了燃油税“只闻雷声响、不见雨点滴”的局面，改革方案初定，2009 年 1 月 1 日执行。

2009 年 1 月 1 日，国务院下发的《国务院关于实施成品油价格和税费改革的通知》决定实施成品油税费改革，完善成品油价格形成机制，并根据当前国际市场原油价格变化情况，降低成品油价格。其主要内容有：取消公路养路费、航道养护费、公路运输管理费、公路客货运附加费、水路运输管理费、水运客货运附加费等 6 项收费；逐步有序取消政府还贷二级公路收费；成品油消费税属于中央税，由国家税务总局统一征收（进口环节继续委托海关代征）；纳税人为在我国境内生产、委托加工和进口成品油的单位和个人；纳税环节在生产环节（包括委托加工和进口环节）。此次改革突破了设立新税种的立法轨迹，并没有在我国税法中单独将燃油税作为一个税种进行规定，而是把燃油税列为了消费税的一个税目，按从量定征、价内征收的计征办法以增加现行成品油消费税单位税额的方式来实现燃油税的征税目的。汽油消费税单位税额每升提高 0.8 元，柴油消费税单位税额每升提高 0.7 元，其他成品油单位税额相应提高。加上现行单位税额，提高后的汽油、石脑油、溶剂油、润滑油消费税单位税额为每升 1 元，柴油、燃料油、航空煤油为每升 0.8 元。同时，通知指出今后将结合完善消费税制度，积极创造条件，适时将消费税征收环节后移到批发环节，并改为价外征收。此外，通知还包含了特殊用途成品油消费税政策与新增税收收入的分配顺序。新增成品油消费税连同由此相应增加的增值税、城市维护建设税和教育费附加具有专项用途，不作为经常性财政收入，不计入现有与支出挂钩项目的测算基数，除由中央本级安排的替代航道养护费等支出外，其余全部由中央财政通过规范的财政转移支付方式分配给地方。①

燃油税政策历时 15 年才得以出台，究其根源主要是各方利益难以平衡，

---

① 中华人民共和国国务院．国务院关于实施成品油价格和税费改革的通知[J]．河南省人民政府公报，2009（2）：24-28.

具体表现在以下方面：交通部门的既得利益将受到巨大损失；中央和地方间的财权矛盾，地方财政无法在财政部和国务院有关部门制定的税费改革方案中受益。此外，公路用油与非公路用油的区分、燃油市场的管理、各种费用的撤销以及公平问题都需要广泛深入研究，难度依然很大。[①] 燃油税于2009年开始实施，除了得益于当时国际市场油价持续回落的机遇外，主要原因仍是伴随我国石油需求不断增加而日益突出的经济社会发展与资源环境之间的矛盾。此外，以费代税、负担不公平等弊端日益显现，因二级收费公路规模过大、结构不合理导致的与地方经济发展和群众出行的矛盾越来越尖锐，这些问题都推动了燃油税的出台。[②]

5.1.4.2 目的

出台燃油税的目的主要有以下四点：首先，通过费改税来简化手续、节省费用，同时达到用油者交税、用油越多者交税越多的目的；其次，表达能源资源的稀缺性，理顺汽油、柴油价格关系；再次，利用税收杆杆引导燃油消费者节能减排，促使人们提高节约意识，提高能源使用效率，从而保护环境；最后，缓解城市交通压力与拉动内需，保护公路，延长其使用寿命。[③]

5.1.4.3 影响

燃油税是一种经济信号，其变动会引起一个经济体全方位的反应。

燃油的价格组成直接影响到公路运输企业和汽车生产企业的发展。燃油税取代养路费，体现了“多跑路、多用油、多缴税”原则，缩小了公共财政投入差距，对私家车的消费起到积极的刺激作用，有利于小汽车进入更多家庭。但是，公路营运车辆成本将会上升，对出租车行业的影响尤大。据测算，“费改税”之后，出租车每台车每年将要多缴纳1.3万至1.5万元。在油价上涨、盈利空间已经缩小的情况下，燃油税的开征将使出租车营运成本增加，

---

① 闵宗银．燃油税及其对我国国民经济的影响[J]．税务与经济（长春税务学院学报），2000（6）：36-39.

② 中华人民共和国国务院．国务院关于实施成品油价格和税费改革的通知[J]．辽宁省人民政府公报，2009（1）：42-46.

③ 王军．我国开展碳税征收有关问题探讨[J]．特区经济，2012（4）：122-124.

负担加重。对公车族来说，开征燃油税对其利益影响较小，只是资金在国家内部转移的一种形式。同时开征后车辆使用成本将增加，可能更有利于单位加强车辆管理。在汽车产业中，开征燃油税可以有效控制高油耗和高污染机动车的发展，同时间接鼓励了经济型、低油耗、节能和低排放汽车产业的发展，对行业构成利好。此外，燃油税有可能促使汽车工业更加注重技术创新与应用，如电喷和柴油技术，更注重减小风阻、减轻自重，推出更有竞争力和吸引力的车型。[①] 但也有学者得出与之相悖的结论。肖俊极、孙洁（2012）对消费税调整和燃油税征收进行了情景模拟，发现消费税能够使汽车消费向小排量车倾斜，新车的燃料利用率也得到提高，虽然燃油税的征收也减少了燃油消耗但却对汽车消费起到了抑制作用，低油耗汽车销量下降幅度高于高油耗汽车。此外，这两种税收都会造成社会福利损失，而燃油税造成的损失较大。[②]

燃油税的征收理论上能够规范政府收费行为，公平社会负担，为道路交通系统的养护筹集资金，促进交通事业稳定发展，还能控制能源消耗、促进节能减排和结构调整，而且同时具有促进汽车技术进步、改变人们消费理念的社会效果。此外，其对保障国内成品油市场供应也有一定作用。研究发现燃油税改革具有双重效应：一方面，改革可减少石油需求量，降低 NOx 排放量，具有节能减排效果；另一方面，它会使交通运输等相关产业产量减少，劳动力需求量下降。同时，燃油税虽增加了政府收入，但使居民收入减少、福利下降。尽管燃油税改革扩大了纳税群体，节能减排效果显著，但不利于经济增长。细分到产业，交通运输部门特别是航空运输部门相较于其他产业来说受损较小；长期而言，资本密集型行业受损更为严重，而劳动密集型行业的受损有所减缓。[③] 也有研究认为虽然征收燃油税一定程度会产生负面影响，

---

① 闵宗银．燃油税及其对我国国民经济的影响[J]．税务与经济（长春税务学院学报），2000（6）：36-39.

② 肖俊极，孙洁．消费税和燃油税的有效性比较分析[J]．经济学（季刊），2012，11（4）：1345-1364.

③ 乌力吉图，张凤滢．燃油税改革：环境、经济、社会的影响[J]．中国人口·资源与环境，2015，25（S1）：508-510.

如居民福利受损，产业发展、经济发展受限等，但将有效降低国内成品油需求量，进而减少石油进口，有利于保障我国能源安全。① 同时有学者认为燃油税改革降低了第二产业尤其是重工业占 GDP 的比重，优化了产业结构，减少了总体能源消费，在短期和长期均能显著降低中国的能源强度。② 具体到数值，叶志辉（2009）发现在当前收入水平下，当最优燃油税平均税率为20. 8%时，石油消耗量将减少 17. 9%，消费者总效用将增加 0. 4%，全社会的福利水平也得到了一定改善。③ 总体而言，税改将逐渐起到促进节能减排、结构调整以及公平负担的作用。费改税后，城乡居民收入、消费随着减税资本要素净收益的增加而增加，提高了效用水平。同时，居民收入得益于低要素替代弹性而相对较高，福利损失伴随价格小幅波动相对较少。反观政府消费因减税而减少，由此导致整体福利水平下降。就行业而言，有学者发现运输邮电业资本密集度相对明显提高，而第三产业中其余行业（尤其是其他服务业）以及第二产业中各行业的资本密集度相对下降。同时，除邮电运输业之外的各行业增加值产出价格呈现轻度普涨局面，多数中间品价格也随着邮电运输业产出价格的下降而下行，多数行业最终产品价格轻微上升。④ 也有学者秉持以下观点，即征收能源税轻微影响国民经济总量增长，同时有利于降低能源强度，减少能源需求量，减少煤炭在能源合成品中的份额，改善能源结构，并可促进产业结构的调整，也有利于减少二氧化碳和二氧化硫的排放量，改善环境质量。⑤⑥

---

① 庞军，邹骥，傅莎. 应用CGE 模型分析中国征收燃油税的经济影响[J]. 经济问题探索，2008（11）：69-73.

② 夏传文，刘亦文. 燃油税改革对我国节能减排影响的动态 CGE 研究[J]. 经济问题，2010（2）：64-69.

③ 叶志辉. 燃油税税率的确定——基于 CGE 的分析[J]. 统计研究，2009（5）：86-93.

④ 饶呈祥. 我国成品油税费改革之经济影响的行业分析[J]. 现代财经（天津财经大学学报）. 2009（10）：24-30.

⑤ 杨岚，毛显强，刘琴，等. 基于 CGE 模型的能源税政策影响分析[J]. 中国人口. 资源与环境，2009（2）：24-29.

⑥ 夏传文，刘亦文. 燃油税改革对我国节能减排影响的动态 CGE 研究[J]. 经济问题，2010（2）：64-69.

5.2　碳税、碳价格制度和碳标签

随着关于如何应对气候变化——从关切到行动的讨论广泛开展，“碳定价”已日益成为人们的常用词。世界银行集团、商业团体和投资者已呼吁世界各国政府支持制定并实施碳价机制，以实现减排。目前，全世界约有 40 个国家、超过 20 个城市、州和省已实施或计划实施碳价机制，它们占全球总排放的比重超过了 22%。更多国家、城市和省级政府正在制定相关制度，以便给未来碳排放定价。

5.2.1　碳价机制

虽然各国有多种路径方法来确定碳价，但它们殊途同归。各国已开始研究碳排放的外部成本，并通过设定碳价将这些成本与其他排放源挂钩。所谓外部成本，指的是负的外部效应所引起的成本，如热浪和干旱造成的农作物损失和医疗费用或洪水和海平面上升造成的财产损失。目前主要有两种碳价机制，一种是以数量控制为特征的排放交易制度，另一种是以价格控制为特征的碳税。

排放交易制度也被称为碳排放总量控制与交易制度，它一方面控制全球温室气体排放总水平，另一方面允许排放水平较低的企业向排放大户出售其额外配额。前者（总量控制）可确保完成规定的减排量，使排放者在不超过事先划拨给其的排放配额的前提下排放；后者可构建排放配额供求关系，继而确定温室气体排放的市场价格。而碳税（Carbon-tax）是一种更为简单明了的机制，其针对温室气体排放设定税率，更常见的是针对化石燃料（汽油、航空燃油、天然气等）的碳含量设定税率，在此基础上直接确定碳价。两者的不同之处在于针对减排量的碳税并非事先确定，而碳价则是事先确定的。选择哪种机制取决于一国国情及其经济发展情况。

除了直接设定碳价的方法之外，还有更多间接方法也可以制定碳价，如设定燃油税、取消化石燃料补贴以及制定包含“碳排放的社会代价”的规定等。温室气体排放价格也可以通过对减排量的付款确定。私营实体或政府机构可购买减排量，以抵消其排放量（也称“碳补偿”），或利用结果导向型贷款支持气候变化缓解活动。

5.2.2 碳税的国际比较

5.2.2.1 碳税要素

在设计税率时，大多数国家和地区，如芬兰、瑞典、意大利和加拿大不列颠哥伦比亚省等，根据化石能源的碳含量采用统一税率；也有一些国家如挪威等，因燃料类型、所处行业不同而设置税率。引起名义税率相差较大的原因主要是各国减排目标、能源税等减排政策、不同产业和居民的减排成本函数等存在差异。

征税对象虽然主要面向化石矿物燃料，但税基的宽窄存在明显区别，如荷兰的能源调整税面向天然气和电力的小规模消费征收，意大利按矿物油的含碳量征税，加拿大不列颠哥伦比亚省则面向几乎所有化石能源产品征税。引起差别的原因主要是减排政策的差异，如除税收外荷兰对大规模使用能源者存在其他调节措施，碳税只是意大利能源税的小部分，而在加拿大不列颠哥伦比亚省碳税则是主要能源税收。

纳税环节理论上可在能源使用链条的一个或多个环节设置，但不同环节的可操作性和效率存在差异。多数国家选择对最终使用环节即链条下游进行征税，纳税人是使用能源的产业部门和居民。也有国家或地区（如加拿大魁北克省和不列颠哥伦比亚省）选择对批发环节即链条上游征税，如精炼、加工企业缴纳石化产品（汽油、喷气发动机燃料、民用燃料油）的碳税。同时，上游征税一般比下游更方便管理与节约成本。

出于降低碳税对能源密集型工业和面临激烈国际竞争企业的负面影响，保护低收入居民等考虑，部分国家推出碳税减免政策，作用范围存在较大区别，如芬兰的免税对象主要为电力行业，挪威则面向农业和海运及沿海航运运输中使用的矿物油、采掘业和制造业中作为原材料使用的矿物油、汽油、煤和焦炭等免税。

5.2.2.2　关于碳税中性的考察

多数国家一般都遵照税收中性原则来改革碳税，即返还碳税，或通过专项支出投资于环境保护，如丹麦将碳税补贴于公共天然气和电力供热系统，而不用于一般性公共开支。将收入补偿于受碳税影响大的居民或企业，也是各国的普遍做法。还有一些国家在征税的同时，减少其他税收，如加拿大不列颠哥伦比亚省减征低收入者的个人所得税和企业所得税。

5.2.2.3　关于碳税地位和效果的比较

各国碳税的开征一般是以现有能源税为基础。以瑞典、芬兰和丹麦三国为例，虽然三国的碳税占 GDP 的比重为 0.4%~0.7%，但碳税占能源税的比重存在较大差距。芬兰和丹麦的比重较低，约为 15.4%；瑞典较高，约为 25%；同时芬兰和丹麦碳税占税收的比重也较低，平均为 1%。上述差异主要由名义税率和不同规定的税收减免造成。此外，除去碳税，一国还存在其他减排措施，很难分离出碳税的政策效果与其他政策效果。不过相较于其他国家，欧洲国家二氧化碳排放的增长率明显较低，这说明其碳减排措施是有效的。①②③④⑤⑥

5.2.3　我国开征碳税问题研究

5.2.3.1　征收碳税的理论基础

环境税收理论从环境负外部性和“庇古税”，到“污染者付费原则”以及“双重红利”理论，已日臻完善。

（1）环境的负外部性

负外部性指某个经济行为个体的活动对他人或社会造成损失，但该主体

---

① 苏明，傅志华，许文，等．碳税的国际经验与借鉴[J]．经济研究参考，2009（72）：17-23，43.
② 汪曾涛．碳税征收的国际比较与经验借鉴[J]．理论探索，2009（4）：68-71.
③ 张克中，杨福来．碳税的国际实践与启示[J]．税务研究，2009（4）：88-90.
④ 刘小川，汪曾涛．碳税的国际比较及其对我国的启示[N]．中国税务报第 2 版，2009-05-27.
⑤ 李伟，张希良，周剑，等．关于碳税问题的研究[J]．税务研究，2008（3）：20-22.
⑥ 尹希果，霍婷．国外低碳经济研究综述[J]．中国人口·资源与环境，2010，20（9）：18-23.

却未承担成本，又可称为外部负效应、外部不经济。环境负外部性指企业在污染破坏环境后未被征税，不负担成本，容易导致企业在追求利益最大化时，污染、破坏生态环境。

（2）庇古税理论

任何一种经济活动都会对外部产生影响，内部化外部性，即通过制度安排将产生的社会效益或成本转为私人收益或成本，则是解决外部性的基本思路。思路之一就是补贴正外部性，对负外部性征税，而用于消除负外部性的税收被称作庇古税。

（3）污染者付费原则

它也被称为 PPP 原则（Polluter Pays Principle），由 OECD 于 19 世纪 70 年代提出，要求污染者须对其造成的污染承担费用，该费用一般包括控制、清除和预防污染的防治费用，以及补偿费用即补偿因污染所引起的全部损失的费用这两种衡量标准。付费将促使污染者采取措施控制污染，或使政府等管理部门获得相应的收入以治理污染。

（4）双重红利理论。随着环境税收理论的发展，碳税的“双重红利”理论首先被 David W. Pearce（1991）提出，主张碳税收入可用于降低现有税收的税率，如所得税或资本税的福利成本，其被分为两类：一是“绿色红利”，开征环境税能够有效抑制污染，改善环境质量；二是“蓝色红利”，借助税收收入降低现存税制对劳动、资本的扭曲程度，从而有助于社会就业、经济持续增长。①

5.2.3.2 《中国碳税税制框架设计》专题报告

2009 年 9 月，财政部财政科学研究所发布了《中国开征碳税问题研究》报告，提出中国可以考虑在未来 5 年内开征碳税，其路线图为 2009 年进行燃油税费改革，2009 年或之后择机进行资源税改革，在资源税改革后的 1~3 年择机开征碳税，预计开征时间为 2012—2013 年。② 此外，报告预期在 2014 年

---

① 苏明，傅志华，许文，等．我国开征碳税问题研究[J]．经济研究参考，2009（72）：2-16.

② 路佳，张超，国万忠．对我国开征碳税的可行性探讨[J]．商业会计，2011（11）：22-23.

及之后的期间内开征环境税，完善和优化整个环境税收体系。报告还建议实行税收收入中性改革，即在开征碳税的同时，降低所得税、社会保障税等税种的收入，从而使整个税收收入相对保持不变。借此以减少征税的福利成本，同时考虑注重效率与再分配效应，减少分配的累退性以及对国民经济的负面影响，发挥碳税的“双重红利”。

研究报告对碳税税制要素进行了以下初步设计：①纳税人为向自然环境中直接排放二氧化碳的单位和个人，计税依据为 CO_2 的估算排放量；②提议采用从量计征的方式，将碳税作为环境税的一个税目征收，且在生产环节征税；③建议将碳税作为中央与地方共享税，中央与地方分成比例为 7∶3。同时该报告还指出，“为了保护中国产业在国际市场的竞争力，可根据实际情况在不同时期对受影响较大的能源密集型行业建立健全合理的税收减免与返还机制”，“对于个人生活使用的煤炭和天然气排放的 CO_2，暂不征税”等。此外，报告还对碳税收入的使用内容与方式做出了规定。①

5.2.3.3　开征碳税的目的与影响

开征碳税的最直接目的是减少二氧化碳排放，但同时也能起到减少二氧化硫、氮氧化合物等其他污染物排放的作用，其在保护环境、节约能源与应对全球气候变化方面起着重要作用，影响广泛而深远。

（1）在环境效果方面，诺贝尔经济学奖获得者威廉·诺德豪斯总结了众多碳税减排效应的研究成果，发现虽然相关研究基于不同国家及具体情况，但研究结论似乎都表明减排效应随着税率的提高而增加，税率随着碳减排幅度的提高而上升。同时他指出，中国的碳排放多属于生存性排放和发展性排放，而发达国家的碳排放多属于奢侈性排放。因此，我国碳税引起的产品价格变化，相较于发达国家而言，对生产的影响较小，碳减排效应不够显著。

（2）在能源消费方面，碳税对能源消费结构产生深远影响，表现为：一是提高能源价格，增加企业生产成本，可能引起企业减产；二是企业可能采取节能技术以降低能耗，或采用替代能源，进而影响能源消费结构。在燃油

① 财政部财科所．中国碳税税制框架设计[R]．北京，2009.

等能源的需求价格弹性较高的情况下，碳税减少能耗、降低能源强度、提高能源使用效率、改善能源消费结构的作用将更加显著。

（3）在经济增长方面，碳税的影响具有两面性：一方面，碳税可增加政府收入，扩大政府的投资规模，拉动经济；另一方面，碳税会降低私人投资的积极性，抑制经济增长。从时间维度看，短期内碳税会影响相关产品的价格，抑制消费需求，从而抑制经济增长，但中长期内碳税将推动相关替代产品的研发，降低环境治理成本，有利于经济的健康发展。[①] 有研究者模拟了碳税实施情境，发现当减排率在 0~40%时，GDP 的损失率为 0~3.9%，减排边际社会成本大约是边际技术成本的 2 倍；在中国实施 CO_2 减排政策将有助于提高能源效率，但同时也将给中国经济增长和就业带来负面影响。[②] 还有学者将碳税分为平衡碳税与独立碳税，两者区别在于征收碳税时，前者对各部门同比例削减产值税和增值税，后者则不改变其税率。他们也得出了独立碳税降低各部门能耗以及减少煤炭部门、建筑业与农业劳动力的结论，但平衡碳税对 GDP 影响小。[③] 也有研究发现与不征收碳税相比，在高税率下可减排 1141 万~2132 万吨，但总产出及国内产品供给不降反升，进口增加，复合品需求增加（最终需求由国内产品供给与进口产品供给复合而成）。[④] 比较分析碳税和碳排放交易减排效果的研究表明，碳税的 GDP 损失率最小，减排成本较低，而碳排放交易情境下行业减排压力较大，受到的冲击过大，减排成本较高，并建议将碳排放交易与适度碳税相结合，以确保实现减排目标和降低减排成本。[⑤]

（4）在收入分配方面，对不同社会群体而言，碳税的影响存在差异。相较于能直接调节收入分配、促进社会公平的财产税和所得税而言，具有分配

---

① 张晓盈，钟锦文．碳税的内涵、效应与中国碳税总体框架研究[J]．复旦学报（社会科学），2011（4）：92-101.

② 王灿，陈吉宁，邹骥．基于 CGE 模型的 CO_2 减排对中国经济的影响[J]．清华大学学报（自然科学版），2005（12）：1621-1624.

③ 贺菊煌，沈可挺，徐嵩龄．碳税与二氧化碳减排的 CGE 模型[J]．数量经济技术经济研究，2002（10）：39-47.

④ 朱永彬，刘晓，王铮．碳税政策的减排效果及其对我国经济的影响分析[J]．中国软科学，2010（4）：1-9，87.

⑤ 石敏俊，袁永娜，周晟吕，等．碳减排政策：碳税、碳交易还是两者兼之？[J]．管理科学学报，2013，16（9）：9-19.

累退性（低收入者税收负担占可支配收入的比例高于高收入者）的碳税，反而会将资本与劳动的收入分配差距进一步扩大，社会收入分配的不公平现象进一步加剧。①②

5.2.3.4　碳标签

为了缓解气候变化，减少温室气体（Greenhouse Gases，GHG）排放，推广低碳排放技术，碳标签（Carbon Labelling）以标签的形式标识出商品在其整个生命周期中，即从原料、制造、储运、废弃到回收的全过程，所产生的碳排放量信息，进而告知消费者单位产品的碳排放量，引导其消费碳排放更低的商品。③ 碳标签根据展示信息的不同内容和方式而被分为低碳标识、碳得分和碳等级 3 种。它也称为碳足迹，被分为第一碳足迹和第二碳足迹两类，前者指在生产生活中直接使用化石能源，如乘坐飞机、发电等所排放的二氧化碳的量，后者指在消费者使用各类商品时因制造、运输等过程间接产生的隐藏在商品中的二氧化碳的消耗量。碳足迹的含义按主体也可被分为产品碳足迹和公司碳足迹。碳标签是一种全过程的、偏重对环境影响的评价，涉及面广、系统性强、工作量大。④

5.2.4　碳标签/碳足迹的国际比较

2007 年以来，国际上关于碳标签的讨论不断涌现，英国、日本、美国、法国、德国等十几个国家和地区先后推出碳标签制度，并开始推广相关活动。英国政府为应对气候变化专门成立了 Carbon Trust（碳基金），鼓励向英国企业推广使用碳标签。日本紧随英国，日本经济产业省于 2008 年 4 月成立“碳足迹制度实用化、普及化推动研究会”，其碳足迹标签详细标示了产品生命周

---

① 张晓盈，钟锦文．碳税的内涵、效应与中国碳税总体框架研究[J]．复旦学报（社会科学版），2011（4）：92-101.

② 刘小川，汪曾涛．二氧化碳减排政策比较以及我国的优化选择[J]．上海财经大学学报，2009，11（4）：73-80，88.

③ 陈洁民．碳标签：国际贸易中的新热点[J]．对外经贸实务，2010（2）：93-95.

④ 胡莹菲，王润，余运俊．中国建立碳标签体系的经验借鉴与展望[J]．经济与管理研究，2010（3）：16-19.

期中每一阶段的碳足迹，揭示产品碳排放量，让消费者了解商品对环境的影响程度，并在环保理念的驱动下做出购买低碳产品的选择。欧盟积极推出新的规则，对生物燃料的碳足迹衡量做出强制性规定。法国政府也鼓励零售商对碳足迹进行核算，签发了零售商和贸易企业可持续发展的规定。法国《新环保法案》要求，自 2011 年 7 月起，凡在法国市场上销售的产品需标示包括产品生命周期及包装的碳含量等环境信息。碳标签从公益性产品标志发展为产品的通行证。① 德国推出产品碳足迹试点项目，为企业提供产品碳足迹评价与交流方面的方法与经验，倡导环境友好型消费。该项目还开展了产品碳足迹（PCF）测量方面的国际标准方法研究，吸引了 BASF、DSM、Henkel、REWE 集团等众多德国企业参与。中国台湾于 2010 年 3 月起启动碳标签制度，鼓励业者申请标示碳标签，以方便民众选购低碳产品。②

目前上述国家和地区的很多商家都尝试开展了诸多碳标签的实践。英国 Carbon Trust 公司碳标签的应用推广对象包括 Tesco（英国最大连锁百货）、可口可乐、Boots 等 20 家厂商的 75 项商品。法国 Casino 公司推出的“Group Casino Indice Carbon”碳标签，适用于所有 Casino 自售产品。据 Casino 公司统计，自该碳标签推出后，已减少了超过 20 万吨 CO_2 排放量。美国百事生产的 Walkers 奶酪洋葱薯片是最先加注碳标签的商品。美国的 Timberland 长期制定了在所有商品上向消费者提供环境方面的信息的目标，它采用了厂商自己设计的简化的 LCA 方法，用 0~10 数字范围的绿色指数来代表商品的环保指数。目前大概有 20 多家厂商生产的 75 种商品已经加注了碳标签。韩国于 2008 年 7 月开始试行碳标签，选出 10 项产品或服务，包括 Asiana 航空公司、Navien 燃气锅炉、Amore Pacific 洗发精、可口可乐、LG 洗衣机、三星 LCD 面板等产品，颁予碳标签。中国大陆地区在 2018 年开始推动“碳足迹标签”计划，《中国电器电子产品碳标签评价规范》《LED 道路照明产品碳标签》团体标准正式发布，确定了中国大陆电器电子行业先行开启“碳足迹标签”试点的计划。2021 年 1 月 13 日，我国首个“企业碳标签”项目在邹平市山东创新集团

① 张梅．绿色发展：全球态势与中国的出路[J]．国际问题研究，2013（5）：93-102.
② 吴洁，蒋琪．国际贸易中的碳标签[J]．国际经济合作，2009（7）：82-85.

启动。企业将在产品标签上标示生产中的温室气体排放量，引导大众低碳消费。

在产品或服务的碳足迹测量方法方面，英国 Carbon Trust 公司与 Defra 共同委托英国标准协会（BSI）研拟了 PAS2050 及其导则（《产品与服务生命周期温室气体排放评估规范》）。瑞典、瑞士、美国 Carbon fund 公司推出的第一个适用于碳中和产品的碳标签、Climate Conservancy 公司推出的 Climate Conscious 碳标签等的碳足迹计算以全生命周期评价（Life Cycle Assessment，LCA）为基础设定标准。LCA 是一种对产品、生产工艺以及活动对环境造成的压力进行评价的客观过程，它通过辨识、量化能量和物质利用及由此产生的环境废物排放进行评价。1997 年国际标准化组织 ISO 颁布了 ISO14040（环境管理——LCA 原则和框架），相应的标准 ISO14041/42/43 也陆续颁布。德国产品碳足迹测量方法以 ISO14040/44 为基础，同时参考 PAS2050。①

在碳标签设计和应用方面，英国将其设计为“足印”形象，主要包括足迹形象、碳足迹数值、Carbon Trust 公司认可标注、制造商做出的减排承诺、碳标签网络地址（Carbon-Label.com）5 个核心要素，产品类别涉及 B2B、B2C 的所有产品与服务，主要有食品、服装、日用品等。德国也以“足迹”为基本形态，并标识“经评价”文字，经查验的产品包括电话、床单、洗发水、包装纸箱、运动背袋、冷冻食品等。法国 Casino 公司的碳足迹标签以绿叶为基本形态，标注每 100g 该产品所产生的 CO_2 排放量，并在包装背面显示为一把绿色标尺，以不同色块体现产品对环境的影响程度。瑞士碳标签 Climatop 由圆形与 CO_2 化学方程式组成，表示该产品在碳足迹控制方面领先，即减量 20%。其评价范围涉及产品及服务的全生命周期，已查验的产品包括环保购物袋、有机原料蔗糖、奶油、洗衣液、洗衣粉、卫生纸、洗碗巾、电池等。瑞典碳排放标签通过明示该食品的“碳排历史”进而引导消费者选择健康的绿色食品，目前主要面向 B2C 食品，如水果、蔬菜、乳制品等，产品评价范围主要为运输阶段。韩国碳标签标示产品在生命周期（包括生产、营销、

---

① 郭莉，崔强，陆敏．低碳生活的新工具：碳标签[J]．生态经济，2011（7）：84-86，94.

使用与废弃处置等阶段）的温室气体排放量，适用于 B2C 的相关产品和服务（不包含农渔牧产品）。①

5.2.5 碳足迹与国际贸易

国际贸易的碳足迹主要指国际贸易活动对气候变化的影响，② 即国际贸易的内含碳问题。发达国家认为碳标签的使用有助于降低能耗、减少温室气体排放。而发展中国家则认为碳标签将构成产品出口的非关税壁垒，可能会压缩农产品出口空间。③ 国内主要认为：一是碳标签的高标准将构成中国出口产品新的贸易壁垒，影响对外贸易的可持续发展。二是以促进“低碳”为幌子，更具隐蔽性，可能成为技术性贸易壁垒。发达国家可能以国内产品碳足迹标准为依据核定进口产品碳排放量，作为向进口产品征收碳关税的税基，可能对中国制成品出口带来重大影响，以及影响跨国投资的流向和效率。同时以产品为链条的碳认证和碳足迹标准，可以在生产和消费环节吸引全社会参与应对气候变化活动，有益于提升产品质量、促进企业低碳生产、扩大消费等，并加快向低碳生产模式和低碳经济转变。④ 此外短期看，在其他情况不变的情况下，中国出口额会随着发达国家每增加一个技术贸易壁垒（包括碳标签制度）而出现一定量的减少。具体到商品类型，碳标签制度将严重影响高能耗、高碳含量但低附加值的商品出口，短期内出口企业成本也将大幅上升，进而提高出口商品价格，削弱中国出口商品的价格优势，降低中国商品的国际竞争力。⑤

---

① 裘晓东．各国/地区碳标签制度浅析[J]．轻工标准与质量，2011（1）：43-49.

② 陈洁民．碳标签：国际贸易中的新热点[J]．对外经贸实务，2010（2）：93-95.

③ 曲如晓，马建平．贸易与气候变化：国际贸易的新热点[J]．国际贸易，2009（7）：39-42.

④ 徐清军．碳关税、碳标签、碳认证的新趋势，对贸易投资影响及应对建议[J]．国际贸易，2011（7）：54-56.

⑤ 李春景．低碳经济视角下碳标签制度对中国出口的影响研究[J]．兰州学刊，2014（10）：159-162.

5.3　硫税

5.3.1　硫税的国际比较

硫税是对排放到空气中的二氧化硫征收的一种税，是作为一种污染税而设计的。硫税按课税对象可分为直接环境税与间接环境税，前者指直接对矿物燃料（主要是煤）燃烧产生的排放物 SO_2 征税，即对单位排放物课征的环境税；后者指对燃烧过程中产生 SO_2 的矿物燃料征税，即对产生污染物的投入物征税。在实践中，有国家（如法国）对大排放源征收直接环境税，也有国家（如瑞典）对小排放源征收间接环境税，还有国家（如美国、丹麦）实施兼为直接、间接环境税的二氧化硫税。① 现分别对这 3 种环境税进行国际比较：

5.3.1.1　作为直接环境税的二氧化硫税

针对二氧化硫排放，法国实施对单位排放物 SO_2 课税，即直接环境税。法国先是于 1985 年面向热值 5 万 kW 以上的 480 台锅炉所排出的 SO_2 课征大气污染费，税率单位为 130 法郎/t，每年征费收入为 1 亿法郎，历时 5 年。到了 1990 年法国对 SO_2 改征大气污染税，课税对象也从 SO_2 扩充为 SO_2、氮氧化物、硫化氢与碳化氢等，征收范围则增加到约 870 家热值大于 2 万 kW 以上的锅炉和处理能力超过 3t/h 的生活垃圾焚烧厂，税率也提高到 150 法郎/t，全年征税收入也上升到 1.9 亿法郎，征税期限为 1990 年 5 月 11 日到 1994 年 12 月 31 日。法国主要将大气污染税收用于补贴企业安装大气污染控制设施，其次则是资助技术开发与建立监测网络。

5.3.1.2　作为间接税的二氧化硫税

受限于酸性土壤，瑞典大部分地区的 SO_2 沉积均大于临界值，二氧化硫

① 王晓玲．二氧化硫税的国际比较及在减排中的作用评析[J]．涉外税务，2002（5）：49-52.

污染较为严重。1991年瑞典制定了以1980年为基准，将SO_2排放量削减80%的目标，开征了二氧化硫税，设置了税收水平，纳税人为大宗消费者和燃料零售商。瑞典二氧化硫税主要针对煤、焦炭、泥炭、石油等燃料课征，计税依据为上述燃料的含硫量，其中煤、焦炭和泥炭的税率为30瑞典克朗/kg，就燃油而言，以含硫量0.1%为界，高于该临界值的税率为27瑞典克朗/m^3，低于临界值的则免征二氧化硫税。除上述免征情况，瑞典还实施诸多优惠政策，如对燃料生产和运输企业减征二氧化硫税，同时规定凡采取措施减少SO_2排放量的企业均可向国家税务委员会提出税收返还申请，返还额视SO_2排放量的削减程度而定，退税单位为30瑞典克朗/kg。同时，瑞典也会持续监控那些享受退税的企业的生产经营活动。

5.3.1.3 兼为直接、间接环境税的二氧化硫税

针对二氧化硫排放，1972年美国尼克松政府向国会提交了二氧化硫税法案，法案对SO_2浓度设置了一级、二级标准，一级标准以下为高浓度地区，税率为15美元/磅；介于一级与二级标准的地区，税率为10美元/磅；达到二级标准的地区则免税。美国率先开征二氧化硫税，对大排放源如发电厂、大型工业企业等进行定期监测，并按照上述税率计税，属于直接环境税。此外，其根据所耗燃料的含硫量对小排放源计税，属于间接环境税。

丹麦实施的也是兼为直接、间接环境税的二氧化硫税。在那之前，为限制SO_2排放，丹麦对工业企业采取污染物排放许可证制度。与瑞典类似，丹麦设定了2010年将SO_2排放量控制在9万吨的目标，而于1996年1月1日实施二氧化硫税法案，开征二氧化硫税。其以燃油和锅炉燃烧用煤为课税对象，采用直接环境税的形式，按照SO_2的排放量对联合热电厂进行征税；采用间接环境税的形式对其他企业的锅炉燃烧用煤和燃油课税，对煤所含硫的税率设计为10丹麦克朗/kg，以含硫量0.05%为标准对燃油课税，即小于0.05%免税，大于0.05%的税率为0.11丹麦克朗/kg。与瑞典类似，丹麦主要将二氧化硫税收入用于节能投资，通过投资补贴形式将二氧化硫税返还给采取节能措施的企业，进而鼓励生产企业从高硫煤转向低硫煤的燃煤结构。

5.3.2　减排效果和影响

5.3.2.1　二氧化硫税对生产者、消费者的影响

根据课税对象来划分，直接二氧化硫税的计税依据是 SO_2 排放量，其以单位排放物课税的形式，给予生产者较强的刺激信号。间接二氧化硫税的计税依据是燃料中的含硫量，对生产者的影响表现为，其释放出的“税负伴随含硫量的上升而加重”信号，刺激生产者从选择高硫燃料转变为低硫燃料，改变了企业燃料结构。需要注意的是该课税办法体现了只要是含硫燃料就要纳税的情况，而不管是否造成环境污染，略失公平性，也未考虑企业治污的能动性。直接与间接二氧化硫税对消费者的影响方式相同，征税引起物价上涨，需求减少或寻求替代品，这种影响通过市场机制反作用于生产者，后者可能采取污染防控措施，如脱硫装置的安装与使用，或降低产量至社会所要求的最优产量，从而减少 SO_2 排放量。

5.3.2.2　二氧化硫税的减排效果分析

直接二氧化硫税对单位排放物课税的特点表现出较强的刺激作用、较高的税收效率，同时存在监测方面的技术难度和上涨的管理费用问题，税收成本较高。反观间接二氧化硫税对产生污染物的投入物征税的形式，表现出较低的管理成本优势，如二氧化硫税在瑞典的成本不超过对应税收收入的 1%，但同时未直接对污染物排放量征税则降低了其减排效率。在实践中，瑞典和挪威通过实行税收返还于减排企业的方式，在一定程度上弥补了不公平与低效率缺陷，达到了促使企业低硫化生产和 SO_2 减排的效果。美国和丹麦实施兼为直接、间接环境税的二氧化硫税，也达到了类似的政策效果，同时根据燃料的含硫量对小排放源计税，不仅减少了监测设备的安装费用，还无须考虑监测带来的技术问题，克服了直接环境税的高成本劣势，使征税简便易行。其中，根据 SO_2 浓度美国设置了梯度税率，其具备累进税率的作用，产生了

更强的刺激信号，促使企业转向脱硫装置的安装和低硫煤的使用。①

除了根据课税对象划分直接、间接环境税的二氧化硫税来分析其影响外，实施硫税的直接影响表现为减排。相关政策模拟的研究表明，硫税可实现 SO_2 浓度的下降，例如 2017 年会比 2012 年 SO_2 浓度下降 15%，且 2017 年之后将继续降低，2030 年的浓度相对于 2021 年将下降 30%；煤炭消费量占一次能源消费的比重在 2017 年将降至 65%，且将继续下降，到 2030 年为 60%；碳强度持续下降，相对于 2005 年，CO_2 排放强度在 2030 年将下降 47%。② 硫税会引起部门劳动、资本和能源投入结构的变化，不同部门要素间替代情况的差异可能会引起能源消费结构的变化。③ 此外调控 SO_2 排放量的最优情景是控制 SO_2 排量与提高能源利用效率齐头并进。④ 关于硫税政策对经济增长的影响存在不确定性问题，部分研究表明脱硫政策下经济增长速度会下降，⑤ 也有观点认为硫税未对实际 GDP 产生过大的负面影响。⑥

5.3.3 我国现状及经验借鉴

我国是煤炭和石油生产与消费大国，同时也是 SO_2 排放量最大的国家。二氧化硫的大量排放致使我国多地酸雨频繁发生，严重危害了人们的身体健康、生活质量，同时也影响了农作物的生长。虽然我国也采取了一些 SO_2 减排措施（如排污费制度），但由于其本身存在的收费标准过低、征收范围窄、

① 王晓玲．二氧化硫税的国际比较及在减排中的作用评析[J]．涉外税务，2002（5）：49-52.

② 魏巍贤，马喜立．硫排放交易机制和硫税对大气污染治理的影响研究[J]．统计研究，2015，32（7）：3-11.

③ 马士国，石磊．征收硫税对中国宏观经济与产业部门的影响[J]．产业经济研究，2014（3）：51-60.

④ YAN X，TOSHIHIKO M. Local air pollutant emission reduction and ancillary carbon benefits of SO_2 control policies：application of AIM/CGE model to China[J]. European journal of operational research，2009，198（1）：315-325.

⑤ JIE H. Estimating the economic cost of China's new de-sulfur policy during her gradual accession to WTO：the case of industrial SO_2 emission[J]. China economic review，2005，(16)：364-402.

⑥ 马士国．征收硫税对中国二氧化硫排放和能源消费的影响[J]．中国工业经济，2008（2）：20-30.

收支缺乏透明性、法律层次低等缺陷，减排效果不太明显。SO_2 排污收费试点工作于 1992 年在我国两省九市展开，1998 年 SO_2 的收费才扩大到“两控区”，即酸雨控制区和二氧化硫污染控制区，排污治理工作明显滞后。

与排污费制度相比，税收手段具有法律层次高、征收标准高、税款收支公正透明等优点。硫税作为环境税的一员于 2007 年被正式提上议事日程，同年 6 月 4 日国务院印发的《节能减排综合性工作方案》明确提到将研究开征环境税。在税率设计上，可供选择的有定额税率、差别税率与最优税率的确定。一是遵循公平原则，避免出现纳税人在比例税率下通过降低质量而非减少污染来降低价格的现象，环境税率可采用定额税率形式，同时面对高污染、强破坏计以高税率。二是在综合考虑治污成本、排污者承受能力、不同地区环境状况、环保目标差异等因素下，结合我国排污治理历史数据来制定差别税率。三是最优税率的确定，理想情况下应满足环境税的应税额恰好消除环境负外部性所造成的影响，鉴于实践中难以测算环境负外部性的实际成本，而应根据实现治理目标所需资金量来确定税率。此外，也可借鉴美国、丹麦实施兼为直接、间接环境税的二氧化硫税经验，根据排放量确定大排放源的税率，税率应高于平均治理成本，根据燃料的含硫量设计小排放源的税率，两者应为正相关关系，同时根据减排力度对采用清洁、节能技术的经济主体给予税收返还。①

在征税主体的选择上，有地方、中央与两者共同征集管理 3 种类型。一是遵循中央和地方分级负责原则，将税种根据污染物负外部性的范围大小划分为中央税、地方税、中央地方共享税。考虑到地方政府可能为了发展经济而使环境税打折扣，现阶段可由地方征收，再根据一定比例分成给中央，即划为中央地方共享税。二是近期可采用税费结合的方式，由环保部门和税务部门分别征收二氧化硫排污费和二氧化硫税，远期再纳入国家税收管理和征收管理体制，由税务部门征收。在资金使用方面，在征税的同时减少企业其他税收、补偿性返还给低收入者与专款专用是常见的 3 种

① 王晓玲．二氧化硫税的国际比较及在减排中的作用评析[J]．涉外税务，2002（5）：49-52.

方式。①

5.4　煤改气与煤改电

5.4.1　相关概念

清洁取暖，指通过使用清洁能源如地热能、生物质能、太阳能、工业余热等和高效用能系统，实现取暖低排放、低能耗，主要包括“煤改气”“煤改电”“清洁燃煤替代”等措施。“煤改气”是指居民由现用燃煤分户采暖改为用管道燃气分户采暖，以燃气采暖设备如燃气壁挂炉（炉具热效率不低于85%）替代散装采煤设备，天然气管网不能通达的村庄可采用压缩天然气、液化气、液化石油气、生物气体等清洁能源取暖。“煤改电”是指居民由现用燃煤分户采暖改为用电分户采暖，以电采暖设备替代散煤燃烧取暖设备的改造工程。

5.4.2　发展历程

我国“煤改气”工程最早开始于1997年，率先开启探索的是北京。为改善城市生活环境和大气质量，北京对改善环境、实施“煤改气”工程做出了整体规划，要求逐步将冬季供暖燃料煤替代为纯净天然气。此后“煤改气”政策虽然在陕西、四川、重庆、宁夏等地开始启动，但一直处于缓慢推进的探索阶段，究其原因主要是运行成本和气源受限。该项工程真正得以推进，则是在2013年“大气十条”的出台之后。② 总体上，煤改气经历了2013—2017年的起步阶段、2017—2018年的暂缓阶段、2018年至今的有计划推进阶段。③

---

① 刘立佳，司言武．中国二氧化硫税制度设计研究综述[J]．经济论坛，2010（8）：173-176.

② 岳鸿飞，施川．“煤改气”工程绿色净效益评估及政策优化措施[J]．河北经贸大学学报，2019，40（5）：86-91.

③ 高黎敏．全国煤改气过程与现状分析[J]．煤气与热力，2020，40（3）：20-22，45-46.

2013 年 9 月 10 日，国务院出台《大气污染防治行动计划》，提出加快推进集中供热，“煤改电”和“煤改气”工程建设，加快清洁能源替代利用。为完成《大气污染防治行动计划》给 2017 年设定的各项任务与目标，《京津冀及周边地区 2017 年大气污染防治工作方案》由环境保护部、国家发改委、财政部、国家能源局和北京市、天津市、河北省、山西省、山东省、河南省人民政府推出、印发。① 针对冬季散煤燃烧问题，方案要求全面推进冬季清洁取暖工作。2014 年 12 月 29 日，国家发改委印发《重点地区煤炭消费减量替代管理暂行办法》，要求有关油气、电力等企业积极加入“煤改清洁能源”等配套工程，将居民现用的燃煤分户采暖方式改为以电力、天然气、太阳能等清洁能源为主要能源的分户采暖方式。2016 年，习近平总书记在中央财经领导小组第十四次会议上指出，推进北方地区冬季清洁取暖，关系北方地区广大群众温暖过冬，关系雾霾天能不能减少，是能源生产和消费革命、农村生活方式革命的重要内容。要按照企业为主、政府推动、居民可承受的方针，宜气则气，宜电则电，尽可能利用清洁能源，加快提高清洁供暖比重。2017 年 3 月 5 日，国务院总理李克强在《政府工作报告》中指出，“全面实施散煤综合治理，推进北方地区冬季清洁取暖”。

2017 年 5 月 19 日，财政部、住建部、环保部、国家能源局为有序推进“煤改气、电”工程、解决散煤污染问题，决定开展中央财政支持北方地区冬季清洁取暖试点工作。随后，国家能源局公布 12 个“2017 年北方地区冬季清洁取暖试点城市”名单，要求试点城市 3 年内完成城区散煤取暖“清零销号”、农村地区绝大多数完成改造。2017 年 8 月 18 日，《京津冀及周边地区 2017—2018 年秋冬季大气污染综合治理攻坚行动方案》出台，要求当年 10 月底前，“2+26”个城市完成以电代煤、以气代煤 300 万户以上。2017 年 9 月 26 日，国家发改委下发《关于北方地区清洁供暖价格政策的意见》，要求完善“煤改电”“煤改气”价格政策，因地制宜地健全供热价格机制。2017 年 12 月 4 日，国家能源局发布《关于做好 2017—2018 年采暖季清洁供暖工作的

---

① 中国财政科学研究院资源环境研究中心课题组，陈少强，程瑜，樊轶侠，等．京津冀区域大气治理财税政策研究[J]．财政科学，2017（7）：46-66，124.

通知》，要求地方及企业既要大力提升供暖清洁率，又要千方百计保障城乡居民温暖过冬，强调“防止出现气荒，有序推进煤改气”。2017年12月5日，国家发改委等部门联合出台《北方地区冬季清洁取暖规划（2017—2021）》，首次提出用3~5年的时间对北方地区建构完整的清洁取暖产业体系。在2017年确定的首批中央财政支持北方地区冬季清洁取暖试点城市名单的基础上，2018年、2019年分别确定第二批、第三批北方地区冬季清洁取暖试点城市名单，并根据2018年6月印发的《北方地区冬季清洁取暖试点城市绩效评价办法》来决定是否取消试点资金。① 在2019年的政府工作报告中进一步明确指出要稳妥推进北方地区“煤改气”工程，打赢蓝天保卫战。

5.4.3 影响及问题分析

“煤改气、电”政策使能源消费气化、电力化、清洁化，直接减少燃煤数量，降低燃煤消耗量，有利于减少污染物排放，改善空气质量，同时优化能源消费结构，解决城市雾霾问题。“煤改气”对PM2.5的减排效益最为明显，其次是CO、SO_2、NO_x和CO_2等大气污染物。研究表明该政策对空气污染的降低效应在2014年至2019年的中国秦岭淮河以北的地级城市中，存在较强的“省会城市强于地级城市，‘高补贴’城市强于‘中低补贴’城市，空气污染等级为优度与轻度的城市强于污染等级为良的城市”的异质性特征。②此外，也有研究表明，人口和经济活动高度集中的大城市，如北京、重庆，作为民用燃料的天然气具有显著的环境效应，对非点源大气污染物排放和低空污染物浓度有显著的降低作用。③“煤改气”在燃烧效用和热值利用方面也有助于提高资源利用率。有关北京市农村“煤改气”和“煤改电”生命周期环境排放量的研究结果也表明，相较于“煤改电”而言，“煤改气”在CO_2、SO_2、NO_x、灰尘等三废（废气、废水和固体废弃物）排放方面的综合减排特

①② 熊艳，廖文军，王岭．“煤改气、电”政策的空气污染治理效应研究[J]．财经论丛，2021(3)：103-112.

③ 毛显强，彭应登，郭秀锐．国内大城市煤改气工程的费用效益分析[J]．环境科学，2002(5)：121-125.

性更好。①

除了降低工业烟粉尘排放量，“煤改气、电”工程在现有基础上提高了绿色综合效率 30%~40%，其中绿色净效益最大的为散煤改气，② 具有明显的正向绿色净效益，能促进当地社会的绿色发展。③ 此外，研究人员在量化与对比分析了北京市约 4000 户农村家庭在“煤改气”“煤改电”和“清洁燃煤替代”三方面的成本收益后，发现虽然 3 种方法均增加了居民的取暖成本，但也普遍改善了居民取暖的主观感受，改善了居民生活水平；政策实施减少污染物排放所带来的环境和人体健康方面的收益均大于实施成本，增进了社会福利。其中，“煤改气”户均收益最高，而“清洁燃煤替代”户均成本最低。④ 数据显示，通过实施居民生活“煤改电”政策，2020 年京津冀区域 PM2.5 年均浓度可下降 6~15$\mu g/m^3$，可因此避免约 2.22 万人过早死亡和 60.78 万致病例。若同期在京津冀区域采用一致性的政策实现“煤改电”政策目标，可以获得 187.31 亿~198.69 亿元的社会净效益。⑤

因绿色综合净效益显著，“煤改气”工程已成为我国大气污染防治的重要举措，毋庸置疑理应坚定有力推进。同时需要注意的是，“煤改气”政策也显现出了诸多矛盾，具体表现为：北方“气荒”隐患因天然气供给不足而加剧；“煤改气”的推进速度受限于储气设施等基础设施建设相对滞后；民用气价格约束加重了基层燃气企业的负担；政府补贴机制因“煤改气”运营成本较高，可持续难度较大；区域间联防联控落地性不强等。⑥ 这些问题都在一定程度上使“煤改气”工程陷入困局。

---

① 杜学平，张燕平，于玉良．北京市农村“煤改气”和“煤改电”生命周期环境效益对比分析[J]．城市燃气，2017（12）：31-34.

② 岳鸿飞，施川．“煤改气”工程绿色净效益评估及政策优化措施[J]．河北经贸大学学报，2019，40（5）：86-91.

③ 史丹，李少林．京津冀绿色协同发展效果研究：基于“煤改气、电”政策实施的准自然实验[J]．经济与管理研究，2018，39（11）：64-77.

④ 谢伦裕，常亦欣，蓝艳．北京清洁取暖政策实施效果及成本收益量化分析[J]．中国环境管理，2019，11（3）：87-93.

⑤ 张翔，戴瀚程，靳雅娜，等．京津冀居民生活用煤“煤改电”政策的健康与经济效益评估[J]．北京大学学报（自然科学版），2019，55（2）：367-376.

⑥ 余俊．大气污染治理中区域协同立法的问题[J]．环境保护，2018（19）：28-33.

5.5 建筑节能与低碳建筑、绿色建筑

5.5.1 相关概念

5.5.1.1 建筑节能

建筑节能，指保证满足同等需要或达到相同目的的情况下，尽可能降低从生产建筑材料、建筑房屋到施工与使用构筑物过程中的能耗、能量散失，这也是其在发达国家的最初表现，即在建筑舒适性提高的情况下，合理使用能源，并不断提高利用效率。全面的建筑节能，顾名思义覆盖了建筑全寿命过程，从选址、规划、设计到建造和最终使用环节，包括国家立法、政府主导推进建筑节能标准、政策的颁布与执行，建筑材料、产品和设备的节能化，设计合理化、节能化、高效化，提高通风、照明、给排水、制冷、采暖等的运行效率等，涉及材料开发、围护结构与外墙、屋顶和门窗等节能改造新技术，以及运行管理部门、开发商、各级监管部门等主体，是一项系统工程。

5.5.1.2 低碳建筑、绿色建筑

低碳建筑作为低碳经济的重要组成部分，以低碳排量为中心，以改善能源结构和提高能源效率为两个基本点，是低碳经济在建筑领域的一种具体形态。其中，低碳排量表现为建筑全寿命周期的低碳和建筑运行过程中的低碳两种形式。同时还强调建筑的基本舒适性、宜居性，以适应人类社会的可持续发展。① 而英国学者 Phil Jones 则认为，低碳建筑的基础还应包括建筑产品能源需求的降低和可重复利用以及可再生能源的充分利用。②

2008 年绿色建筑评估在中国全面实施，一定程度上促进了节能减排建筑的设计和运行，成为低碳城市建设的主要政策，受到国家与地方政府的支

① 沈满洪，王隆祥．低碳建筑研究综述与展望[J]．建筑经济，2012（12）：67-70.

② 姜虹，李俊明．中国发展低碳建筑的困境与对策[J]．中国人口·资源与环境，2010，20（12）：72-75.

持。[①] 2006 年 6 月起我国实施的《绿色建筑评价标准》，将绿色建筑定义为：在建筑的全寿命周期内，最大限度地节约资源（节能、节地、节水、节材），保护环境和减少污染，为人们提供健康、适用和高效的使用空间，与自然和谐共处的建筑。[②] 清华大学建筑学院教授栗德祥认为低碳建筑与绿色建筑仅在切入点、侧重点和技术选择方面存在差异，两者在内涵和目标上基本一致。前者以降低碳排放为切入点，后者则涵盖节能、节水、节地等特征。此外，低碳建筑更接近节能减排、应对全球气候变化的主题。

5.5.2　政策工具

国际能源署从 2005 年起，结合节能减排领域的特征开展了对节能减排政策分类、作用机理及经济效益分析等内容的研究，其将节能减排政策分为“强制型、信息型、经济激励型、自愿协议型和组合型”。刘晓君、强国凤（2019）借鉴国际能源署及豪利特（Howlett）对政策工具的分类方法，将建筑节能的基本政策工具分为“强制型政策工具、信息型政策工具、经济激励型政策工具及自愿型政策工具”四大类。其中：①强制型政策工具包括相关标准规范、最低能效标准或最大能耗标准与行政性规章制度；②信息型政策工具包括一般性信息政策（政府通过新闻媒体、广告、公益活动、发放宣传册等形式来广泛宣传建筑节能减排的相关知识）、节能性能标识认证、能耗计量与审计、教育培训、产品技术与服务（加强建筑节能科技研发来创新建筑节能的新技术、新工艺和新建材，以开展技术交流论坛等形式搭建技术交流平台等措施）与示范试点服务；③经济激励型政策工具包括降低贷款利率、提供财政担保、鼓励第三方融资支持等政策，对重要领域或相关企业及个人的节能行为给予税收减免，对企业超过能耗限额使用的能源采取超额加价措施或者梯度电价措施等惩罚性价格政策，以及通过直接投入大量资金进行补贴或大规模采购节能产品和技术引进以降低成本等政策；④自愿型政策主要

---

① 叶祖达．绿色建筑的宏观经济效益研究[J]．城市发展研究，2012，19（10）：97-103.

② 中华人民共和国住房和城乡建设部．GB/T 50378—2019 绿色建筑评价标准[M]．北京：中国标准出版社，2019.

指合同能源管理（Energy Performance Contracting，EPC），即节能项目的节能目标通过用能单位与节能服务公司之间的契约来实现，前者以节能效益支付后者的投入和利润，一定程度上也可以借此升级设备、降低运行成本，后者向前者提供用能分析、方案设计、融资、项目实施等服务，其实质是以减少的能源费用支付项目成本。

刘晓君等人的统计结果显示，“十五”计划之后，强制型、信息型、经济激励型和自愿型政策工具的使用占比依次为28.79%、52.46%、15.18%和3.57%。信息型政策工具的占比已经超过了1/2，其中“示范试点项目”和“产品技术与服务”政策的数量最多，二者占比分别为22.55%和20.85%，说明政府重视节能技术的研发提升及技术的示范应用；节能性能标识认证和能耗计量与审计政策占比则比较相近，而一般性的信息政策与教育培训政策相对较少，因此还需在建筑节能减排的大众宣传和领域人员培训及人才储备方面加强工作力度。行政性规章制度占强制型政策的比重相对较大，且较为缺乏最低能效标准。财政补贴政策在经济激励型政策中的占比也较大，为67.65%，融资支持政策仅占7.35%，最低市场份额仅为2.94%，较为缺失其他类型政策工具，后续需进行完善。而自愿型政策工具则整体较为缺失。

在建筑节能各大目标领域方面，关于绿色建筑示范推广的政策占比最高，为29.46%，其次是公共建筑节能运行管理，占比为19.87%，新建建筑节能标准的执行占比为14.51%，可再生能源建筑应用占比为16.07%，农村建筑节能占比最小，仅为6.47%。需要注意的是，伴随时间变化，政策关注的领域也会发生变化：新建建筑节能标准的执行时期为2001—2005年，公共建筑节能运行管理时期为2006—2010年，绿色建筑示范则从2011年推广至今。

不同领域使用的建筑节能政策工具也有所差异。建筑节能减排工作得以发展的基础保证是强制性，故强制型政策较多运用于新建建筑节能标准领域。各政策在既有建筑节能改造领域的分布相对均衡。信息型政策工具占公共建筑节能运行管理与可再生能源建筑应用领域的比值都过半，分布较为相似。农村建筑节能工作仍处于宣传和少量试点阶段，一般信息政策、产品技术与服务及示范试点项目等信息型政策是该领域的主要政策工具，其他政策条款较少。①

5. 5. 3　建筑节能政策作用领域

研读整理文献与精读政策文本发现，建筑节能政策主要在以下领域实施开展：新建建筑节能标准的执行、既有建筑节能改造、公共建筑节能运行管理、可再生能源建筑应用、绿色建筑示范推广及农村建筑节能。《国务院关于印发节能减排“十二五”规划的通知》（国发〔2012〕40 号）中提出要从规划、法规、标准、技术、设计等方面全面推进建筑节能，提高建筑能效水平，开展绿色建筑行动。

《关于转发发展改革委、住房城乡建设部绿色建筑行动方案的通知》（国办发〔2013〕1 号）指出，“十一五”以来我国绿色建筑工作取得了明显成效，同时也面临“城乡建设模式粗放，重规模轻效率、重外观轻品质、重建设轻管理，能源资源消耗高、利用效率低，建筑使用寿命远低于设计使用年限”等突出问题。鉴于此，方案制定了“城镇新建建筑严格落实强制性节能标准”以及“到 2020 年末，基本完成北方采暖地区有改造价值的城镇居住建筑节能改造”这两个目标。为此，方案安排了切实抓好新建建筑节能工作、大力推进既有建筑节能改造、开展城镇供热系统改造、推进可再生能源规模化应用、加强公共建筑节能管理、加快绿色建筑相关研发推广、大力发展绿色建材、推动建筑工业化、严格建筑拆除管理程序、推进建筑废弃物资源化利用等十大重点任务。其中，在既有建筑节能改造方面，方案提出要加快实施“节能暖房”工程、积极推动公共建筑节能改造以及对夏热冬冷和夏热冬暖地区开展试点。同时，方案还将强化目标责任、加大政策激励、完善标准体系、深化城镇供热体制改革、严格建设全过程监督管理、加强监督检查、开展宣传教育等作为保障措施。

住房和城乡建设部于 2017 年 2 月发布的《建筑节能与绿色建筑发展“十三五”规划》中指出，“十二五”时期我国建筑节能和绿色建筑事业取得重

① 刘晓君，强国凤. 基于政策工具视角的建筑节能政策评价[J]. 城市问题，2019（10）：83-89.

大进展：①建筑节能标准不断提高，全国城镇新建民用建筑节能设计标准全部修订完成并颁布实施，节能性能进一步提高。②绿色建筑呈现跨越式发展态势，全国省会以上城市保障性安居工程、政府投资公益性建筑、大型公共建筑开始全面执行绿色建筑标准；既有居住建筑节能改造在严寒及寒冷地区全面展开；节能改造在重点城市及学校、医院等领域稳步推进；公共建筑节能监管力度进一步加强；可再生能源建筑应用规模进一步扩大；农村建筑节能实现突破。③支撑保障能力持续增强。全国有15个省级行政区域出台地方建筑节能条例。绿色建筑相关的技术研发和示范工程的立项得到国家的大力支持，科技创新能力不断提高。进行中美、中欧超低能耗建筑技术、生态城市等方面的国际科技项目合作，引进消化吸收国际先进理念和技术，促进我国相关领域工作取得长足发展。

同时，我国还面临不少困难和问题，主要是：建筑节能标准要求与同等气候条件发达国家相比仍然偏低，且执行质量参差不齐；城镇既有建筑中仍有约60%的不节能建筑，能源利用效率低，居住舒适度较差；绿色建筑总量规模偏少，发展不平衡，部分绿色建筑项目实际运行效果达不到预期；可再生能源在建筑领域应用形式单一，与建筑一体化程度不高；农村地区建筑节能刚刚起步，推进步伐缓慢；绿色节能建筑材料质量不高，对工程的支撑保障能力不强；主要依靠行政力量约束及财政资金投入推动，市场配置资源的机制尚不完善。

面对上述问题，规划指出不仅要加快提高建筑节能标准及执行质量，全面推动绿色建筑发展量质齐升，稳步提升既有建筑节能水平，还要深入推进可再生能源建筑应用与农村建筑节能，以健全法律法规体系，提升科技创新水平，增强产业支撑力（实施建筑全产业链绿色供给行动），构建数据服务体系为重要抓手。此外，规划强调要充分发挥市场配置资源的决定性作用，积极创新节能与绿色建筑市场运作机制，探索市场化服务模式，鼓励咨询服务公司为建筑用户提供“一站式”服务，提高服务水平。同时，引导采用政府和社会资本合作（PPP）模式、特许经营等方式投资、运营项目。积极搭建市场服务平台，实现建筑领域节能和绿色建筑与金融机构、第三方服务机构的融资及技术能力的有效连接。例如，会同相关部门推进绿色信贷在该领域的应用，鼓励和引导政策性银行、商业银行加大信贷支持力度，将满足条件的项目纳入绿色信贷支持范围。①

5.5.4　既有建筑节能改造

以我国既有建筑节能改造为例，该项工程虽然起步晚，与之配套的政策法规不太完善，但仍取得了一定成果，呈现出从相关政策法规的提及转向专门法律法规的构建的总体趋势，表现出通过试点工程探索政策建设及有效实施，借助层次有别、形式多样的政策法规体系指导改造实践等的发展特征。我国也注重通过强制性法律法规来约束即建筑节能改造工作，同时辅以政策激励、引导与扶持，发挥两者的耦合作用，共同指导改造实践。②

政策法律法规专业化的总体趋势。我国建筑节能工作经历了以下阶段，从初步实施到试点探索再到全面推广，关于其重要组成部分即建筑节能改造领域的政策法规建设也呈现专业化趋势，从提及转向专项构建。工作开展前期，国务院 1986 年 1 月 12 日下发的《关于发布〈节约能源管理暂行条例〉的通知》中提出“建筑物应采取改进维护结构、选择低耗能设施以及充分利用自然光源等综合措施，减少照明、采暖和制冷的能耗”，这是为数不多提及建筑节能改造的资料。伴随国家日益重视节能改造工作，法规中出现了愈来愈多的相关规定，如《节约能源法》第三十八条规定对既有建筑节能改造应当按照规定安装用热计量装置；室内温度调控装置和供热系统调控装置；《节能中长期专项规划》提到开展北方采暖区既有建筑节能改造，加大对宾馆、饭店的综合节能改造；《国务院关于印发节能减排综合性工作方案的通知》明确提出，“十一五”期间推动北方采暖区既有居住建筑供热计量及节能改造 1.5 亿平方米的工作任务；《节能减排“十二五”规划》把节能改造工程列为

① 中华人民共和国住房城乡建设部．关于印发建筑节能与绿色建筑发展“十三五”规划的通知[Z]. 2017-03-01.

② 魏兴，郭汉丁．国内外既有建筑节能改造政策法规体系构建实践分析[J]．建筑经济，2014，35（6）：68-72.

节能减排重点工程之一，并提出十大保障措施。同时需要注意，我国现阶段并未对既有建筑单独立法，已有的政策法规体系仍需完备。

政策法规体系层次化、多样化、立体化发展特征明显，助推我国开展节能改造工作。从横向看，相关部门构建起了法律、行政法规、部门规章、政策文件4个层次的政策法规体系。一是指导节能工作的《中华人民共和国节约能源法》《中华人民共和国建筑法》《中华人民共和国可再生能源法》《中华人民共和国城乡规划法》等大法。二是针对节能改造标准、资金来源与相关管理部门做出规定的《民用建筑节能条例》，对公共机构的既有建筑维修改造予以明确组织计划及实施工作规定的《公共机构节能条例》等行政法规。三是依据上述法律法规制定的部门规章，如财政部印发的，明确规定奖励资金的原则和标准、资金拨付和使用范围的《北方采暖区既有居住建筑供热计量及节能改造奖励资金管理暂行办法》；原建设部发布的，规定资金筹措，提出“国家鼓励多元化、多渠道投资既有建筑的节能改造”的《民用建筑节能管理规定》。四是如国务院《关于印发节能减排综合性工作方案的通知》等相关政策文件。纵向上，除以上国家层面的政策法规体系外，各地方政府也因地制宜构建了地方性政策法规，如《北京市既有建筑节能改造专项实施方案》《上海市建筑节能条例》《天津市节约能源条例》，以及合肥市《既有居住建筑节能改造技术导则》和《既有公共建筑节能改造技术导则》等，体现了我国政策法规立体化的特征，有利于具体化、针对性地指导各地实践节能改造工作。

通过试点示范工程探索制定政策建设及有效实施方式。1996年以来，依据气候特征差异并综合多种影响因素，我国分别选择深圳和常州、北京和天津、哈尔滨作为夏热冬暖、寒冷、严寒地区代表，探索建设差异性政策与建立区域节能改造标准。北京惠新西街项目试点为制定融资政策提供了借鉴意义，其建立起由业主、产权单位、各级财政（中央、市级和区县）分担的筹资机制。天津市塘沽区北塘街杨北里住宅改造项目的成功实践则为制定市场政策提供了现实借鉴意义，建立起以“谁投资、谁受益”和不让业主承担经济负担为原则，主要由供热企业投资、辅之以政府适当补贴的市场化推广机制。

这些试点工程的成功验证了相关政策实施的有效性，并应用于“十一五”期间改造实践，获得北方 15 省（区、市）及新疆生产建设兵团截至 2012 年底共计 2.2 亿平方米的改造成绩。以试点建设经验为基础，建设部 2004 年发布了《建筑节能试点示范工程（小区）管理办法》，系统规范了试点示范工作，完善了我国既有建筑节能改造政策体系。

除了上述政策法律法规体系建设与试点工程的开展外，相关政府管理体制的建设也日益得到重视：住房和城乡建设部成立了负责建筑节能统筹协调与管理的建筑节能与新材料处，负责研究制定政策法规、研究与开发技术的建筑节能中心管理工作，大部分省（区、市）成立了办事机构来指导具体工作，全过程监管改造实践，各地建设厅局也设立了相关主管机构。此外，我国还采用了多形式的经济激励政策（专项基金、财政补贴、贷款优惠、贴息贷款等）以调动市场主体的改造积极性，如政策规定对 2008 年“国家机关办公建筑和大型公共建筑节能改造”项目中采用 EPC 模式的予以贷款贴息补助（2010 年《关于加快推行合同能源管理促进节能服务产业发展的意见》则提出减免税收），中央财政对地方建筑节能改造项目贷款贴息 50%，对中央建筑节能改造项目贷款贴息 100%；2009 年政府对每个“可再生能源建筑应用”示范城市财政补贴 5000 万元；《北方采暖区既有居住建筑供热计量及节能改造奖励资金管理暂行办法》中设置了中央财政安排专项资金，用于奖励北方采暖区既有居住建筑供热计量及节能改造项目，专款专用，缓解了资金制约的瓶颈问题。①

5.5.5　影响分析

在全球范围内，建筑业是与工业、交通运输业并驾齐驱的高耗能产业。据统计，目前国内建筑能耗约占全社会总能耗的 30%，若不发展低碳建筑，预计到 2030 年中国建筑业能源消耗所产生的温室气体排放总量将达到 51 亿吨。② 因此，低碳建筑是经济与环境协调和降低建筑物能耗、解决能源紧缺、

① 魏兴，郭汉丁．国内外既有建筑节能改造政策法规体系构建实践分析[J]．建筑经济，2014，35（6）：68-72.

② 蔡博峰．低碳城市规划[M]．北京：化学工业出版社，2011.

保证经济可持续发展的重要战略。有研究发现我国自改革开放以来促进绿色建筑全产业链发展的国家级政策均起到了正向作用，且力度日益明显。① 集中建设的绿色建筑也将在新型城镇化进程中占据主导地位，并与集聚发展的产业成为探索新型城镇化模式的有效途径，如具有独特优势的绿色建筑产业新城。② 虽然相较于普通建筑而言，绿色建筑的初始成本更高，但可通过管理成本的控制和设备使用寿命的延长等方式降低成本，并提高效益。有研究表明，相对普通建筑而存在的绿色建筑的增量成本可在全生命周期内回收。③ 此外，绿色建筑相对普通建筑而言追求更节能、节水与低碳的效果，而这需要额外投入成本，这部分是绿色建筑对社会经济整体的增量投资投入，可能会带来整体的生产总值的增加。研究数据显示，为绿色建筑的额外直接经济影响在2010 年到 2015 年为基准年房地产业产值的 4.3%，而总间接效应为 1021 亿元，对各产业的总带动效应在房地产业内投资每增加 1 单位产值的情况下为1.0648。同时，绿色建筑投资在我国房地产业内增加 960 亿元产值，对本身产业的就业带动效应为 55.88 万个岗位，总直接与间接效应为 1981 亿元。④ 另外，可借鉴碳排放交易理念，在评价绿色建筑的经济效益中引入碳排放量和价值的计算方法，可使部分隐性收益价值化。⑤

5.6 可再生能源配额制

5.6.1 定义

可再生能源包括太阳能、水能、风能、生物质能、波浪能、潮汐能、海

① 刘晓君，贺丽，胡伟，等．中国绿色建筑全产业链政策评价[J]．城市问题，2019（6）：71-79.

② 梁浩，张峰，梁俊强．绿色建筑产业新城助力新型城镇化[J]．城市发展研究，2013，20（7）：124-132.

③ 曹申，董聪．绿色建筑全生命周期成本效益评价[J]．清华大学学报（自然科学版），2012，52（6）：843-847.

④ 叶祖达．绿色建筑的宏观经济效益研究[J]．城市发展研究，2012，19（10）：97-103.

⑤ 高泉平．低碳理念下绿色建筑的经济效益分析[J]．武汉理工大学学报，2010，32（15）：189-192.

洋温差能、地热能等。中国推动可再生能源发展的主要政策包括：固定上网电价、价格补贴特许权招标项目和国家示范项目等。[①] 其中，固定上网电价为当前我国可再生能源价格机制，可再生能源电站与电网公司的结算依据为当地脱硫火电机组的标杆电价，并由国家可再生能源发展基金支付剩余部分。

可再生能源配额制政策（Renewables Portfolio Standards，RPS），指可再生能源发电的市场份额被国家或地区政府以法律形式强制规定，核心是保证一定最低配额或固定比例的可再生能源发电量，已作为政策建议在我国可再生能源“十五”规划中提出。可再生能源资源在地区间存在差异，这部分发电需在地区电力建设中保持或占有一定比例，使得与配额比例相当的电量可在各地区（各电网）间交易，以缓解差异。主要原理是，单独出售脱离于电力本身的、可再生能源发电所包含的环境和社会收益，并将竞争引入可再生能源电力和证书的买卖方之间。像常规电力一样，可再生能源电力以市场价格出售，因生产可再生能源电力所带来的高于传统化石能源电力的成本费用则由独立证书市场上的绿色证书销售额抵补，故 RPS 又称可交易绿色证书制度（Tradable Green Certificates，TGC）。电力的市场价格与可再生能源证书的价格组成了发电企业所实现的总价格。[②][③]

配额制具有以下明显特征：第一，基于立法制定，具有法律强制性，凡是未完成法定配额义务要求的企业都将受到处罚。该政策有明确的义务承担者、监管者和处罚措施，可有效促进可再生能源规模化发展，一定程度上确保了可再生能源发展目标的实现。第二，配额制规定了一定时期内应达到的可再生能源发展目标，该目标既可以是绝对量，也可以是增长比例，有利于保证可再生能源在未来一定时期内有一个固定的市场需求。第三，该制度可以通过市场上绿色证书的自由交易来实施，为企业间的竞争提供了便利，有

① 康重庆，杜尔顺，张宁，等．可再生能源参与电力市场：综述与展望[J]．南方电网技术，2016，10（3）：16-23，2.

② 任东明，张宝秀，张锦秋．可再生能源发电配额制政策（RPS）研究[J]．中国人口·资源与环境，2002（2）：119-122.

③ 俞萍萍．可再生能源发电的配额制政策初探[J]．统计科学与实践，2011（1）：32-33，60.

利于达到最有效开发利用可再生能源的目的。第四，配额制是一种基于立法、通过市场机制实现的可再生能源发展政策，具有公开性、透明性，一般不需要进行价格补贴，可避免政府进行大量的资金筹集工作。政府的作用通常表现为监督并对未履行义务的企业进行处罚。其最大优势是，通过市场机制以最低的成本开发给定数量的可再生能源电力。①

5.6.2 背景与目的

实施可再生能源配额制是我国提高可再生能源发电利用率、增加非化石能源消费占比、推动能源转型战略实施的重要举措。2019 年 5 月 10 日，国家发改委、国家能源局印发《关于建立健全可再生能源电力消纳保障机制的通知》，正式提出建立可再生能源电力消纳保障机制（可再生能源配额制）。

我国风电、光伏发电自 2012 年以来取得了快速发展，水电保持平稳较快发展。以 2012 年为基准，可再生能源发电量 2018 年达到 1.87 万亿千瓦时，增长 93%，占全部发电量比重增加 6.7%，其中非水电占全部发电量比重增加 5.8%；非化石能源 2018 年占一次能源消费比重为 14.3%，增加了 4.6%，能源结构得以优化。同时，在加快可再生能源的开发利用过程中，水电、风电、光伏发电开始显现送出和消纳问题。近年来，相关部门坚决贯彻落实关于支持可再生能源消纳利用的工作部署，督促各主体协同解决弃水弃风弃光问题，取得了初步成效。

为进一步促进可再生能源在各省级区域优先消纳，同时促使市场主体公平承担消纳可再生能源电力责任，形成可再生能源电力消费引领的长效发展机制，促进清洁、低碳、安全、高效的能源体系建设，我国借鉴国际经验，依据《可再生能源法》等，提出建立健全可再生能源电力消纳保障机制，即设定各省级行政区域可再生能源占电力消费的责任权重，要求各市场主体的售电量（或用电量）均须达到所在省级行政区域的可再生能源电力消纳责任

---

① 任东明．中国可再生能源配额制和实施对策探讨[J]．电力系统自动化，2011，35（22）：25-28.

权重。①

5.6.3　发展历程

2005 年在《可再生能源法》起草过程中，可再生能源配额的概念被首次提出："国家将可再生能源的开发利用列为能源发展的优先领域，通过制定可再生能源开发利用总量目标和采取相应措施，推动可再生能源市场的建立和发展。"

2009 年《可再生能源法修正案》第二次提到了可再生能源配额："国务院能源主管部门会同国家电力监管机构和国务院财政部门，按照全国可再生能源开发利用规划，确定在规划期内应当达到的可再生能源发电量占全部发电量的比重"。②

2010 年，《关于加快培育和发展战略性新兴产业的决定》（国发〔2010〕32 号）提出实施新能源配额制，落实新能源发电全额保障性收购制度。

2016 年 2 月 29 日，国家能源局发布《关于建立可再生能源开发利用目标引导制度的指导意见》，提出了各行政区非水可再生能源电力消纳比重指标。

2017 年 2 月 3 日，国家发改委、财政部、国家能源局联合下发《关于试行可再生能源绿色电力证书核发及自愿认购交易制度的通知》，提出在全国范围内试行可再生能源绿色电力证书（以下简称"绿证"）核发和自愿认购，并提出 2018 年适时启动可再生能源电力配额考核。

2018 年 3 月 23 日，国家能源局综合司下发关于征求《可再生能源电力配额及考核办法（征求意见稿）》，提出实施可再生能源电力配额，包括"可再生能源总量配额"和"非水电可再生能源电力配额"。

---

①　国家能源局 . 就《关于建立健全可再生能源电力消纳保障机制的通知》答记者问[EB/OL]. http：//www. nea. gov. cn/2019-05/15/c_ 138060634. htm. 2019-05-15/2022-09-10.

②　国家能源局 . 中华人民共和国可再生能源法[EB/OL]. http：//www. nea. gov. cn/2017-11/02/c_ 136722869. htm，2017-11-02/2022-09-10.

2018 年 9 月 13 日，国家发改委下发《关于征求〈可再生能源电力配额及考核办法〉意见的函》，就可再生能源电力配额及考核办法，第二次向政府、企业、行业协会等公开征求意见。

2018 年 11 月 15 日，国家发改委、国家能源局下发《关于实行可再生能源电力配额制的通知》，提出实行可再生能源电力配额制，向政府、电网企业第三次征求意见。

2019 年 5 月 10 日，《关于建立健全可再生能源电力消纳保障机制的通知》(发改能源〔2019〕807 号）由国家发改委、国家能源局印发，提出建立可再生能源电力消纳保障机制，设定可再生能源电力消纳责任权重，即按省级行政区域对电力消费规定应达到的可再生能源电量比重。通过消纳保障机制，激发本地消纳潜力，促进新能源省内消纳；打破省间壁垒，促进跨省区新能源交易，实现资源大范围优化配置。①

2020 年 2 月 29 日，《省级可再生能源电力消纳保障实施方案编制大纲》由国家发改委、国家能源局联合印发，为各省级能源主管部门编制本地区实施方案做参考。②

2020 年 5 月 18 日，国家发改委、国家能源局下达《关于印发各省级行政区 2020 年可再生能源电力消纳责任权重的通知》，正式提出各省 2020 年可再生能源电力消纳责任权重。③

5.6.4 主要内容

5.6.4.1 主要实施机制

(1) 按省级行政区域对电力消费规定应达到的可再生能源消纳责任权重(包括可再生能源电力总量消纳责任权重和非水电可再生能源电力消纳责任权

---

① 刘双柳，陈鹏，程亮，等．碳达峰碳中和目标下可再生能源产业财税金融支持政策研究[J]．中国环境管理，2022，14（4）：40-43.

② 李梓仟，王彩霞，叶小宁．全国碳市场建设与配额制、绿证交易制度的衔接[J]．中国电力企业管理，2020（28）：24-28.

③ 李梓仟，王彩霞，叶小宁．我国可再生能源配制探索历程［EB/OL］. 2020-06-28/2022-09-10. https：//baijiahao. baidu. com/s？ id=1670704523804085064&wfr=spider&for=pc.

重)，以及各省级行政区域必须达到的最低比重指标（最低消纳责任权重）和超过即奖励的激励性消纳责任权重。

(2) 各省级人民政府能源主管部门牵头负责本区域的消纳责任权重落实，要制定消纳实施方案，报省级人民政府批准后实施。电网企业承担经营区消纳责任权重组织实施责任，省级能源主管部门负责考核。

(3) 国务院能源主管部门对各省级行政区域消纳责任权重完成情况进行监测评价。对超额完成消纳责任权重（超过激励性消纳责任权重）的省级行政区域予以鼓励，对未完成消纳责任权重的市场主体要求限期整改，将可再生能源消费量与能耗“双控”考核挂钩。

5.6.4.2　可再生能源电力消纳责任权重

对电力消费设定可再生能源电力消纳责任权重。可再生能源电力消纳责任权重是指按省级行政区域对电力消费规定应达到的可再生能源电量比重，包括可再生能源电力总量消纳责任权重（简称“总量消纳责任权重”）和非水电可再生能源电力消纳责任权重（简称“非水电消纳责任权重”）。满足总量消纳责任权重的可再生能源电力包括全部可再生能源发电种类；满足非水电消纳责任权重的可再生能源电力包括除水电以外的其他可再生能源发电种类。对各省级行政区域规定应达到的最低可再生能源电力消纳责任权重（简称“最低消纳责任权重”），按超过最低消纳责任权重一定幅度确定激励性消纳责任权重。售电企业和电力用户协同承担消纳责任。各承担消纳责任的市场主体以实际消纳可再生能源电量为主要方式完成消纳量，同时可通过以下补充（替代）方式完成消纳量。

配额制设计了两套通过市场化交易来满足消纳责任权重的机制：

(1) 向超额完成年度消纳量的市场主体购买其超额完成的可再生能源电力消纳量，双方自主确定转让（或交易）价格。

(2) 绿证，绿证对应的可再生能源电量等量计为消纳量。

5.6.4.3　消纳量监测核算和交易

从监测、考核方式看：省级能源主管部门负责对承担消纳责任的市场主体进行考核，国家按省级区域监测评价；各电力交易机构负责承担消纳责任的市场主体的消纳量账户设立、消纳量核算及转让（或交易）、消纳量监测统计工作。①

各省级行政区域内的消纳量转让（或交易）原则上由省（自治区、直辖市）电力交易中心组织，跨省级行政区域的消纳量转让（或交易）在北京电力交易中心和广州电力交易中心组织下进行。②

5.6.5 影响

在发电厂商方面，配额制对可再生能源发电量的强制性规定可在一定程度上保证绿色能源市场的需求，进而增强相关设备生产商和绿色能源生产厂商的投资、生产信心，调动相关技术开发的积极性，使绿色能源生产进入良性循环的轨道。③ Unger 等（2005）和 Jensen 等（2002）研究表明配额制能显著激励绿电（风电、太阳能发电、生物质发电等）厂商提高投资水平；④⑤ Del Río 和 Gual（2004）、Berry 和 Jaccard（2001）研究表明配额制能促进绿电厂商竞争、激励其技术创新以降低发电成本；⑥⑦ 董力通（2006）认为配额制能有效提高绿电厂商收益；⑧ Marchenko（2008）认为配额制能提高绿电厂商收益和产量。⑨ 此外，可再生能源配额制（RPS 机制）会影响市场主体的

①② 国家发展改革委，国家能源局．国家发展改革委 国家能源局关于建立健全可再生能源电力消纳保障机制的通知[Z]. 2019-05-10.

③ 杨永明．国际可再生能源配额制发展实践分析[EB/OL]. 2019-05-28/2020-09-10. http//news.bjx.com.cnhtml20190528/982892.shtml. 2019-05-28.

④ UNGER T, AHLGREN E O. Impacts of a common green certificate market on electricity and CO-emission markets in the Nordic countries[J]. Energy policy, 2005, 33 (16): 2152-2163.

⑤ JENSEN S G, SKYTTE K. Interactions between the power and green certificate markets[J]. Energy policy, 2002, 30 (5): 425-435.

⑥ RÍO P D, GUAL M. The promotion of green electricity in Europe: present and future[J]. Environmental policy & governance, 2004, 14 (4): 219-234.

⑦ BERRY T, JACCARD M. The renewable portfolio standard: design considerations and an implementation survey[J]. Energy policy, 2001, 29 (4): 263-277.

⑧ 董力通．电力市场下中国实行可再生能源配额制的研究[D]. 北京：华北电力大学，2006.

⑨ MARCHENKO O V. Modeling of a green certificate market[J]. Renewable energy, 2008, 33 (8): 1953-1958.

策略行为，反之市场主体的行为也会影响 RPS 的实施效果。LI 等（2019）运用政策网络理论，从政策目标、结构、互动关系 3 个层面分析了可再生能源市场参与者之间的交互关系，指出在 RPS 机制下，市场主体可采用对抗、联盟、竞争和合作等多种行为影响 RPS 的实施。①

在电力市场方面，电力市场价格与绿色证书价格受到配额制下厂商行为策略及其自身利润水平的影响。有研究表明，配额制的实施会在可再生能源产业发展初期增加火电厂商的生产成本和电价；② 但能有效降低电力市场批发价格，同时对零售电价的影响存在不确定性；③④ 此外，配额与电价和绿色证书价格在市场处于均衡状态时呈正相关关系，且伴随配额变动，绿色证书价格呈现边际递减趋势。⑤⑥⑦ 除了上述价格影响外，在电力市场的静态与动态效率上，可再生能源配额制也发挥了重要作用。通过市场，供电企业可追求以最低成本、最高效率和最灵活的方式来完成配额标准。⑧ 低成本生产企业可选择在绿色证书市场上出售证书，且拥有更好的机会；对于区域性分布的发电企业而言，配额制减轻了其受当地资源可获得性和技术可能性的限制。

在产业发展、社会效益方面，配额制通过提高绿电投资和产出、激励厂商进行技术创新以降低发电成本等方式，推动了可再生能源产业的发展，进

---

① LI Y，ZHANG F，YUAN J. Research on China's renewable portfolio standards from the perspective of policy networks[J]. Journal of cleaner production，2019，222：986-997.

② 朱海，王曦. 论可再生能源配额制在中国的推行[D]. 上海：上海交通大学，2008.

③ BARBOSE G，WISER R，HEETER J，et al. A retrospective analysis of benefits and impacts of U. S. renewable portfolio standards[J]. Energy policy，2016（96）：645-660.

④ UNGER T，AHLGREN E O. Impacts of a common green certificate market on electricity and CO-e-mission markets in the Nordic countries[J]. Energy policy，2005，33（16）：2152-2163.

⑤ FISCHER C. Renewable portfolio standards：when do they lower energy prices?［J］. Energy journal，2010，31（1）：101-120.

⑥ TANAKA M，CHEN Y. Market power in renewable portfolio standards[J]. Energy economics，2013，39（3）：187-196.

⑦ SUN Y. The optimal percentage requirement and welfare comparisons in a two-country electricity market with a common tradable green certificate system[J]. Economic modelling，2016（55）：322-327.

⑧ 顾树华，王白羽. 中国可再生能源配额制政策的初步研究[J]. 清华大学学报（哲学社会科学版），2003（S1）：27-33.

而促进能源结构优化，提升社会福利水平。诸多研究表明，通过较低的社会成本和行政管理成本，配额制有助于绿电产业、可再生能源产业的发展，优化电源结构。①② 也有学者通过实证分析风电、生物质发电、垃圾发电，研究配额制对我国可再生能源发电产业的影响③④⑤。以东部沿海各省份均实现广义配额目标为前提，研究数据显示该地区可再生能源发电占其电力需求总量的比重上升至18.4%，占能源消费总量的比重上升至3.05%，进一步优化了能源结构，且有利于开发西部优势再生能源，这不仅将促进西部地区产业集聚，带动县域经济发展，还实现了区际间利益与责任共担。⑥ 在配额制与固定电价政策的比较研究中发现，虽然两者均能增加绿电产量、减少火电发电量，但前者提高了福利水平，后者会造成社会福利损失。⑦⑧ 基于诺斯的制度经济学思想的相关研究表明，基于配额制的绿色证书交易方式，能有效契合中国能源低碳转型的短期发展特征，并有望实现我国能源低碳转型的最终目标。⑨此外，由于该政策设置了长期的可再生能源发展目标，这将催生出更合理的、适应可再生能源发展的电网规划以及其他必要条件，比如基础设施、

---

① WISER R，PORTER K，GRACE R. Evaluating experience with renewables portfolio standards in the United States[J]. Mitigation and adaptation strategies for global change，2005，10（2）：237-263.

② 赵新刚，冯天天，杨益晟．可再生能源配额制对我国电源结构的影响机理及效果研究[J]. 电网技术，2014，38（4）：974-979.

③ ZHANG Y Z，ZHAO X G，REN L Z，et al. The development of China's biomass power industry under feed-in tariff and renewable portfolio standard：a system dynamics analysis[J]. Energy，2017（139）：947-961.

④ ZHANG Y Z，ZHAO X G，REN L Z，et al. The development of the renewable energy power industry under feed-in tariff and renewable portfolio standard：a case study of China's wind power industry[J]. Journal of cleaner production，2017（168）：1262-1276.

⑤ ZHAO X G，ZHANG Y Z，REN L Z，et al. The policy effects of feed-in tariff and renewable portfolio standard：a case study of China's waste incineration power industry[J]. Waste management，2017（68）：711-723.

⑥ 樊杰，孙威，任东明．基于可再生能源配额制的东部沿海地区能源结构优化问题探讨[J]. 自然资源学报，2003（4）：402-411.

⑦ TAMÁS M M，SHRESTHA S O B，ZHOU H. Feed-in tariff and tradable green certificate in oligopoly[J]. Energy policy，2010，38（8）：4040-4047.

⑧ 郭炜煜，赵新刚，冯霞．固定电价与可再生能源配额制：基于中国电力市场的比较[J]. 中国科技论坛，2016（9）：90-97.

⑨ 汪辉，赵新刚，任领志，等．可再生能源配额制与中国能源低碳转型[J]. 财经论丛，2021（9）：104-113.

设备等。

在行业发展方面，配额制也将成为指引新能源行业长期发展的核心政策。由于受到限电以及可再生能源补贴缺口带来补贴应收持续增加等问题，风电板块行业的估值上升压力很大。随着配额制政策的发布，风电项目的消纳问题和补贴资金有望妥善解决。该政策将有望成为触发行业价值重估的催化剂，可提振目前较为低迷的行业估值。配额制的发布也将有望帮助市场确认未来中国长期光伏发展需求，为发电企业提供了较为稳定的外部政策环境。

5.7　(区域) 能源互联网

5.7.1　能源互联网

5.7.1.1　定义

体制改革可谓是推动能源革命、实现可持续发展的“软平台”，而能源互联网则是“硬平台”。[①] 杰里米·里夫金（Jeremy Rifkin）认为能源互联网（Energy Internet）是一种将信息技术和新能源技术深入结合、基于可再生能源、分布式、开放共享的网络。[②] 能源互联网，顾名思义指结合可再生能源与互联网技术，将传统的集中式的能源开采、配送和利用转变为智能化的分散式，从而实现全球电网向能源共享网络的转变。其具有鼓励能源就地生产与消纳、远距离输送的分布式特点，和促进节能减排、支持稳定性较差的可再生能源接入的可再生性特点，以及既生产能源又消费能源的部分市场参与者即双向互动性特点。

5.7.1.2　发展历程

中国于2014年提出能源生产与消费革命的长期战略，并以电力系统为核

① 曹柳青，王默玉，申晓留，等．京津冀区域能源互联网研究[J]．电网与清洁能源，2017，33(3)：125-130.

② 里夫金．第三次工业革命 新经济模式如何改变世界[M]．北京：中信出版社，2012：2.

心试图主导全球能源互联网布局。2015年9月26日，习近平主席在《谋共同永续发展 做合作共赢伙伴》讲话中宣布：中国倡议探讨构建全球能源互联网，推动以清洁和绿色方式满足全球电力需求。

2016年2月29日，《关于推进“互联网+”智慧能源发展的指导意见》由国家发展改革委、能源局、工业和信息化部联合制定、发布，提出“互联网+”智慧能源（能源互联网）是一种互联网与能源生产、传输、存储、消费以及能源市场深度融合的能源产业发展新形态，在可再生能源比重的提高、化石能源的清洁高效利用、能源市场开放和产业升级的推动等方面意义重大。能源互联网建设近中期将分为“先期开展试点示范，后续进行推广应用”两个阶段推进，并明确了十大重点任务。上述意见明确了“2016—2018年，着力推进能源互联网试点示范工作，建成一批不同类型、不同规模的试点示范项目；2019—2025年，着力推进能源互联网多元化、规模化发展，初步建成能源互联网产业体系，形成较为完备的技术及标准体系并推动实现国际化”建设目标。①

2016年3月，国家电网发起成立了全球能源互联网发展合作组织，是中国在能源领域发起成立的首个国际组织，也是全球能源互联网的首个合作、协调组织。

2017年7月，国家能源局以《国家能源局关于组织实施“互联网+”智慧能源（能源互联网）示范项目的通知》（国能科技〔2016〕200号）公开组织申报“互联网+”智慧能源（能源互联网）示范项目。②

2017年8月，中国能源互联网进入实操阶段，全国55个首批能源互联网示范项目，城市与园区能源互联网综合示范项目分别有12个，5个其他及跨地区多能协同示范项目，已陆续开工。③

---

①② 陈炜伟．我国明确能源互联网建设10大重点[EB/OL]．(2016-03-02)．http：//www.gov.cn/xinwen/2016-03/01/content_ 5047591.htm.

③ 黄武靖，张宁，董瑞彪，等．构建区域能源互联网：理念与实践[J]．全球能源互联网，2018，1（2）：103-111.

5.7.2　区域能源互联网

5.7.2.1　定义

清洁能源发展往往存在能源接入低效率等诸多问题，能源互联网的建设需要小规模、中尺度能源互联网的支持，在此背景下，为逐步缓解突出的区域问题，“十三五”规划纲要提出要整合以多种区域为支撑的网络化区域发展格局。由此衍生出的“区域能源互联网”概念从“区域”切入，充分考虑其位置和自然条件，通过发展微电网、分布式能源、互联网与大数据等先进技术，协调优化各样能源和储能装置。① 区域能源互联网的主要特征是多能互补、双向互动，作为能源互联网的一部分，对内为区域用户提高能源管理和服务，对外与能源互联网进行信息交互与能源结算。同时，区域能源互联网相较于传统能源利用方式，更能充分利用并消纳各类能源资源，构建自洽的能源体系。②

区域能源（District Energy，DE）指根据区域内能源结构禀赋，优化配置各种能源资源，同时结合热泵、余热利用、储能等先进技术，充分利用高、低品位能源，为区域内用户提供冷、热、电等产品的技术解决方案。从区域能源视角看，区域能源互联网指的是一个以特定区域内的电、热、气为能源载体，具有多种源、网、储、荷技术组合的复杂综合区域能源系统。它发展到高品质阶段的产物就是区域能源互联网，后者以横向冷热电耦合、纵向源网荷储互动为特征，包括多能源耦合的物理层、开放互联和智能互动的信息层及以用户为中心、创造价值的商业模式层这 3 种架构，而技术架构包括多能互补的能源系统和泛在互联的物联网平台。

5.7.2.2　发展现状与趋势

2020 年 8 月 20 日，全国首个城区综合能源协调控制系统在扬州投用。

---

① 曹柳青，王默玉，申晓留，等．京津冀区域能源互联网研究［J］．电网与清洁能源，2017，33（3）：125-130.

② 朱春萍，沙志成，朱子钊．多能互补区域能源典型方案设计与研究［J］．国网技术学院学报，2017，20（3）：40-43，48.

2020年9月26日，国家电网公司宣布将国网浙江电力作为“具有中国特色国际领先的能源互联网企业的示范窗口”，在浙江率先建设国际领先的区域能源互联网，全面支撑“重要窗口”建设。① 雄安新区绿色智能微电网是国内首个基于风光储协调互补、冷热电群调群控的区域能源互联网项目。项目建成后，将转变王家寨村淀中孤岛生产生活用能方式，实现电能占终端能源消费比重100%、本地分布式能源消纳100%，实现全时段绿色能源供应、区域能源自愈和多能互补。国网江苏省电力有限公司坚持顶层设计和基层首创相结合，根据全省各地市区域资源禀赋、区域能源基础、产业结构特征、经济发展水平等维度，以南京、苏州、无锡、常州、盐城为试点，打造城市能源互联网先行实践样板。②

伴随快速扩大的区域能源应用规模，区域能源互联网将汇集“互联网+”与诸多创新要素，如多能互补技术进步、商业模式发展、能源企业混合所有制改革等，并成为能源企业参与城市智慧能源建设的重要“试验田”。其发展趋势主要表现为市场需求处于增长期、技术应用处于升级期、投资主体处于建设生态期、商业模式处于创新期四方面。③

在市场需求上，新建建筑市场在绿色建筑、可再生能源建筑等政策的影响下将更加重视建设区域能源互联网。区域能源在建筑特别是公共建筑制冷、夏热冬冷、寒冷及严寒地区建筑采暖领域的新增市场需求较大。面向工业园区的区域能源互联网市场，由于园区用电量用热量规模大、蒸汽需求集中、能源供应市场化程度高等特点，处于快速发展阶段。在技术进步上，区域能源互联网的技术应用，在可再生能源政策、清洁取暖、煤改电、煤改气等政策影响下，升级方向逐渐转变为基于生物质能、地热能、太阳能等清洁能源技术的多能互补。高校、科研院、企业等也在驱动项目应用实践的作用

---

① 徐俊钐．积极探索能源高质量发展之路：国网浙江电力建设能源互联网“示范窗口”［J］．国家电网，2020（12）：78-79.

② 江苏省人民政府办公厅．省政府办公厅关于印发江苏省“十四五”新型基础设施建设规划的通知［Z］. 2021-08-10.

③ 霍沐霖．区域能源是“互联网+”多能互补的创新“洼地”［N/OL］．中国能源报，2020-03-25/2022-09-10. http：//m. chinasmartgrid. com. cn/mnews/20200325/635190. shtml.

下，加快研发技术与转化应用。同时，信息技术应用也有所增加，如基于区域能源互联网的管控平台可与设备制造商提供的设备云平台互联互通，并提高大数据服务。在投资主体上，依托传统业务的投资能力、设计能力、施工建设能力、生产运营能力、全流程管理能力等，发电企业、供热企业、电网公司、燃气公司、节能环保公司等进行业务延伸，同时加强与园区开发商、产城开发企业、城市建设投资集团合作，投资运营了一批基于能源互联网理念的区域能源项目，打造生态链竞争力。此外，区域能源互联网某种程度上是一项新兴业务，具有较强市场竞争力，将成为混合所有制改革的重要应用地。在商业模式上，区域能源互联网提供了一体化多能互补系统，将用户用能数据直接接入平台，与用户保持一定频率的互动，可借此建立用户黏性，在供热冷电基础上拓展用户侧业务和智慧园区服务等。①

5.7.2.3 存在的关键问题

需要注意的是，区域能源互联网目前的发展在技术、政策、运营等方面仍存在问题。在技术上，相较于国际先进水平，区域能源互联网所涉及的多能互补规划设计方法、综合能源智能化控制技术、高效储能技术等仍存在差距，国内制造高端设备的技术也不够成熟。在政策上，关于区域能源互联网的发展，虽然有关部委已出台了部分宏观规划和指导意见，但许多城市仍未将其纳入相关规划。全国性的供热管理办法也处于缺位状态，许多城市尤其是南方城市缺乏区域供热、供冷管理法规，用户、企业和政府的权利、责任义务尚不明确，技术指标、服务质量标准和监管办法等缺失，不利于行业有序健康发展。此外，部分地区的政策条款对于价格与补贴政策来说，主要是原则性规定，尚无明确具体的措施。在运营上，部分项目为满足未来尖峰时段用能需求而增加设备冗余的“大马拉小车”情况时有发生，产生了一次投

---

① 霍沫霖．区域能源是“互联网+”多能互补的创新“洼地”［N/OL］．中国能源报，2020-03-25/2022-09-10. http：//m. chinasmartgrid. com. cn/mnews/20200325/635190. shtml.

入大、能耗高、投资成本难以回收等问题，商业运营能力急需提升。①

5.7.2.4 国外区域能源互联网政策经验

世界上较早通过区域能源供暖来解决能源问题的国家之一是丹麦，目前其转型方向为具有综合能源特性、以灵活性交易为互联手段的区域能源互联网。丹麦为解决当前电力市场形式下各利益主体如输配电公司、灵活性聚合商等之间因信息不对等而无法合理发掘和优化利用灵活性的问题，而开发了针对负荷侧的灵活性交易平台（Flexibility Clearing House，FLECH）。该平台具有合同管理、服务结算、市场清算等功能，是一个集信息交互与灵活性交易于一体的载体。其管理灵活性的工具包括分别量化灵活性的需求和供给能力，控制和调度灵活性等技术模块。同时为实现高比例清洁能源目标，丹麦还进行了一系列区域能源互联网示范工程②。除了丹麦，立足于区域能源利用效率的提高与可再生能源的开发利用，在制定区域能源互联网公共政策方面，欧美日多国和地区进行了诸多尝试，可为中国提供以下借鉴：

一是重视能源建设规划作用。欧美日通过评估区域能源系统的资源禀赋、能源强度、能源效率、供热供冷需求等指标情况，来制定区域新能源多能供应网络、供热供冷网络等多形态区域能源互联网的建设与规划。同时各国政府在实践中通过鼓励性或强制性政策引导协同公、私多方开展规划，重视发挥跨部门协同作用，有利于确保项目落地执行。二是建立管理法规和能效标准，这对于区域能源互联网建设实现跨部门协同规划、可再生能源或综合能源并网、能效优化等多元目标，是必要的、有利的。三是提供补贴激励政策。地方政府在实践中通过多种政策，如融资优惠政策、财政税收优惠政策、直接资金补贴政策等，支持企业建设区域能源互联网。四是开展示范项目，以增强各地对区域能源互联网项目的运营能力和信心，以及政府与企业对项目

---

① 霍沫霖，郭磊，张哲．区域能源互联网的发展现状与政策建议[J]．中国电力，2020，53（12）：241-247.

② 尤石，宋鹏翔．丹麦区域能源互联网发展综述[J]．供用电，2017，34（12）：2-7.

建设的支持力度。①

5.7.3　影响

通过深度融合能量流和信息流，并以电力为核心高效转化不同承载方式，相较于目前实施的分布式发电、微电网、智能电网等，能源互联网将能源转换效率大幅提高，将成为高效开发利用清洁能源的保障、可持续发展可靠能源供应的重要平台。近年来，水电、光电、风电等能源发电面临的并网消纳问题日益严重。数据显示，中国 2015 年电量损失超过 300 亿 kW · h，地区的弃风和弃光比例超过 20%，南方还存在着严重弃水现象。通过信息交换，能源互联网的储能设备可将多余电能转化为其他能量储存起来，在负荷增加时转化为电能供用户使用，提高了能源利用率，减少了替代化石能源发电，降低了经济成本，一定程度上可减少清洁能源的弃水弃光弃风现象。② 在我国智能电网建设数据的基础上，以“压力-状态-响应”模型为基础而构建的全球能源互联网社会效益评价体系表明，能源互联网建设在节能、环境、能源安全、产业就业等方面具有巨大的社会效益，其影响实现路径包括能源开发环节的清洁替代、配置环境的电网优化、消费环节的电能替代三方面。③

就能源互联网的资源配置效应而言，首先，能源互联网会增加电力供应商数量，降低电力价格，增加消费者与社会的福利。其次，能源互联网通过能源大电网、特高压技术与储能技术，可实现跨区域转移与跨时期配置能源。由能源互联网衍生而出的共享经济也可使闲置资源利用最大化，使信息不对称问题得以缓解，增加有效交易订单。此外，它也有助于实现从化石能源到清洁能源的转变以及大规模的电能替代，改善能源结构。再次，能源互联网具有明显的网络外部经济性，能够提高能源市场产品的多样化并扩展能源市

---

① 霍沫霖，郭磊，张哲．区域能源互联网的发展现状与政策建议［J］．中国电力，2020，53（12）：241-247.

② 曹柳青，王默玉，申晓留，等．京津冀区域能源互联网研究［J］．电网与清洁能源，2017，33（3）：125-130.

③ 宗慧隽．全球能源互联网社会效益形成机理及效益测算：基于压力—状态—响应模型［J］．福建论坛（人文社会科学版），2017（8）：29-35.

场发展的深度。① 最后，能源互联网的发展可能形成一个“能源资产市场”（Market Place），将产业链上下游各方有效整合、对能源资产实现全生命周期管理，促进供需互动并通过信息的实时匹配、需求的整合分散来推动交易形成，也可增强能源投资开发对低风险资本的吸引力，并有效控制新能源投资的风险。

就我国情况而言，能源互联网建设在“一带一路”背景下改善了我国能源安全问题，其实现路径包括多元化供给来源、多样化进口途径，以及促进我国及沿线国家开发利用可再生能源、优化配置能源资源、降低对外部能源的依赖程度等弱化能源安全问题发生的外部条件。② 此外，从国家供给侧结构性改革角度出发，能源供给水平在能源互联网的用户思维、平台思维、整合思维以及大数据思维等推动下得以提高，一定程度上也可有效减少能源对外依赖程度，保障我国能源安全。③

综上所述，在能源供求矛盾尖锐、互联网迅速发展的背景下，能源互联网应运而生，其在能源供求结构的优化、产业结构升级、发展转型的推进、经济可持续增长的实现等方面都具有显著意义和发展潜力。

5.8 低碳交通、绿色交通

5.8.1 定义

20 世纪 90 年代“低碳交通运输”概念开始出现。1993 年以分析美国和西欧等发达国家和地区交通运输对环境的影响、价值以及相关政策建议等为主要内容的《可持续未来的运输：欧洲实例》《运输、环境和可持续发展》，

① 杨锦春，刘慧．能源互联网的资源配置效应研究[J]．技术经济与管理研究，2020（1）：109-113.

② 范爱军，谭诗怡．论全球能源互联网建设与我国能源安全效益[J]．福建论坛（人文社会科学版），2017（8）：23-28.

③ 曾鸣，张晓春，王丽华．以能源互联网思维推动能源供给侧改革[J]．电力建设，2016，37（4）：10-15.

提出了“可持续发展交通”理念。①“可持续运输”概念由世界银行 1996 年出版的《可持续发展的交通运输——政策改革之优先课题》提出，认为制定运输政策的基础是可持续性。2000 年经济合作与发展组织（OECD）提出了建设“环境可持续交通”（Environmentally Sustainable Transportation，EST）目标。“低碳交通”概念首先出现于英国，2007 年 5 月该国提出《低碳交通创新战略》，2009 年 7 月发布《低碳交通运输：更加绿色的未来》。我国于 2009 年首次提出低碳交通概念，明确提出要加快建设以低碳排放为特征的工业、建筑和交通体系。

低碳交通是低碳经济在交通领域的实现方式，以节能减排为核心，呈现低能耗、低排放、高能效特点。低碳交通具有综合性，既包括消费领域的低碳交通，例如个人将传统动力汽车替换为新能源汽车，或变为步行、骑自行车等非机动交通方式，也包括生产管理领域的低碳交通，比如提高运输工具生产力、提高运输组织效率、优化空间运输资源配置等。

低碳交通的衡量标准因时期、国家而异，尚未具有统一的落实执行准绳，是一个追求社会经济发展与交通低碳化平衡点的动态过程。它实现低碳发展的路径包括以不同运输方式的现代技术经济特征为依据，创新应用绿色技术手段和系统调节等，来提升单种运输方式效率、有效调控交通需求、创新交通运输组织管理、优化交通运输结构等。② 低碳交通运输以交通运输用能效率的提高、用能结构的改善与碳排放的减缓为核心，逐渐减轻交通运输系统对化石能源的依赖程度，实现“低碳化”转型，支撑低碳经济发展。低碳交通运输是一种在满足经济社会发展正常需要的同时，碳生产率尽可能高、单位运输量碳强度降低、效用实现最大化的新型产业发展模式③。应全面关注交通运输规划、运行、生产建设和管理的各个环节的碳排放问题。低碳交通运输

① 高进军，陆礼．低碳交通运输的政策设计与实践进展[J]．交通企业管理，2012（5）：8-11.

② 宿凤鸣．低碳交通的概念和实现途径[J]．综合运输，2010（5）：13-17.

③ 郭杰，伊文婧．中国低碳交通发展的几点思考[J]．中国能源，2013，35（10）：40-44.

是实现交通运输全周期、全产业链低碳发展的理念、方式、体系与实践①。在城市交通基础设施建设与交通方式选择上，要鼓励使用低能耗的交通工具和方式。此外，作为实现城市可持续发展的一种有效途径，城市低碳交通建设应与当地的人文发展水平相适应②。

低碳交通可以通过以下途径实现：①慢行交通系统，亦可称为非机动化交通，主要包括步行及自行车交通。②交通导向发展的模式（TOD）。TOD 即公共交通导向型发展，基于全局规划的土地利用模式，有机结合交通建设与土地利用，是一种新型的城市建设发展模式。③新型能源交通系统，包括直线电机新型地铁和与可再生能源相结合的电动车供电系统。④轨道交通系统，主要包括中低速磁悬浮和 PRT（个人快速轨道交通系统）。⑤交通需求管理、制定交通综合解决方案等。③ 围绕低能耗、低排放、低污染的约束性目标，低碳交通应包括公交优先、慢行交通优先与减少交通需要为原则。低碳交通设计应通过合理利用土地，进行城市形态规划，进而力求减少交通需求量，从而实现城市的节能减排。④

绿色交通，指以减少交通拥挤、降低污染、促进社会公平、协调社会经济活动为目的，而发展低污染的、有利于城市环境的多元化城市交通工具的交通运输系统。⑤ 与长期以来私人机动车为主导的城市交通系统不同，绿色交通是一种强调更节能、节省空间、体现健康生活方式的交通政策新理念，可被称为“可持续交通”，是基于城市交通可持续发展观念而发展起来的协和式交通运输系统，强调交通与环境、未来、社会和资源的协和。⑥以公共交通体系为中心的城市设计、以自行车和电踏车为主的低碳社区、充分利用城市共

---

① 欧阳斌，李忠奎，凤振华．低碳交通运输规划研究现状、问题及展望[J]．中国流通经济，2014，28（9）：13-20.

② 张陶新，周跃云，赵先超．中国城市低碳交通建设的现状与途径分析[J]．城市发展研究，2011，18（1）：68-73，80.

③ 杨秋燕．低碳交通的实现方式[J]．科技与生活，2010（12）：1.

④ 袁妙彧，魏雷，陈战波，等．低碳社区建设方案及评价指标体系[M]．湖北：湖北人民出版社，2015.

⑤⑥ 林飞龙．绿色交通：实现城市交通可持续发展的有效手段[J]．生态经济，2004（7）：26-28.

享交通与大力推广清洁能源汽车是具有中国特色的绿色交通城市。①

5. 8. 2　政策

我国政府高度重视交通运输行业节能减排与低碳发展，并做出了一系列战略部署。

一是制定了低碳交通运输的发展思路和发展目标。2007 年至今，国家先后制定发布了《节能中长期专项规划》《国民经济和社会发展第十二个五年规划纲要》《节能减排“十二五”规划》《“十二五”节能减排综合性工作方案》《“十二五”控制温室气体排放工作方案》等政策文件，将交通运输节能减排作为重点领域进行统筹部署。2008 年交通运输部编制印发了我国交通运输行业第一个节能中长期专项规划——《公路水路交通节能中长期规划纲要》，2011 年发布了《公路水路交通运输节能减排“十二五”规划》，总体上都提出到 2015 年、2020 年我国公路水路交通运输节能减排与低碳交通中长期发展的思路、目标、主要任务、重点工程与保障措施。目前，交通运输节能减排的核心指标、重点任务与工程等已纳入国家《节能减排“十二五”规划》《“十二五”综合交通运输体系规划》《交通运输“十二五”发展规划》《中国民用航空发展第十二个五年规划》《国家铁路“十二五”发展规划》等综合性交通规划之中。其中，《交通运输“十二五”发展规划》确定了绿色交通建设目标，力争行业总悬浮颗粒物和化学需氧量等主要污染物排放强度比“十一五”末降低 20%。

二是出台了低碳交通运输实施方案等配套政策，推行低碳交通城市试点。交通运输部发布的《加快推进绿色循环低碳交通运输发展指导意见》《资源节约型环境友好型公路水路交通发展政策》《建设低碳交通运输体系指导意见》《建设低碳交通运输体系试点实施方案》《交通运输行业“十二五”控制温室气体排放工作方案》等文件分别提出了 2015 年、2020 年交通运输节能减排与

① 杨新苗，王亚华，田中兴．中国特色绿色交通城市发展战略与对策研究[J]．城市发展研究，2018，25（5）：19-24.

绿色低碳发展的指标和任务。

《加快推进绿色循环低碳交通运输发展指导意见》提出要以节约资源、提高能效、控制排放、保护环境为目标，以加快推进绿色循环低碳交通基础设施建设、节能环保运输装备应用、集约高效运输组织体系建设、科技创新与信息化建设、行业监管能力提升为主要任务，以试点示范和专项行动为主要推进方式，将生态文明建设融入交通运输发展的各方面和全过程，加快建成资源节约型、环境友好型交通运输行业，实现交通运输绿色发展、循环发展、低碳发展。

《建设低碳交通运输体系指导意见》提出要通过加快完善综合运输网络、加强统筹规划、强化资源的优化配置、着力发展高效运输方式、优化运力结构、积极推进运输的信息化与智能化方式来不断提高运输系统的效率。其中，上述意见强调推进行人步道和自行车专用道网络建设，优化城市路网功能结构，建立以公共交通为主体，出租汽车、私人汽车、自行车和步行等多种交通出行方式相互补充、协调运转的城市客运体系。同时要大力发展大容量的城市公共交通工具。此外，上述意见提出要实施公交优先发展战略，加快建设公交专用道、城市轨道交通，优化城市轨道交通与道路交通换乘系统，推进低碳型运输服务的快速发展，并加强城市交通供求管理，以促进社会选择低碳交通。交通运输部印发的《加快推进绿色循环低碳交通运输发展指导意见》也指出要推动以公共交通为导向的城市发展模式，加快快速公交系统（BRT）等大容量公共交通基础设施建设，加强自行车专用道和行人步道等城市慢行系统建设，增强绿色出行吸引力。

目前包括法规、规划、标准规范等多层次的交通运输节能减排制度体系已初步形成。修订的《中华人民共和国节约能源法》将交通运输节能纳入了调整范围。交通运输部组织制修订了《载货汽车运行燃料消耗量》《载客汽车运行燃料消耗量》等 20 余项与公路水路节能减排相关的国家标准和行业标准。①

---

① 新华社．加快建设低碳运输体系：访交通运输部部长李盛霖[EB/OL]．（2012-06-10）[2022-09-10]. http：//www. gov. cnjrzg2012-06/10/content_ 2157699. htm.

为加快推进低碳交通运输体系建设，交通运输部在全国范围内组织开展了两批共 26 个城市低碳交通运输体系建设试点工作，印发了《建设低碳交通运输体系城市试点实施方案编写内容参考提纲》，组织开展了低碳交通运输体系建设实施方案编制研究工作，重点围绕碳排放管理体系、基础设施、运输装备、运输组织、智能交通和公众信息服务等 6 个方面进行科学规划。此外，交通运输部 2010 年就启动了“车、船、路、港”千家企业低碳交通运输专项行动，共有 1126 家交通运输企业报名参加。①

交通运输部《关于全面深入推进绿色交通发展的意见》指出交通运输行业十八大以来在绿色交通方面取得了积极成效，但总体上看仍存在交通运输发展方式相对粗放、运输结构不尽合理、绿色交通治理体系不尽完善、治理能力有待提高等问题。上述意见提出“到 2035 年，形成与资源环境承载力相匹配、与生产生活生态相协调的交通运输发展新格局”目标，为此，要以交通强国战略为统领，以深化供给侧结构性改革为主线，着力实施交通运输结构优化、组织创新、绿色出行、资源集约、装备升级、污染防治、生态保护等七大工程，加快构建绿色发展制度标准、科技创新和监督管理等三大体系。同时，要切实抓好组织落实并加大政策支持：加大各级财政性资金对绿色交通发展的支持力度，促进交通运输行业应用绿色信贷、绿色债券等创新金融工具，拓宽绿色交通发展融资渠道，鼓励支持交通运输节能环保产业发展；加强政策协调衔接，强化试点示范、典型经验的总结推广。②

5.8.3　影响

作为国民经济和社会发展的基础性、先导性和服务性行业，交通运输业也是国家节能减排和应对气候变化的重点领域之一。交通运输业的二氧化碳排放量约占全球排放量的 25%，全球交通运输业的能源消费量呈持续上涨趋

---

① 新华社．加快建设低碳运输体系：访交通运输部部长李盛霖[EB/OL]．(2012-06-10)［2022-09-11］. http：//www. gov. cnjrzg2012-06/10/content_ 2157699. htm.

② 政策研究室．交通运输部关于全面深入推进绿色交通发展的意见[J]．交通财会，2018（1）：84-88.

势。交通运输领域消耗了1/3以上的汽柴油等石油制品，该行业能源消费量占全社会能源消费总量的比重约为8%。[①] 在统筹考虑资源节约型、环境友好型行业的低碳转型发展建设中，可将建设低碳交通运输体系作为新突破、新途径、新载体、新标志与新亮点。

城市轨道交通包括地铁、轻轨、独轨、自动导轨、磁悬浮等现代化城市快速交通方式。轨道交通相较于常规城市交通工具，在运量、效率、乘坐舒适方便、能耗、噪声、污染、占地等方面更具优势。[②] 城市轨道交通将以其优势逐步替代其他交通方式，有效提升城市交通效率、大幅减低城市排放，且将通过带动城市其他部门或产业减排、集约化利用土地来促进城市低碳经济发展。我国大城市建设低碳城市的必由之路是构建以城市轨道交通为骨干的城市交通体系。[③] 在城市低碳交通体系促进能源消费结构优化方面，轨道交通可通过以下方式实现：政府可通过公共交通定价策略对消费者偏好造成影响，如以降价吸引乘客，进而实现能源结构优化。需要注意的是随着城市的进一步发展，这种影响会降低。而且，在部分出行压力大的高峰时期或地势崎岖的城市，私人汽车会阻碍这种优化作用，但在部分省会城市仍存在优化效果。此外，通过能源利用率的提高、传统能源需求的下降、清洁能源需求的上升，研发活动能促进大部分城市的能源消费结构优化。[④]

出行类共享经济企业通过提供解决城市最后一公里与短途出行方案，也可参与建设城市低碳交通体系。通过发挥替代效应，共享单车、共享汽车和各大网约车软件提供的拼车、站点拼车及顺风车服务等能降低部分购买私家车的需求。数据显示，每13辆私家车的购买需求将被一个共享汽车替代，这使得资源利用率得以提高，且鉴于新能源汽车占据了市面上90%以上的共享汽车，减排压力也得以较大幅度减轻。[⑤] 就各种交通方式的减排作用比较而

---

① 郦雪，徐萍，陆键，等．基于LCA的低碳公路的实现途径[J]．公路，2013（3）：133-139.

② 蒋惠园，白帆．城市轨道交通低碳经济评价研究[J]．铁道运输与经济，2010，32（9）：11-15.

③ 余凌曲，张建森．轨道交通对低碳城市建设的作用[J]．开放导报，2009，（5）：26-30.

④ 张雪峰，宋鸽，闫勇．城市低碳交通体系对能源消费结构的影响研究：来自中国十四个城市的面板数据经验[J]．中国管理科学，2020，28（12）：173-183.

⑤ 张瑶．不可再生与可再生资源开发利用的研究［D］．沈阳：东北大学，2013.

言，碳排放量较高的是私家车；公共交通也能显著降低碳排放；① 电动汽车的 CO_2 排放量比燃油汽车低 10 到 26 倍，且即使能源生产过程中 CO_2 排放量很高，每年的碳排放量也会随着电动汽车的引入显著减少。② 此外，节能技术促进节能减排的效果最为显著，能源转型也是实现交通节能减排的关键，且两者的减排力度大于简单的出行需求管理。③

---

① 吕倩．京津冀地区汽车运输碳排放影响因素研究[J]．中国环境科学，2018，38（10）：3689-3697.

② Teixeira，A. C. R.，& Sodré，J. R.（2018）．Impacts of replacement of engine powered vehicles by electric vehicles on energy consumption and CO_2 emissions. Transportation Research Part D：Transport and Environment，59，375-384. doi：10. 1016/j. trd. 2018. 01. 004.

③ 张昱，刘学敏，徐丽萍，等．北京市城市交通能源转对策研究[J]．中国人口·资源与环境，2019，29（10）：152-159.

第6章 基于CGE模型的北京能源结构优化与支撑政策研究

6.1 北京市大气污染状况及能源结构的相关分析

6.1.1 北京市大气污染状况

6.1.1.1 大气污染历史变化

相对于全国城市空气质量平均水平，京津冀城市经济带空气质量问题更加明显。根据中国环境监测总站发布的2020年中国生态环境状况公报，2020年，全国337个地级及以上城市中环境空气质量达标的占比59.9%，平均优良天数、平均超标（空气质量指数AQI大于100）天数的比例分别为87.0%、13.0%；168个城市①的比例分别为80.7%、19.3%。长三角地区② 41个城市优良天数比例范围为70.2%~99.7%，平均为85.2%；平均超标天数比例为14.8%，其中轻度污染为12.3%，中度污染为2.0%，重度污染为0.5%。而京津冀及周边地区"2+26"城市③优良天数比例范围为49.5%~75.4%，平均为63.5%，远低于前述城区区域的平均水平；平均超标天数为36.5%，其中轻度污染为26.7%，中度污染为6.3%，重度污染为3.3%，严重污染为0.2%，各项指标均高于长三角地区。就具体城市而言，上海优良天数比例为

① 包含京津冀及周边地区、长三角地区、汾渭平原、成渝地区、长江中游、珠三角地区等重点区域以及省会城市和计划单列市。

② 长三角地区包含上海市、江苏省、浙江省和安徽省。

③ 京津冀及周边"2+26"个城市，其中"2"指的是北京市和天津市；"26"指的是河北省石家庄、唐山、廊坊、保定、沧州、衡水、邢台、邯郸，山西省太原、阳泉、长治、晋城，山东省济南、淄博、济宁、德州、聊城、滨州、菏泽，河南省郑州、开封、安阳、鹤壁、新乡、焦作、濮阳。

87.2%，出现重度污染1天；而北京的比例依次分别为75.4%、10天。① 可以看出，京津冀地区大气污染问题还是比较突出的。

任何一个国家的经济和社会发展过程中都会遇到与自然环境变化如何协调的问题。京津冀地区是我国政治文化中心，也是经济发展重地，人口稠密，地形独特，环境容量有限。目前京津冀城市群大气污染已经演变成以高浓度细粒子（全年）和高浓度臭氧污染（夏秋季节）为特征的典型“双高”污染区②，解决经济发展和自然环境之间的矛盾刻不容缓。国家已相继推出一系列严控大气污染排放的政策措施。2012年，环保部颁布新的《环境空气质量标准》（GB3095—2012），首次将PM2.5列为污染物并设定浓度限值，同时增设了臭氧8小时平均浓度限值，收紧了PM10和二氧化氮等污染物的浓度限值。2013年国务院发布了《大气污染防治行动计划》，作为全国大气污染防治工作的行动指南，在具体目标中指出“到2017年，全国地级及以上城市可吸入颗粒物浓度比2012年下降10%以上，优良天数逐年提高；京津冀、长三角、珠三角等区域细颗粒物浓度分别下降25%、20%、15%左右，其中北京市细颗粒物年均浓度控制在60微克/立方米左右”。

作为我国首都，又是京津冀大气污染监控重点区域重心的北京，其大气环境问题历来受到国内外的高度关注。1998年以来，北京持续不断地采取有力措施开展大气污染防治工作，将环境保护工作摆在首都建设和发展大局中更加重要的位置，把大气污染防治作为全市工作的当务之急。

本书根据北京市环保局历年环境状况公报和《中国环境统计年鉴》数据绘制了2000—2020年空气中主要污染物二氧化硫、二氧化氮、PM10和PM2.5年平均浓度值变化趋势图（见图6-1）。从图6-1中可以看出随着大气污染防治工作的开展，北京市各项空气主要污染物年均浓度呈下降趋势。其中，二氧化硫年均浓度由2000年的71微克/立方米下降到2020年的4微克/

---

① 生态环境部.2020中国生态环境状况公报[EB/OL].(2021-05-27)[2022-09-10].http://www.cnemc.cn/jcbg/zghjzkgb/202105/t20210527_835035.shtml.

② 王跃思，张军科，王莉莉，等.京津冀区域大气霾污染研究意义、现状及展望[J].地球科学进展，2014（3）：388-396.

立方米，2004年以后年均值均低于《环境空气质量标准》中规定的二级年均浓度限值60微克/立方米，稳定达到国家标准，且全市各区域浓度水平均保持在极低的个位数；二氧化氮年均浓度自2000年来呈缓慢下降趋势，2019年全市空气中二氧化氮年平均浓度值为37微克/立方米，自2019年开始连续两年达到国家标准（40微克/立方米）；PM10除2006年和2014年有一定上升外总体呈下降趋势，2019年平均浓度值为68微克/立方米，自2019年开始连续两年达到国家标准（70微克/立方米）；PM2.5年平均浓度值是新的空气质量标准规定后，从2013年开始公布的，自统计阶段起，一直处于下降阶段。

2020年北京大气环境中PM2.5年均浓度首次实现“30+”，与国家标准（35微克/立方米）的差距进一步拉近，为38微克/立方米，实现“十三五”规划目标。与2013年相比，2020年大气4项主要污染物PM2.5、PM10、NO_2、SO_2分别下降57.5%、48.2%、48.2%、84.9%。新的质量标准下北京市环保局空气质量年报中对于一氧化碳不再公布年均浓度值，而是公布一氧化碳24小时平均第95百分位浓度值，2013—2016年这一指标值分别为3.4、3.2、3.6和3.2毫克/立方米，均达到国家标准。2020年，一氧化碳（CO）24小时平均第95百分位浓度值为1.3毫克/立方米。新标准下增设了臭氧日最大8小时滑动平均的第90百分位浓度值，2013—2016年这一指标值分别为183.4、197.2、202.6和199微克/立方米，均超过国家标准（浓度限值160微克/立方米），且没有明显的下降趋势。2020年，臭氧（O_3）日最大8小时滑动平均第90百分位浓度值为174微克/立方米，同比下降8.9%，超过国家二级标准（160微克/立方米）9.0%。臭氧超标日出现在4—9月，超标时段主要在春夏的午后至傍晚。与2015年相比，全市一氧化碳24小时平均第95百分位浓度值、O_3日最大8小时滑动平均第90百分位浓度值分别下降63.9%、14.1%。由此可见，2020年北京市大气环境中PM2.5等4项主要污染物、空气质量同比均明显改善。2020年生态环境部大气环境检测数据显示，北京市全年空气质量优良天数为276天，较2019年增加36天，优良率达到75.4%，增加9.6个百分点；全年未出现严重污染日；发生重度污染日为10天，其中7天首要污染物为PM2.5，3天为O_3。需要注意的是，目前PM2.5

仍超过国家二级标准 8.6%，北京市空气质量的持续改善仍需不断努力。区域污染物排放总量仍超过环境容量，大气治理成效还不稳固，“复合型”“区域型”污染特征尚未得到根本解决，大气环境治理仍然艰巨复杂、任重道远。①

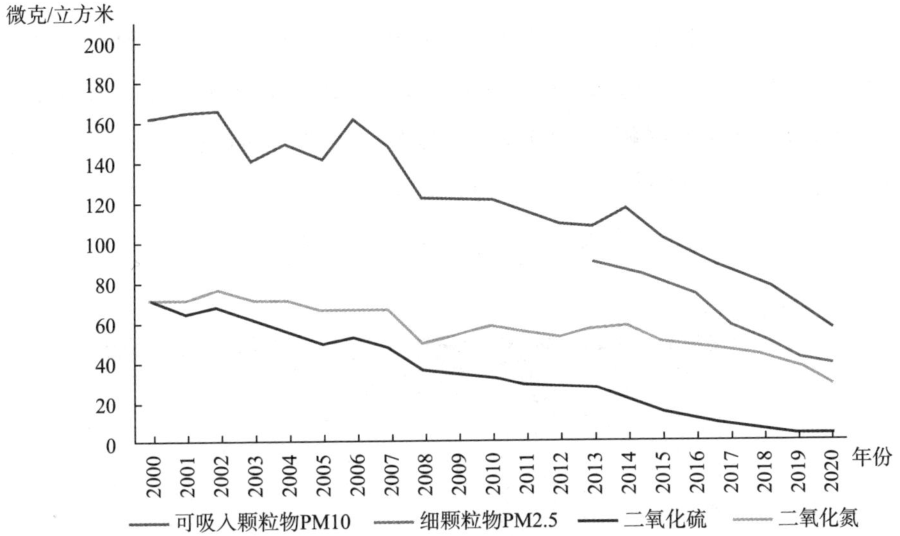

图 6-1　北京市 2000—2020 年空气中主要污染物年平均浓度值变化趋势

资料来源：北京市环保局历年环境状况公报、《中国环境统计年鉴》。

污染物排放强度和大气扩散条件存在明显的季节变化。通过对北京市环保局 2015—2016 年空气质量月报数据进行汇总，发现各项主要污染物（二氧化硫、二氧化氮、PM2.5 和 PM10）浓度均呈现夏季低、秋冬高的态势，其中 PM10 和 PM2.5 的季节差异尤其突出，二氧化硫浓度除 1—3 月略高外，其余月份浓度值都比较均衡。根据《环境空气质量指数（AQI）技术规定（试行）》（HJ 633—2012）规定的空气污染指数等级划分标准，空气质量可以划分为 0~50、51~100、101~150、151~200、201~300 和大于 300 共 6 档，分别对应于空气质量的 6 个级别，即优、良、轻度污染、中度污染、重度污染和严重污染（见图 6-2）。计算北京市 2016 年每月各污染等级天数的频率，

① 北京 PM2.5 年均浓度首次实现“30+”［EB/OL］.（2021-01-05）［2022-09-10］https://www.mee.gov.cn/ywdt/dfnews/202101/t20210105_816138.shtml.

结果显示，2016 年北京市空气质量达标天数为 192 天，总体呈现春秋达标率较高的季节规律，夏季空气质量达标率较低的原因是 6—8 月频繁出现以臭氧为首要污染物的轻度污染现象，而重度及以上的极端污染天气主要出现在春冬季节。近年来全市空气质量优良级别天数显著增加，2020 年达标天数 276 天，较 2013 年增加 100 天。一级优天数明显增加，2020 年为 106 天，较 2013 年的 41 天增加 65 天。重污染天数显著下降，2020 年重污染天数为 10 天，较 2013 年减少 48 天，降幅为 82.8%。2020 年，PM2.5 为优良的天数达到 330 天，占全年总天数的 90.2%，较 2013 年增加 126 天，相当于 2020 年平均每周就有 6.3 天为 PM2.5 优良天，而在 2013 年仅不到 4 天。①

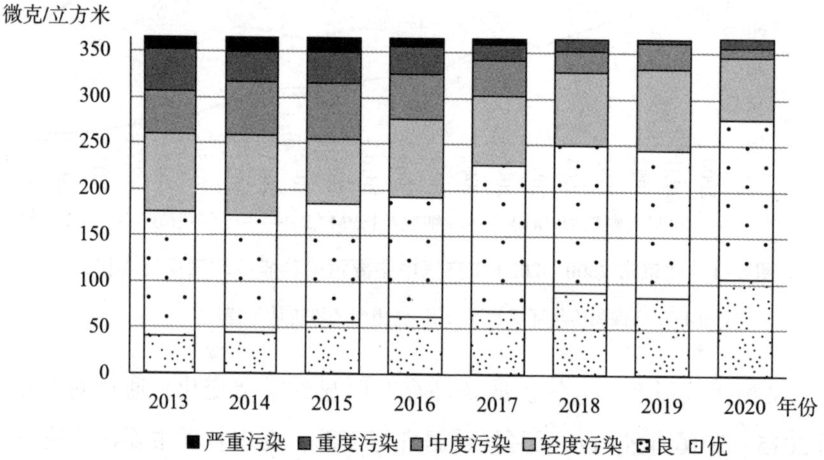

图 6-2 2013—2020 年北京市空气污染指数等级天数比例

资料来源：《2021 北京市生态环境状况公报》。

从北京市 PM2.5 的空间分异角度来看，2013—2020 年，北京市各区域 PM2.5 浓度整体显著下降，空间分布虽一直呈现“（东）南高（西）北低”特征，但各区域之间浓度逐步均匀化，南北差异由 2013 年的 63 微克/立方米降低至 2020 年的 20 微克/立方米左右②。出现南北分异的原因是北京市的地形

①② 北京 PM2.5 年均浓度首次实现“30+”[EB/OL].(2021-01-05)[2022-09-10].https://www.mee.gov.cn/ywdt/dfnews/202101/t20210105_816138.shtml.

呈北高南低的格局，北部山区植被优良、人口密度小，且处于盛行风的上风向。大兴、通州和房山区 2013—2016 年 PM2.5 年均浓度值均位于各个区县的前列，污染较严重，延庆区 2013 年、2015 年和 2016 年浓度值都是最低，生态涵养发展区 PM2.5 污染程度明显低于其他区（县）（见表 6-1）。2020 年北京全市 PM2.5 虽仍呈现“南高北低”的空间分布，但浓度梯度减小，PM2.5 达到国家二级标准的区域范围显著扩大，密云、怀柔、延庆、门头沟、昌平、平谷、顺义、房山 8 个区率先达到国家二级标准，约占市域面积的 80%。①

表 6-1　2013—2020 年北京市各区 PM2.5 年均浓度值

单位：微克/立方米

区（县）	PM2.5 浓度				
	2013	2014	2015	2016	2020
东城	93.6	86.3	84.3	77	40
西城	91.7	88.4	83	78	40
朝阳	91.3	88.4	83.4	75	39
海淀	98.1	89.5	80	72	36
丰台	96.9	95	86.7	79	36
石景山	92.8	89.2	83.5	78	37
门头沟	91.1	84.3	77	68	32
房山	106.8	100.8	96.2	83	35
通州	105.7	105.9	92.5	80	37
顺义	84.8	84	81.4	71	35
大兴	107.8	104.4	96.4	89	37
昌平	79.2	79.3	70.6	61	33
平谷	84.8	83.2	78.8	70	34
怀柔	76.1	76.4	70.1	61	29
密云	71.6	73	67.8	61	29
延庆	68	74.8	61	60	31

资料来源：北京市环保局历年环境状况公报。

① 北京 PM2.5 年均浓度首次实现“30+”［EB/OL］.（2021-01-05）［2022-09-10］. https://www.mee.gov.cn/ywdt/dfnews/202101/t20210105_816138.shtml.

综上对于北京市大气污染的时空分布分析，可以看出近年来的各项防治举措一定程度上实现了空气质量改善，但冬季空气质量改善仍旧不明显，先后多次发生重污染天气，影响范围大、持续时间长。以往的污染过程中PM2.5往往是首要污染物，而随着臭氧8小时平均浓度限值的增设，臭氧超标多集中在4—10月，成为夏季污染的首要污染物。与PM2.5超标带来的污浊空气现象不同，臭氧超标往往伴随着丽日晴空，高浓度的臭氧会刺激、损害人的黏膜组织，无形之中给居民的身体带来伤害。接下来主要对北京市PM2.5的组分和来源进行分析和讨论，以期从源头出发为制定防治政策提供依据。

6.1.1.2 大气污染成分及来源分析

大气颗粒物是重要的空气污染物之一，其中PM2.5是近年来北京和国内大多数城市空气质量的首要污染物。因此，国内对于大气污染的研究重点也以PM2.5为主。

关于北京市PM2.5化学组成成分的研究已有很多①②③④。在这些研究中，含碳组分（有机碳OC和元素碳EC之和）、水溶性离子组分（主要是NO_3-、SO_4^2-和NH_4+）和地壳元素（Al、Si、Ca、Mg和Fe等）分别占PM2.5质量浓度的27%~44.2%、22%~37.8%和3.5%~8%，具体差异是由于采样时间、地点和测量解析方法等差异导致的。

国内外学者采用不同的模型和方法对北京市PM2.5的来源进行模拟和分析。研究结果显示，外地传输的贡献率平均占27.6%~34%⑤⑥，主要来自于

① CHAN C K, YAO X. Air pollution in mega cities in China[J]. Atmospheric environment, 2008, 42 (1): 1-42.

② 徐敬，丁国安，颜鹏，等. 北京地区PM2.5的成分特征及来源分析[J]. 应用气象学报，2007，18 (5): 645-654.

③ 杨复沫，贺克斌，马永亮，等. 北京大气细粒子PM2.5的化学组成[J]. 清华大学学报（自然科学版），2002，42 (12): 1605-1608.

④ HUANG R, ZHANG Y, BOZZETTI C, et al. High secondary aerosol contribution to particulate pollution during haze events in China[J]. Nature, 2014, 514 (7521): 218-222.

⑤ STREETS D G, FU J S, JANG C J, et al. Air quality during the 2008 Beijing Olympic Games[J]. Atmospheric environment, 2007, 41 (3): 480-492.

⑥ 彭应登. 北京近期雾霾污染的成因及控制对策分析[J]. 工程研究——跨学科视野中的工程，2013 (3): 233-239.

河北省、天津市和山东省等①。还有学者对不同污染程度下 PM2. 5 的区域来源进行对比分析，发现在重污染日，区域传输对北京市 PM2. 5 的影响显著增强，是北京 PM2. 5 污染的主要来源，随着空气污染等级由优升至严重污染，外地 PM2. 5 贡献率从 42. 9%升至 67. 4%，本地贡献率由 57. 1%降至 32. 6%，其中外地二次 PM2. 5 贡献率从 20. 2% 升至 39. 8%，为北京市重污染时段的主要贡献因子。在更进一步细化的研究中，对不同组分的来源进行了讨论，发现 PM2. 5 中的硝酸盐主要来自周边地区的贡献，而硫酸盐和二次有机气溶胶呈现远距离传输的特性，铵盐和其他组分则主要来自北京本地的贡献②；PM2. 5 中重金属浓度所占比重小，但却具有很大的危害，研究显示北京 PM2. 5 中砷的浓度偏高，砷、镉、铅和硒 4 种重金属有明显富集现象，春、秋和冬季 4 种高富集致癌重金属主要来源于北京周边的燃煤和城区机动车排放，夏季则主要来源于区域性污染源的输送③。城市大气污染来源研究结论显示，主要的本地源为燃煤、机动车排放、工业生产（不含燃煤）、扬尘、生物质燃烧（如秸秆焚烧）、餐饮烹调油烟等一次源和二次有机气溶胶（SOA）、二次无机气溶胶（SIA），其中机动车、燃煤、土壤尘和二次无机盐的贡献率分别为 16%~21. 5%、15%~18. 7%、6%和 36%④。

2014 年北京市首次发布了大气环境中 PM2. 5 来源解析的研究成果，表明北京市空气中 PM2. 5 主要成分为有机物（OM）、硝酸盐（NO_3-）、硫酸盐（SO_4^2-）、地壳元素和铵盐（NH_4+）等，分别占 PM2. 5 质量浓度的 26%、17%、16%、12%和 11%；通过模型解析，全年 PM2. 5 来源中区域传输贡献占 28%~36%，本地污染排放贡献占 64%~72%，在特殊重污染过程中，区域传输贡献可达 50%以上；在本地污染贡献中，机动车、燃煤、工业生产、扬

① 陈云波，徐峻，何友江，等．北京市冬季典型重污染时段 PM2. 5 污染来源模式解析[J]．环境科学研究，2016，29（5）：627-636.

② 李璇，聂滕，齐珺，等．2013 年 1 月北京市 PM2. 5 区域来源解析[J]．环境科学，2015，36（4）：1148-1153.

③ 陶俊，张仁健，段菁春，等．北京城区 PM2. 5 中致癌重金属季节变化特征及其来源分析[J]．环境科学，2014，35（2）：411-417.

④ 杨妍妍，李金香，梁云平，等．应用受体模型（CMB）对北京市大气 PM2. 5 来源的解析研究[J]．环境科学学报，2015，35（9）：2693-2700.

尘为主要来源，分别占 31.1%、22.4%、18.1%和 14.3%，餐饮、汽车修理、畜禽养殖、建筑涂装等其他排放约占 PM2.5 的 14.1%。此项源解析没有把二次气溶胶单独作为一个污染源进行研究，因为实际上二次气溶胶也是间接来源于燃煤、工业生产和汽车尾气等。① 2018 年北京市第二次发布了 PM2.5 来源解析研究成果，发现全年 PM2.5 主要来源中本地排放占 2/3，现阶段本地排放贡献中，移动源、扬尘源、工业源、生活面源和燃煤源分别占 45%、16%、12%、12%和 3%，农业及自然源等其他约占 12%；区域传输占 26%~42%，约 1/3，且随着污染级别的提升，区域传输贡献呈明显上升趋势，中度污染日（PM2.5 日均浓度在 115~150 微克/立方米）区域传输占 34%~50%，重污染日（PM2.5 日均浓度>150 微克/立方米）区域传输占 55%~75%。②

2021 年北京市发布了最新的 PM2.5 来源解析研究成果，发现 PM2.5 主要来源中本地排放占六成，区域传输占四成。本地排放中移动源占比（46%）仍最大，生活源占比（16%）凸显并成为第二大源。相较上一轮源解析结果，本地排放主要来源类型保持不变，仍然是移动源、生活源、扬尘源和工业源，累计占比为 83%。③ 经过 3 年大幅减排，在 PM2.5 本地排放源中，各类源的绝对量均大幅下降，实现“瘦身”。区域传输对北京市影响增加近一成，以东南、西南传输通道为主，且随着污染级别增大占比上升，重污染日区域传输占比超过六成。此外，PM2.5 中二次粒子占比上升，来源呈现一定的季节变化特征。从 PM2.5 组分看，各组分浓度均呈现明显下降趋势，但构成占比变化有所不同。其中，一次排放相关的元素碳、地壳物质等占比明显下降，而有机物、硝酸盐等二次粒子占比有所上升，这反映了现阶段 NOx、VOCs 等气态前体物的协同控制越发关键。从时间尺度看，区域传输与本地排放占比结果随季节有所变化，其中东南通道传输及本地移动源在全年均属于最重要的

① 北京市 PM2.5 来源解析正式发布[EB/OL]. http://www.gov.cn/xinwen/2014-10/31/content_2773436.htm, 2014-10-31.

② 北京 PM2.5 来源本地排放占 2/3 移动源占比最大[EB/OL]. https://env.people.com.cn/n1/2018/0514/c1010-29988771.html, 2018-05-14.

③ 时隔三年北京再发 PM2.5 源解析结果，本地污染源减少[EB/OL]. https://news.bjd.com.cn/2021/09/06/167834t100.html, 2021-09-06.

来源。

北京的雾霾现象是人为和自然因素共同作用的结果。一方面是因为京津冀区域集聚了大量的水泥、钢铁、炼油石化等高污染产业，以区域重化工业为主的产业结构使得大气污染物排放量是巨大的，同时数量不断增长的城市机动车辆更加剧了大气污染；另一方面则是受地形和气候等自然地理特征影响。北京市位于华北平原北部，西部为太行山脉西山，北部和东北部为燕山山脉，地形上不利于污染的扩散①。地面弱低压、小而稳定的大气结构使大气扩散能力减弱，有利于污染物的累积②；偏南气流将周边污染物和水汽输送到北京，污染物的区域传输与本地污染物的积累作用相叠加，高湿静稳的天气条件使得二次粒子迅速转化与积累，发生雾霾。可以看出，在污染源基本不变的情况下，气象条件的急剧变化是雾霾形成的关键因素。

6.1.1.3　北京市大气污染治理未来展望

北京空气质量的改善，得益于国家紧急采取的空气污染防治综合措施。近年来，学者们在空气污染研究领域做出了巨大贡献，污染物的时空特征、成分特征和来源解析、影响因素、重污染过程的模拟、防治政策建议等方面的研究为国家采取合理有效的政策措施提供了依据和重要支持。从上面关于污染物地域来源的分析中可以看出，局地排放和周边输送增加了大气污染物控制和治理的难度，北京不可能单独治理霾污染问题③。京津冀地区作为全国污染最严重的地区之一，区域联防联控将成为未来若干年北京乃至中国大气污染控制的主要手段。从北京 PM2.5 溯源可以看出，影响北京市大气 PM2.5 主要一次来源类型未发生大的变化，机动车、燃煤、工业生产、扬尘仍然是治理的重要方向，想要改善城市空气质量，必须进一步减少污染物的源头排

① 薛亦峰，周震，黄玉虎，等．北京市建筑施工扬尘排放特征[J]．环境科学，2017（6）：2231-2237.

② 刘瑞婷，韩志伟，李嘉伟．北京冬季雾霾事件的气象特征分析[J]．气候与环境研究，2014（2）：164-172.

③ 王跃思，姚利，刘子锐，等．京津冀大气霾污染及控制策略思考[J]．中国科学院院刊，2013（3）：353-363.

放。在机动车污染控制方面，需要推进公共自行车服务系统建设，大力发展公共交通，进一步提升燃油品质以及推广使用新能源汽车；在燃煤污染控制方面，加快“改代转”实施速度，对所有燃煤电厂和锅炉房进行清洁替代或环保升级改造，用优质低硫型煤替代劣质散烧原煤，转变能源发展方式，推广能源利用新技术，扩大可再生能源和新能源利用，严格排放监管。以北京为中心的京津冀城市群地区为先行区，将在大气污染防治过程中为中国探索出一套全新的分层跨区多向联动大气污染防治管理模式，分层纵向建立了“国家-区域-城市”联动的立体防治构架，跨区实行横向联动的防治管理体系，协同产业准入、能源结构调整、监测预警、会商问责的多向联动机制①。当然，这样一个联动机制的有效运行，离不开民众和社会组织等多元主体的共同参与，也需要法律体系区域间的匹配对接，才能实现《京津冀及周边地区落实大气污染防治行动计划实施细则》中的具体目标，并在更长远的时期里实现绿色发展。

6.1.2 北京市能源结构分析

6.1.2.1 北京市能源对外依存度高

能源包括一次能源、二次能源，一次能源指能够直接从自然界中获取的能源物质形式，其中包含传统的化石能源——煤、油、气，此外，还包括新能源——太阳能、风能等。二次能源指对一次能源进行物理转化，形成的直接供人类使用的能源形式，包括电、热两种能源形态。

中国的一次能源禀赋呈现出“富煤、少油、贫气”的现状，具体到北京市，北京市除了部分地区存有煤矿和气资源外，气热资源为零，这也因此决定了北京市一次能源有较高的对外依存度。北京市的煤炭对外依存度近年来变化较大，2020年升至100%。北京市的天然气资源对外依存度较高，尽管2018年后不再完全依赖外来资源，但对外依存度仍在90%左右，天然气

① 王振波，梁龙武，林雄斌，等．京津冀城市群空气污染的模式总结与治理效果评估[J]．环境科学，2017（10）：1-12.

全部从省外调入。在一次能源中，煤、气大部分用来作为电力、热力的生产，产生出二次能源，油则大部分被用于工业及机动车。从电力来看，北京市的电力对外依存度呈现稳定状态，对外依存度稳定在 97%左右，对外依存比例较高。从热来看，由于运输通道的限制，北京市的全部热是从省外调入（见表 6-2）。

表 6-2　2016—2020 年北京市能源对外依存度　　单位：%

分类	2016	2017	2018	2019	2020
煤	62. 53	48. 00	36. 21	80. 25	100. 00
油	100. 00	100. 00	100. 00	100. 00	100. 00
气	100. 00	100. 00	90. 65	84. 05	89. 42
电	97. 24	97. 58	97. 68	97. 46	96. 97
热	100. 00	100. 00	100. 00	100. 00	100. 00

资料来源：2016—2020 年中国能源统计年鉴。

6. 1. 2. 2　北京市能源消费持续增长

北京市能源消费持续增长。随着 GDP 的上升，经济总体对能源发展的需求也是上升的。从 2010 年到 2020 年，除个别年份外，油、气、电、热消费量均较上年有所增长。油、气、电的同比增长率最大年份分别为 2010 年、2015 年、2016 年，相应同比增长率达到了 5. 52%、27. 85%、7. 25%。2010 年热、油、气、电的总消费量分别为 16557. 63 万百万千焦、1454. 62 万吨、74. 79 亿立方米、830. 90 亿千瓦时，到 2020 年热、油、气、电总消费量分别涨到了 20923. 03 万百万千焦、1364. 18 万吨、189. 12 亿立方米、1140. 22 亿千瓦时。相对来看，煤炭的使用一直得到了较强的抑制，同比增长率一直为负。2010 年时，煤炭的总消费量为 2634. 62 万吨，2020 年煤炭的总消费量则下降到了 134. 98 万吨（见图 6-3）。

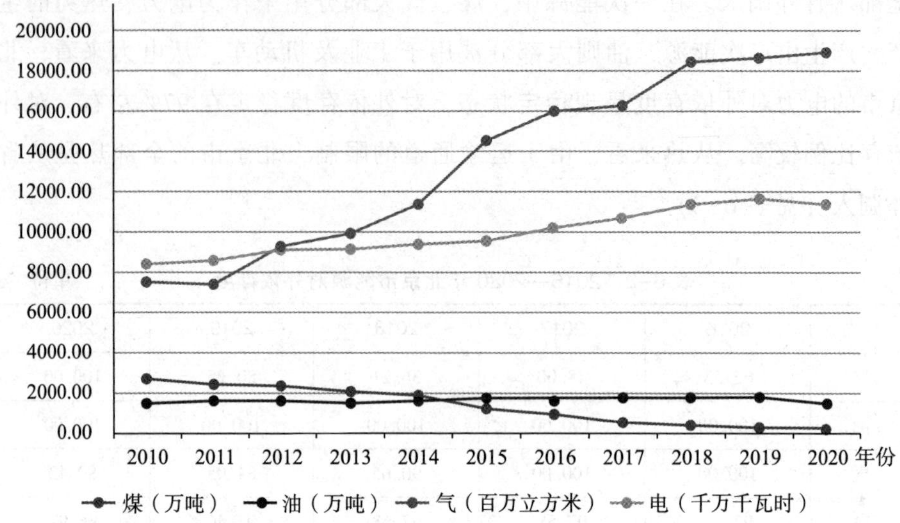

图 6-3　2010—2020 年北京市历年能源消费量

资料来源：2010—2020 年中国能源统计年鉴。

北京市油、气、电消费量的上升同北京市第三产业以及居民生活能源消费需求上升有关。从定性角度来看，油、气需求上升的主要驱动力来源为居民人口增多、居民收入增加。采取更为直接贴近的指标来看，北京市私家车以及建筑面积的逐年度上升分别导致了油、气消费量上升。而电力的上升则为北京市第三产业以及居民消费需求增加所致。此外，从总能源消费角度来看，分别按照一二三产业及生活消费对能源消费进行区分。北京市的能源消费呈现出的现状是，第三产业的能源消费占比最大，这也从侧面说明了，北京市的产业结构已经完成了工业化的阶段。同时，北京市的能源消费中的生活消费一直呈增长趋势，预计未来依旧保持增长的趋势（见图 6-4）。

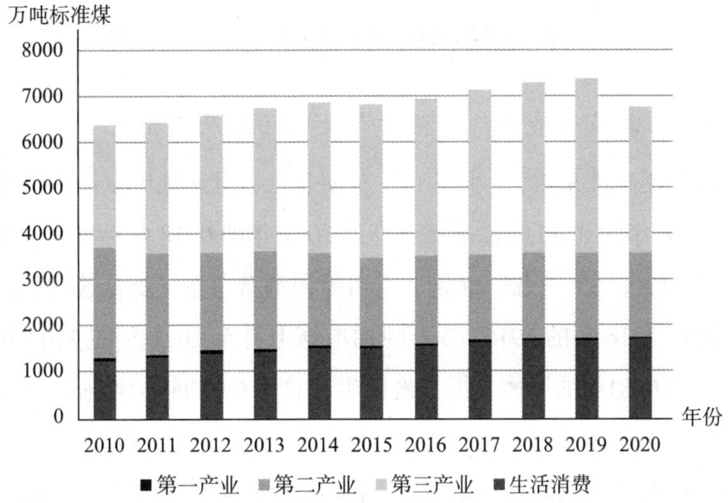

图 6-4　2010—2020 年北京分部门能源消费

资料来源：2010—2020 年北京统计年鉴。

6.1.2.3　北京市能源需求预测

“减煤、稳气、少油、强电、增绿”是北京市调整能源结构的主要思路。化解煤炭过剩产能已经取得阶段性成果，大台等 5 座国有煤矿已经全部关停，600 万吨煤炭产能已经全部退出，北京千年采煤史已经结束，全市煤炭消费量占全市能源消费比重已经降到 2020 年的 1.5%，预计到 2025 年可做到非应急情况下基本不使用煤炭。

根据《北京市“十四五”时期能源发展规划》预计，2025 年北京天然气消费量将控制在 200 亿立方米左右，汽柴油总量将较峰值下降 20%，电力占终端能源消费比重将达到 29%，可再生能源消费比重将提高 4 个百分点，达到 14.4%以上，外调绿电将达到 300 亿千瓦时。

同时，北京市将建设坚强韧性的能源体系，预计到 2025 年全市供电可靠率达到 99.996%，电网高峰负荷削峰能力将达到最高用电负荷 3%~5%。天然气应急储备能力将达到 14 亿立方米左右。北京市将会加快完成全市燃油供热锅炉、剩余农村村庄供暖散煤和燃煤锅炉清洁改造，逐步构建形成反应快速、处置高效的应急保障体系。

6.1.3 北京市能源结构调整的重点方向和措施

6.1.3.1 北京市能源消费强度与大气污染及碳排放

从能源使用角度来看，“十三五”时期北京市万元地区生产总值能耗明显下降，由2016年的0.26吨标准煤下降到2021年的0.18吨标准煤，年均能耗下降率为4.94%。“十三五”时期北京市能源消费总量平稳低速增长，全市能源消费总量从2016年的6916.72万吨标准煤上升至2021年的7103.6万吨标准煤，以年均0.81%的增速支撑了地区生产总值6%的年均增速，能源消费总量的年均增速比“十二五”时期低0.55个百分点。

单位能耗的下降反映了能源结构的优化和能源利用效率的提高，其另外一面则是大气污染物浓度的下降，北京正在经历这样一个过程。根据北京市统计局的数据，2021年北京市主要大气污染物PM10、PM2.5、SO_2、NO_2年均浓度分别较2016年下降40.2%、54.8%、70%和45.8%，全市PM2.5、SO_2、NO_2、PM10、CO、O_3 6项大气污染物浓度值首次全部达到国家空气质量二级标准。充分证明了压减燃煤、使用清洁能源给环境带来的明显改善作用。

主要污染物排放量的降低也反映在空气质量的改善上。根据北京市统计局和国家统计局北京调查总队编制的《北京统计年鉴2021》，化学需氧量COD排放量由2016年的8.7万吨减少至2020年的5.4万吨，SO_2排放量由2016年的3.3万吨减少至2020年的0.2万吨，扭转了污染物排放快速增长的趋势。反映在空气质量上，2020年、2021年的优良空气天数比例明显高于2015年、2016年，中、重度污染天数比重更是显著下降（见表6-3）。

表6-3 北京市2015年、2016年、2020年、2021年空气质量等级比较天数占比

单位:%

空气质量等级	2015	2016	2020	2021
优	22	26	29	31.2
良	34	34	46.4	47.7
轻度污染	19	20	18.9	15.1

续表

空气质量等级	2015	2016	2020	2021
中度污染	13	10	3	3.8
重度污染	8	8	2.7	1.6
严重污染	4	2	0	0.6

资料来源：2015 年、2016 年、2020 年、2021 年北京市环境保护局公布的北京市环境状况公报。

除污染物的排放以及能源的消耗外，北京地区的碳排放也值得关注。北京作为首都，是中国经济最活跃的地区之一，它的碳排放同样具有全球性的影响。碳排放量一定程度反映了一个地区的大气环境状况、承载污染的能力，能源结构的变化最直接的反映就在碳排放量上。① 李云燕等基于 2005—2019 年京津冀城市群的碳排放数据以及长时间序列夜间灯光数据集，探究了京津冀城市群地级市以上城市尺度的碳排放时空演变特征，发现在此期间北京市碳排放量没有特别明显的波动趋势，但从空间角度而言，北京市的碳排放量一直都较高。② 臧宏宽等根据 2015—2019 年京津冀城市群地级城市 CO_2 排放清单，对京津冀城市群地级以上城市 CO_2 排放达峰情况进行了研究，认为北京市经济增长与碳排放呈强脱钩状态。③ 相楠等模拟预测 2020—2035 年北京市经济、能源和碳排放的演进规律，模拟结果表明，在考虑外调电力碳排放情况下，当结构与效率双管齐下时，北京市在 2027 年将实现碳达峰，碳达峰后实现绝对脱钩发展，至 2035 年碳排放量将保持稳定下降态势。④

党的二十大报告中强调“必须牢固树立和践行绿水青山就是金山银山的理念，站在人与自然和谐共生的高度谋划发展”，提出要广泛形成绿色生产生

① 魏琦，田漫漫．从碳排放权交易角度谈治理兰州市大气污染的应用研究［J］．环境科学与管理，2014，39（5）：42-45.

② 李云燕，盛清，代建．基于 DMSP-OLS 与 NPP-VIIRS 整合数据的京津冀城市群碳排放时空演变特征［J/OL］．环境工程技术学报：1－13［2022－11－04］．http：//kns. cnki. net/kcms/detail/11. 5972. X. 20220411. 2000. 002. html.

③ 臧宏宽，杨威杉，张静，等．京津冀城市群二氧化碳排放达峰研究［J］．环境工程，2020，38（11）：19-24，77.

④ 相楠，徐峰．基于结构与效率双控的北京市碳达峰优化路径仿真模拟研究［J］．北京工业大学学报（社会科学版），2022，22（4）：68-87.

活方式，碳排放达峰后稳中有降，污染防治攻坚战向纵深推进，绿色、循环、低碳发展迈出坚实步伐。在《中华人民共和国国民经济和社会发展第十四个五年规划和2035年远景目标纲要》中，绿色发展在其总体框架中统筹安排，贯穿于“十四五”规划建议的各个领域和各个方面。

6.1.3.2 北京市能源发展主要政策及目标

目前北京市能源发展方面的纲领性政策文件为《“十四五”现代能源体系规划》《北京市深入打好污染防治攻坚战2022年行动计划》《北京市“十四五”时期能源发展规划》等。《北京市“十四五”时期能源发展规划》是全面落实党中央、国务院和市委、市政府关于碳达峰碳中和重大战略决策部署的具体举措，依据《北京城市总体规划（2016年—2035年）》《北京市国民经济和社会发展第十四个五年规划和2035年远景目标纲要》《“十四五”现代能源体系规划》等相关规划编制市级重点专项规划，提出了“十四五”时期北京市能源发展的指导思想、主要目标、重点任务、重大项目和改革举措，是“十四五”时期北京市能源发展的总体蓝图和行动纲领。

《北京市“十四五”时期能源发展规划》坚持绿色低碳、安全可靠、创新驱动、示范引领、城乡统筹、区域协同、政府引导、市场推动的基本原则，提升能源安全能力与加快绿色低碳转型并重，努力打造能源革命“北京样板”，确保实现碳达峰后稳中有降，碳中和迈出坚实步伐，为首都高质量发展提供有力保障。

（1）主要措施和行动

《北京市“十四五”时期能源发展规划》聚焦的具体能源政策和行动主要是集中于8个方面，即分别从能源体系、可再生能源替代、节能减排推动、创新、能源平稳运行保障、区域能源合作、能源发展机制、规划实施保障等方面提出新的要求和措施。①

一是构建坚强韧性的能源体系，提升能源资源供应和安全保障能力，其

① 北京市人民政府网．北京市人民政府关于印发《北京市“十四五”时期能源发展规划》的通知[EB/OL]．（2022-02-22）[2022-05-27]．http：//www.beijing.gov.cn/zhengce/zhengcefagui/202204/t20220401_2646626.html.

内涵包括建设坚强可靠的电力系统，提高燃气供应保障能力，完善清洁低碳城乡供热体系，保障清洁油品安全稳定供应，推进老旧管线消隐改造。

首先，电力安全可靠供应：完善电源设施布置，进行应急备用和调峰电源、新型储能项目建设，到 2025 年形成千万千瓦级应急备用和调峰能力；进行外受电通道建设，提升北京电网“多方向、多来源、多元化”受电能力；优化电网结构，提高电力需求侧响应能力，到 2025 年电网高峰负荷削峰能力达到最高用电负荷 3%~5%；推动充换电基础设施建设，到 2025 年累计建成各类充电桩 70 万个，开展新能源汽车换电模式试点。

其次，燃气供应保障：完善多源多向气源供应体系，联结北京燃气天津南港 LNG 输气通道，到 2025 年形成“三种气体、八大通道、10 兆帕大环”的多源多向气源供应格局；天然气应急储备方面，到 2025 年应急储备能力达到 14 亿立方米左右；市内管网输配城乡覆盖范围不断扩大，液化石油气安全减量发展。

再次，清洁化供热：促进供热系统低碳转型，提升农村地区清洁供热水平，优化热网布局，提升热源保障能力。到 2025 年，实现全市新增余热供热面积 800 万平方米，基本实现剩余农村散煤采暖用户清洁采暖。

最后，清洁油品供应、老旧管线升级改造：优化油品设施布局，试点建设“氢电服”总和能源示范站，进行炼油清洁化改造，推动燕山石化绿色发展，并完善成品油储备保障体系。在老旧管线改造方面，基本完成 2000 年以前需改造的城镇老旧小区电力、天然气、供热管线更新改造。

二是实施可再生能源替代行动，包括加快本地可再生电力开发利用，提升城乡可再生能源供热水平，打造重点功能区绿色发展样板。加快可再生电力的开发利用。首先，在生态环境保护前提下，坚持“宜建尽建、应用尽用”，建设新型绿色电源支撑体系，加强重点领域光伏应用，推进整区屋顶分布式光伏开发试点，探索风力发电应用新模式，推进生物发电工程。到 2025 年，本地可再生能源新增发电装机容量达 217 万千瓦，全市重点领域新增光伏发电装机达 70 万千瓦，全市整区屋顶分布式光伏试点新增光伏发电装机达 120 万千瓦，全市新增风电装机达 11 万千瓦，新增生物质能装机达 16 万千瓦。其次，提升城乡可再生能源供热，推动浅层地源热泵、再生水源热泵供暖，太阳能热水系统应用，开发和利用中深层地热能资源。最后，通过打造张家湾等智慧能源示范小镇，打造大兴国际机场临空经济区能源绿色转型示范区等绿色发展样板，有效发挥示范引领作用。

三是更大力度推动节能减排，其内涵包括强化能源、碳排放总量和强度双控，实施建筑领域节能降碳，深化工业节能低碳改造，构建绿色低碳交通体系，推进新型基础设施节能降耗，践行绿色低碳生活新风尚。

首先，严格实行双碳目标约束：提升能源利用效率，促进产业结构调整，合理控制能源消费总量。确保能源消费总量控制在 8050 万吨标准煤左右，二氧化碳排放总量达峰后稳中有降，单位地区生产总值能耗、二氧化碳排放降幅达到国家要求，进行节能降碳责任考核。

其次，深化推动建筑领域、工业、交通体系、基础设施的节能减碳：在建筑领域节能降碳，建立健全建筑领域地方节能法规和标准，提升新建建筑绿色低碳水平，推进既有建筑节能改造。优化工业结构，推动不符合首都功能定位的一般制造业企业动态调整退出，支持企业进行绿色节能技术改造，应用先进高效的产品设备。构建绿色低碳交通体系，到 2025 年全市柴油消费总量较峰值下降 20%，在交通领域碳排放稳中有降。在基础设施方面，优化提升存量，科学布局，通过绿色电力交易、购买绿电证书等方式增加对可再生能源的使用。

最后，践行绿色低碳生活新风尚，提倡绿色低碳的生态文明生活方式，令绿色低碳成为全民的共识和行动。

四是强化能源科技创新引领，即加强能源重点技术攻关和示范应用，打造能源创新高地和产业集群，加快能源系统数字化智能化升级。

首先，开展绿色低碳研究：以绿色低碳为方向开展相应技术研究，利用在京能源头部企业的研发优势，发挥国家级实验室、高校院所、在京骨干能源企业的创新资源合力，推动先进可再生能源的研发、技术进步、产业规模化和商业化发展。

其次，发挥北京科技创新平台资源聚集优势：打造能源创新高地和产业集群，如“能源谷”先进能源产业高地，怀柔科学城综合能源研究基地等，打造北京经济技术开发区高端产业示范集群。

最后，能源系统数字化智能化升级：提升能源行业数字化、智能化发展水平，建设智能电力系统，推动供热智能发展，建设智慧燃气系统等。

五是确保能源运行平稳安全，健全首都能源安全保障机制，优化能源资源供需调节，提升能源安全应急保障能力，提高能源运行精细指挥水平。统筹发展和安全，坚持底线思维，推动京津冀能源一体化，构建多元主体、多种品类、多种形式互为补充、协同联动的能源安全保障体系；拓展多元化资源供应渠道，适应城市运行季节性、高峰性用能需求，提升能源的应急保障能力。

六是深化区域能源协同合作，共建共享区域能源设施，推动区域能源绿色发展，扩大区域能源交流合作。增强区域电力安全保障能力，构建华北地区“四纵三横”特高压网架，形成多源多向区域天然气供应保障格局，推进大湾、华北储气库等周边地下储气库群达容扩容；提升区域可再生能源的开发和多元利用，开展区域绿电市场化试点，完善价格引导机制；扩大区域能源等交流合作，推动区域要素的市场联通，完善区域能源合作机制。

七是完善能源发展体制机制，即加强能源法规标准体系建设，深化能源价格机制改革，完善绿色低碳财税金融政策，创新能源绿色发展市场化机制，积极开展国际交流合作。

首先，加强能源法规标准体系建设：加快可再生能源利用等方面的地方立法工作，修订节约能源法实施办法等地方性法规，建立可再生能源指标分解考察机制，制定新型电力系统、储能、氢能等相关地方标准。

其次，进行能源价格改革：推进电力价格改革，落实国家电价改革部署，推进销售电价改革，完善居民阶梯电价制度；推进天然气价格改革，加强管道天然气价格监管；完善供热价格机制，按照同热同价原则，建立有利于节能减排、绿色高效的供热价格管理机制；完善绿色电价政策，鼓励市场主体利用峰谷电价差、辅助服务补偿等市场化机制促进储能发展。

再次，绿色低碳财税金融政策：加大财政支持力度，对绿色低碳能源发展应用给予更多财政支持；加强金融对绿色低碳产业发展的支持力度，发展绿色贷款、绿色基金等金融工具，通过创新信贷投放、专业化担保等金融服务来完善绿色信贷体系，提高绿色信贷规模。

最后，能源绿色发展市场化机制：开展碳权排放交易，完善交易机制，扩大碳市场覆盖行业以及交易产品规模，建设国家绿色交易所，承建全国自愿减排交易中心；优化能源营商环境，深化能源领域营商环境改革，打通政策落地的“最后一公里”。

八是加强规划实施保障，强化规划统筹措施，将主要目标和重点任务细化落实到区、有关部门和企业；推进重大项目滚动实施，以规划确定项目，以项目落实规划；加强规划实施监测评估，开展规划实施情况动态监测、中期评估和总结评估；扩大公众参与范围，充分利用各种媒体开展理念宣传、任务解读、规划分析等方面工作，凝聚社会共识。

（2）2025 年主要目标

到 2025 年，基本建成坚强韧性、绿色低碳智慧能源体系，在能源利用效率持续提升，绿色低碳技术研发和推广应用等方面取得新进展。

①能源利用效率提升：能源消费总量控制在 8050 万吨标准煤左右，二氧化碳排放总量达峰后稳中有降。单位地区生产总值能耗、二氧化碳排放进一步下降，达到国家要求。

②能源绿色低碳转型：大力推进“减煤、稳气、少油、强电、增绿”，非应急情况下基本不使用煤炭，天然气消费量控制在 200 亿立方米左右，汽柴油总量力争较峰值下降 20%，电力占终端能源消费比重达到 29%，可再生能源消费比重达到 14.4%以上，外调绿电达到 300 亿千瓦时。

③能源体系建设：全市供电可靠率达到 99.996%，电网高峰负荷削峰能力达到最高用电负荷的 3%~5%，天然气应急储备能力达到 14 亿立方米左右，成品油储备达到国家要求。基本完成全市燃油供热锅炉、剩余农村村庄供暖散煤和燃煤锅炉清洁改造。

（3）2035 年主要目标

全面建成坚强韧性、绿色低碳智慧能源体系，能源利用效率达到国际先进水平，绿色低碳关键核心技术研发和推广应用实现重大突破，城乡用能服务实现均等化。全市基本实现无煤化，能源消费总量进入达峰平台期，力争控制在 9000 万吨标准煤左右。①

6.2　北京市大气环境社会核算矩阵

SAM（Social Accounting Matrix）表是 CGE 模型运行起来的基础，它能够给 CGE 模型初始值，并算出 CGE 模型中的内生参数值。但是 SAM 表需要自行编制。本章采用的 SAM 表通过自上而下和自底而上的方式构建，其中自上而下用到的数据为北京市 2012 年投入产出表数据，自底而上用到的数据来自 2013 年中国财政年鉴、2013 年税务年鉴。本章对 SAM 的编制进行概述。

6.2.1　总体概述

SAM 表的全称为社会核算矩阵，它由横纵交错的表格构成，它是一种对经济运行状况给出整体描述的工具。SAM 表是 CGE 模型运行起来的基础，它能够给 CGE 模型初始值，并算出 CGE 模型中的内生参数值。

表 6-4 为 2012 年北京市社会核算矩阵简表，共划分为 13 个账户，分别为产业账户、产品账户、劳动账户、资本账户、居民账户、企业账户、地方政府账户、中央政府账户、税收账户、国外账户、省外账户、固定资本形成账户、存货变动账户。由于本表为简表，其中产业账户又细分为 42 个产业部门账户，产品账户细分为 42 个产业商品账户，税收账户细分为 8 个账户。

从相应的具体数据含义来看，表 6-4 中第一行表示的是本国产品的供给；第二行从左到右有数据的 7 个单元格分别表示商品的中间投入、居民消费、地方政府消费、出口、调出、固定资本形成及存货变动；第三行表示的是劳动要素补偿收入；第四行表示的是资本要素补偿收入；第五行从左到右有数

① 北京市人民政府．北京市人民政府关于印发《北京市“十四五”时期能源发展规划》的通知（京政发〔2022〕10 号）［J］．北京市人民政府公报，2022（29）：60.

据的3个单元格分别表示居民获得的劳动要素收入、资本要素收入、地方政府转移支付收入；第七行从左到右的有数据的3个表格分别表示地方政府获得的中央政府转移支付、从税收中获取的收入、固定资本形成；第八行从左到右有数据的两个单元格分别表示中央政府获得的地方政府上交收入以及获得的税收；第九行从左到右有数据的3个单元格分别表示产业税、产品税、收入税；第十行从左到右有数据的1个单元格表示进口；第十一行从左到右有数据的2个单元格分别表示省外调入以及省外的净投资；第十二行从左到右有数据的3个单元格分别表示居民储蓄、中央政府储蓄、国外储蓄；第十三行表示的是存货中用来投资的部分。

SAM表需要遵循收支相等的原则，也就是表6-4中为总计的横行和纵列。表格中的13组行列相等分别表示的是：总本国生产等于总生产成本；总市场供给等于总吸收；总劳动要素收入等于总劳动要素补偿；总资本要素收入等于总资本要素补偿；总居民收入等于总居民支出；总企业收入等于总企业支出；总地方政府收入等于总地方政府支出；总中央政府收入等于总中央政府支出；总获得的税收收入等于总税收对政府的补偿；总国外交换支出等于总国外交换获得；总国内其他地区交换支出等于总国内其他地区交换获得；最后两组行列合计表示的是总储蓄等于总投资，分开看则表示总固定资本账户储蓄等于总固定资本账户投资，总存货变动账户储蓄等于总存货变动账户投资。

本SAM表采取自上而下和自底而上相结合的方式进行编制，如表6-4所示，底纹为浅色填充的单元格的数据均采用自上而下的方法从2012年北京市投入产出表中获得；底纹为深色填充的单元格的数据均采用自底而上结合自上而下的方式获取，自底而上的数据来源于2013年中国财政年鉴、2013年税务年鉴等；底纹为星点状填充的单元格的数据则根据前两项数据并结合SAM表的账户收支相等的规则计算得出，底纹星点状填充的数据在标定顺序上采用自左向右、自上向下的规则。为方便后文对SAM表编制进行阐述，将T字形的投入产出表简表绘制如图6-5所示，并将每个部分分别标上序号。其中，中间投入共计42个产品，中间使用共计42个产品，因此A为一个42×42的矩阵，B、D、E、F 对应的是一个 41×1 的矩阵，G、H、I、J、K、M、N、O 对应的是一个 1×42 的矩阵。

表 6-4　2012 年北京市社会核算矩阵简表

分类	产业	产品	劳动	资本	居民	企业	地方政府	中央政府	税收	国外	省外	固定资本形成	存货变动	总计
产业		52511												52511
产品	34630				6252		4485			7078	64945	7087	379	124856
劳动	9023													9023
资本	5925													5925
居民			9023	5925			226							15174
企业														0
地方政府								568	2684			1515		4767
中央政府							56		4593					4649
税收	2931	3641			705									7277
国外		21468												21468
省外		47236										17709		64945
固定资本形成					8217			4081		14390				26688
存货变动												379		379
总计	52509	124856	9023	5925	15174	0	4767	4649	7277	21468	64945	26690	379	337662

资料来源：2012 年北京市投入产出表、2013 年中国财政年鉴、2013 年税务年鉴。

分类	中间投入	劳动者报酬	生产税净额	固定资产折旧	营业盈余
中间使用	A	B	D	E	F
居民消费支出	G				
政府消费支出	H				
固定资本形成总额	I				
存货增加	J				
出口	K				
国内省外流出	M				
进口	N				
国内省外流入	O				
总产出	P				

图 6-5　投入产出表结构图

6.2.2　产业及产品账户

产业横行与产品纵列交叉的单元格在更具体的项目中表示的是一个42×42的矩阵，其只有对角线上有数字，非对角线的单元格值均为0。对角线上的42个元素按顺序对应是投入产出表中P矩阵自上而下的42个值。

在产业的纵行上，中间投入是一个42×42的矩阵，该矩阵即为投入产出表中的A矩阵；劳动要素补偿收入对应的是投入产出表中的B矩阵；资本要素补偿收入对应的是投入产出表中的E+F矩阵；产业税部分则详见后文的税收账户部分。

在产品的横行上，居民消费对应的是投入产出表中的G矩阵；地方政府消费对应的是投入产出表中的H矩阵；出口对应的是投入产出表中的K矩阵；国内省外流出对应的是投入产出表中的M矩阵；以商品形式表示的固定资本形成对应的是投入产出表中的I矩阵；存货变动对应的是投入产出表中的J矩阵。

在产品的纵列上，产品税部分见后文税收账户部分；进口对应的是投入产出表中的N矩阵和总产品税矩阵的差值（商品的进口价值-进口商品的消费税-进口商品的增值税-进口商品的进口关税）；国内省外流入对应的是投入产出表中的 0 矩阵。

6.2.3　要素及机构账户

要素账户包括劳动要素账户、资本要素账户。劳动及资本要素纵列上的值等于两要素账户横行值的之和项（不包括总计项）。

机构账户包括居民账户、企业账户、地方政府账户、中央政府账户。

在居民账户的横行上，地方政府对居民的转移支付数据来自于《关于北京市 2012 年预算执行情况和 2013 年预算草案的报告》。在居民账户的纵列上，居民所缴纳的收入税见税收账户；居民的储蓄数据通过账户收支平衡得到（居民总收入–居民消费支出–居民缴纳的收入税）。

在地方政府账户的横行上，中央政府对地方政府的转移支付数据来自于《2013 年中国财政年鉴》中的 2012 年北京市公共财政预算收支决算总表；地方政府所获得的税收收入见后文税收账户；地方政府的投资通过账户收支平衡得到（地方政府总支出–地方政府税收收入–地方政府获得中央政府转移支付）。地方政府的纵列上，地方政府上中央政府的收入数据来源于《2013 年中国财政年鉴》中的 2012 年北京市公共财政预算收支决算总表。

在中央政府的横行上，中央政府的税收收入见后文税收账户。在中央政府的纵列上，中央政府的储蓄数据由账户收支平衡得到（中央政府总收入–中央政府对地方政府的转移支付）。

6.2.4　税收账户

税收账户细分为 8 个账户，分别为生产补贴账户、其他生产税账户、进口关税账户、进口商品消费税账户、进口商品增值税账户、国内商品增值税账户、国内商品消费税账户、收入税账户。税收账户相应收入、支出简表如表 6–5 所示。

表 6-5　税收账户简表

	生产补贴	其他生产税	进口关税	进口商品消费税	进口商品增值税	国内商品增值税	国内商品消费税	收入税
账户收入								
产业	-4242	6327				846		
产品			2476	67	745		352	
居民								704
账户支出								
地方政府	-4242	6327				317		281
中央政府			2476	67	745	529	352	423

资料来源：北京市 2012 年 SAM 表。

税收账户的账户收入从产业、产品、居民 3 个部门获得。生产补贴=投入产出表中各产业的生产税净额-各产业国内商品的消费税-各产业国内商品的增值税。其他生产税由营业税、企业所得税、资源税、固定资产投资方向调节税、城市维护建设税、房产税、印花税、城镇土地使用税、土地增值税、车船税、耕地占用税共同组成，获得总额后，按照各产业的生产税净额占总生产税净额的比例进行分配。进口关税的总额设定为 10%，关税总额=0.1×进口商品总价值，获得总额后，按照各产品进口价值占总进口价值的比例进行分配。进口商品的消费税=商品税总额-国内商品消费税，按照各产品进口价值占总进口价值的比例进行分配。这里，为方便计算，商品税总额=消费税+车辆购置税+烟叶税+契税。进口商品的增值税按照各产品进口价值占总进口价值的比例进行分配。国内商品的增值税=增值税总额-进口增值税，获得总额后，按照各产业的生产税净额占总生产税净额的比例进行分配。国内商品消费税=商品税总额×（本地最终使用合计-出口+流入）/（本地最终使用合计-出口+流入+进口），该等式中除商品税总额数据，其他数据均来自于投入产出表。获得国内商品消费税总额后，按照各产品的总投入占总产品总投入的比例进行分配，总投入即为投入产出表中中间投入、劳动者报酬、生产税净额、固定资产折旧、营业盈余 5 项之和。包括收入税在内，上述各项中，未做说明的数据均来源于《2013 年税务统计年鉴》。

税收账户的账户支出主要支出给地方政府以及中央政府。生产补贴、其他生产税均由地方政府获得，进口关税、进口商品消费税、国内商品消费税均由中央政府获得。国内商品增值税、收入税则分别分配给地方政府、中央政府。地方政府所获得的国内商品增值税、地方政府分配的收入税、中央政府分配的收入税均来自于《2013 年税务统计年鉴》。中央政府分配的国内商品增值税=总国内商品增值税-地方政府分配的国内商品增值税。

6.2.5　国外、省外及投资账户

在国外账户的纵列上，国外储蓄为通过账户收支平衡得到（国外储蓄=国外账户总收入-出口）。在省外账户的横行上，省外对北京市投资通过账户收支平衡得到（省外固定资产投资=省外账户总支出-省外流入）。投资账户分为固定资产账户及存货变动账户，固定资产投资与存货变动的交叉项由账户收支平衡得到。

6.2.6　环境外挂板块

社会核算矩阵（SAM 表）是 CGE 模型的基础。此外，本书根据北京市能源平衡表、能源终端消费表以外挂的方式拓展出能源板块。根据 2012 年环境统计年鉴以及能源排放系数以外挂的方式拓展出环境板块 。CO_2 相关排放系数整合自 IPCC 报告。煤炭排放系数为 27724.99 吨/万吨标准煤，成品油排放系数为 21482.47 吨/万吨标准煤，气排放系数为 16441.56 吨/万吨标准煤。SO_2 排放系数则结合当年北京市 SO_2 排放量。NO_X、SO_2 排放系数整合自国内外文献，其中 SO_2 排放系数结合 2012 年北京市 SO_2 排放数据进行了调整。本模型中所取系数如表 6-6 所示。

表 6-6 氮氧化物及硫化物排放系数

分类	NO_X		SO_2	
	其他	电力行业	生产端	消费端
成品油（kg/t）	50	50	18.02	54.60
煤炭（kg/t）	7.5	11.8	19.89	60.24
气（$10^{-4}kg/m^3$）	20.8	41		

资料来源：Emission inventory and trends of NOx for China，2000—2020 年；《亚洲地区的能源利用与地球环境》。

6.2.7 农村居民账户拓展

根据 2012 年北京市统计年鉴，将北京市农村居民划分为 5 个层级，分别为低收入、中低收入、中等收入、中高收入、高收入，分别对应家庭收入中 20%分位以下家庭、20%~40%分位家庭、40%~60%分位家庭、60%~80%分位家庭、80%~100%分位家庭。

农村居民家庭的支出部分由消费支出、储蓄、税收 3 个部分构成。消费部分，本文根据 2012 年北京统计年鉴的《3000 户农民家庭平均每人年生活消费支出》（以下简称《消费支出》）获得。具体处理上，根据表格相应项目对应北京市 SAM 表的 42 个品类的商品（《消费支出》没有注明的商品按照不同层次农村居民总消费支出的比例处理，并归类为其他商品），以此获得不同收入层次在某种商品上的支出比例，即获得一个 5×42 的系数矩阵 A（见表 6-7）。之后，将系数矩阵乘以原 SAM 表中的农村居民消费支出矩阵 B，即能得到不同层次居民的消费支出。某层次农村居民的税收由农村居民总税收乘以该收入层次居民收入占总农村居民收入的比例。最后，储蓄则由“居民收入-消费支出-税收”得到。

农村居民家庭的收入部分由地方政府转移支付收入、工资收入、资本收入构成，这部分数据由 2012 年北京统计年鉴中的《3000 户农村居民家庭平均每人年纯收入》获得。该表中，生产性收入对应每人每年工资收入，转移性收入对应每人每年地方政府转移收入，财产性收入对应每人每年资本收入。2012 年北京市农村常住人口总计为 285.6 万人，不同层次人数均为 57.12 万人，由此可得不同层次农村居民家庭收入端的各项数据。

表 6-7　不同居民对不同产品的消费系数

部门划分	低收入	中低收入	中等收入	中高收入	高收入
食品和烟草	0. 14	0. 16	0. 19	0. 23	0. 28
纺织服装鞋帽皮革羽绒及其制品	0. 10	0. 13	0. 19	0. 23	0. 35
房地产	0. 17	0. 19	0. 18	0. 20	0. 26
燃料（煤、油、气、电）	0. 14	0. 19	0. 19	0. 21	0. 27
煤炭采选产品	0. 24	0. 31	0. 38	0. 48	0. 63
电力、热力的生产和供应	0. 05	0. 06	0. 07	0. 08	0. 11
燃气生产和供应	0. 25	0. 33	0. 39	0. 39	0. 47
石油、炼焦产品和核燃料加工品	0. 10	0. 06	0. 14	0. 17	0. 23
批发和零售	0. 14	0. 16	0. 19	0. 23	0. 29
卫生和社会工作	0. 14	0. 18	0. 22	0. 21	0. 26
交通运输设备	0. 14	0. 09	0. 20	0. 24	0. 33
通信设备、计算机和其他电子设备	0. 11	0. 14	0. 18	0. 23	0. 35
信息传输、软件和信息技术服务	0. 13	0. 16	0. 20	0. 22	0. 30
交通运输、仓储和邮政	0. 11	0. 14	0. 17	0. 22	0. 37
文化、体育和娱乐	0. 10	0. 11	0. 17	0. 22	0. 40
其他	0. 13	0. 16	0. 19	0. 22	0. 30

6. 3　模型介绍及燃油税影响的理论推导①

6. 3. 1　模型架构

本章参考国内外关于 CGE 模型的文献，构建北京市 3E-CGE-BJ（Energy Economic Environment CGE model Beijing）模型进行分析。模型囊括进了商

① 本部分英文版于 2022 年 1 月发表在 *Letters in Spatial and Resource Sciences*，内容有修改。

品及要素市场，包括生产模块、贸易模块、居民模块、政府模块、企业模块、税收模块、劳动资本要素模块、均衡模块以及环境模块。商品及产业部门划分为42个，并进一步划分为能源产品/产业及非能源产品/产业。要素市场则划分为劳动要素及资本要素。模型整体架构如图6-6所示：

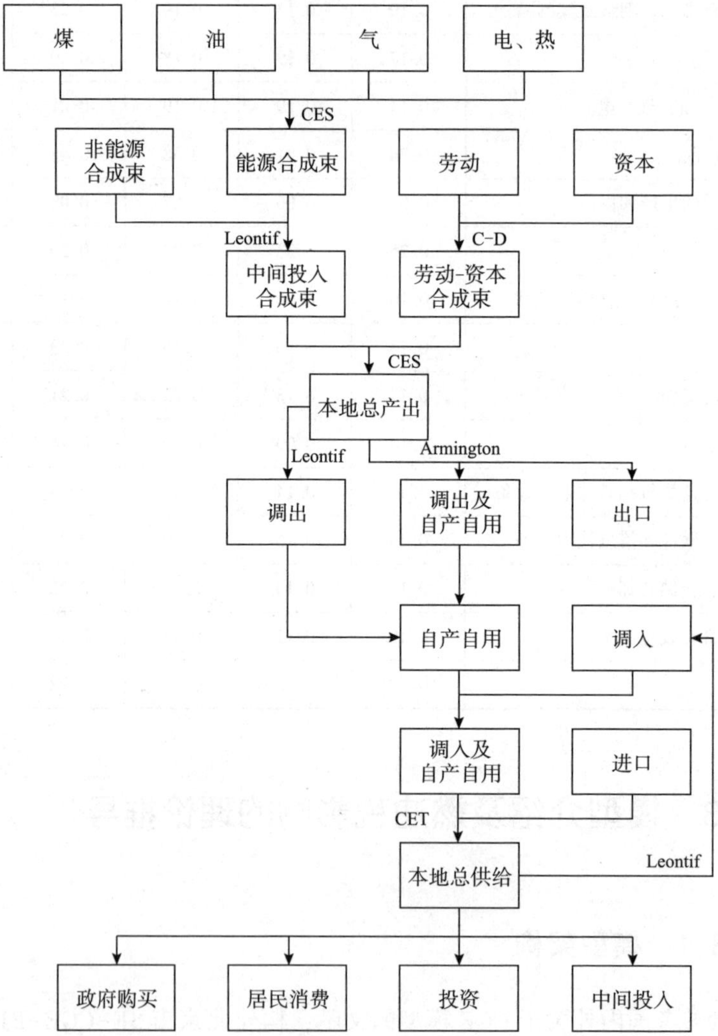

图6-6 模型框架

6.3.2　模型介绍

生产模块：生产模块采用嵌套模式设计。如图6-6所示，自上而下看，第一层分为两个部分，第一部分为煤、油（成品油）、气、电及热5种能源品，根据CES函数合成能源合成束，第二部分为非能源中间投入根据Leontif函数合成非能源合成束；第二层分为两个部分，第一部分为非能源合成束和能源合成束根据Leontif函数合成中间投入合成束，第二部分为劳动和资本要素根据C-D函数合成劳动-资本合成束；第三层为中间投入合成束和劳动-资本合成束根据CES函数合成本地总产出。

贸易模块：贸易模块分为两个部分，第一部分是根据本地产出得到调出、出口、自产自用的商品数：本地产出按照固定比例分配，得到调出额，此外本地产出根据CET函数分配商品给出口、调出及自产自用合成束，由此得到自产自用的商品额；第二部分是调入、进口、自产自用合成本地商品总供给：调入商品额占本地总供给固定比例，调入和自产自用合成调入及自产自用合成束，调入及自产自用合成束同进口按照Armington函数合成本地总供给。

居民模块：居民模块分为居民支出及收入两个部分。居民支出由消费、储蓄、收入税3个部分构成，居民使用Lenotif函数分配收入。居民收入则包括劳动要素收入、资本要素收入、企业对居民的转移支付、地方政府对居民的转移支付。此外居民部门总收入应该等于居民部门总支出。

政府模块：本模型将政府分为地方政府及中央政府。地方政府的收入由企业的转移支付、中央政府的转移支付、税收收入以及地方政府债务组成。地方政府的支出由地方政府消费、地方政府对居民的转移支付，以及地方政府的储蓄组成，地方政府按固定比例分配其支出。地方政府收入等于支出。中央政府的收入由企业的转移支付、地方政府上解中央政府收入以及税收收入组成。中央政府支出由中央政府消费、中央政府对居民的转移支付以及中央政府的储蓄组成，中央政府按固定比例分配其支出。中央政府收入与支出相等。

企业模块：由于假定市场为完全竞争市场，因此企业收入为资本收入。

企业支出则包括对居民、地方政府、中央政府转移支付以及企业储蓄，企业按固定比例分配其支出。

税收模块：本文共涉及包括生产补贴在内的8种税收。这里，每种税收均按照基期的固定比例进行征收。而本文所模拟的燃油税征收则按照从价税的方式，对具体商品征收。之后税收按照固定分配方式流向地方政府及中央政府，具体分配方式结合SAM表及实际情况决定。

要素模块：各部门劳动、资本要素的收入由生产函数推导出，所有部门劳动、资本收入即为劳动、资本要素总收入。劳动要素总收入流入居民部门，资本要素总收入则按照比例分别流入居民部门、企业部门。

均衡模块：本模型采用古典主义宏观闭合，假设工资为内生变量，能够实现充分就业，因此能够实现劳动市场均衡；资本市场方面，假设资本价格内生，资本能够实现自由流动，因此能够实现资本市场均衡。此外，均衡模块还包括商品市场均衡，商品的总供给等于总需求，即市场能够实现出清。

环境模块：通过编制能源实物量表能够得到SAM表中货币实物量和能源实物量的转换关系，通过各污染物排放系数，即可得到环境模块中CO_2、SO_2、NOx的排放额。

福利模块：模型选取消费者价格指数（PUY）及居民福利（UY）两个指标度量福利情形。PUY按照CES函数根据各个商品的价格进行合成，UY按照CES函数根据各个商品的消费量进行合成，二者的份额参数均由居民在各个商品上的支出系数决定。

6.3.3 模型理论推导

本部分以燃油税为例，介绍模型如何推导能源结构优化政策对节能减排和宏观经济的影响。

6.3.3.1 节能减排原理

——在生产及进口环节

设燃油税税率为*POIL*（*CC*）或*POIL*（*PS*）或*POIL*（*CCEN*），分别对应进口环节燃油税及消费环节中终端部门燃油税、生产环节燃油税、消费环节燃油税。在 *CC* 表示除石油、炼焦产品和核燃料加工部门（以下按照 SAM 表部门顺序简称 11 部门）产品之外的产品时，*POIL*（*CC*）的值均为 0；在 *PS* 表示除 11 部门之外的部门时，*POIL*（*PS*）的值均为 0；在 *CCEN* 表示除 11 部门产品之外的产品时，*POIL*（*CCEN*）的值均为 0。

对于生产成品油 11 部门来说，税率 *POIL*（*PS*）的提升导致了生产活动成本 *CX*（*PS*）下降，也因此使得生产水平下降，成品油的产出减少。

对于进口环节来说，进口产品和调入及自产自用产品合成本地总供给时：

Subject to

$$QC(CC) = AA(CC) \times (delta(CC) \times QDDIMP(CC)^{sa(CC)} + (1 - delta(CC)) \times IIMP(CC)^{sa(CC)})^{\frac{1}{sa(CC)}} \tag{1-1}$$

Min

$$PC(CC) \times QC(CC) - \sum_{CC} PQDDIMP(CC) \times QDDIMP(CC) - \sum_{CC} (PIIMP(CC) + POIL(CC)) \times IIMP(CC) \tag{1-2}$$

解得：

$$QDDIMP(CC) = \frac{QC(CC)}{AA(CC)} \times \left(\frac{delta(CC) \times AA(CC) \times PC(CC)}{PQDDIMP(CC)}\right)^{sa(CC)} \tag{1-3}$$

$$IIMP(CC) = \frac{QC(CC)}{AA(CC)} \times \left(\frac{(1 - delta(CC)) \times AA(CC) \times PC(CC)}{PIIMP(CC) + POIL(CC)}\right)^{sa(CC)} \tag{1-4}$$

由此可见，随着进口环节的燃油税税率提升，进口成品油将会减少。

——在消费环节

生产厂商合成能源合成束时：

Subject to

$$UEN(PS) = APEN(PS) \times \left[\sum_{CCEN} betaen(CCEN, PS) \times QXEN(CCEN, PS)^{spen(PS)}\right] \frac{1}{spen(PS)} \tag{1-5}$$

Max

$$UEN(PS) \times CXEN(PS) - \sum_{CCEN} (PQXEN(CCEN) + POIL(CCEN)) \times QXEN(CCEN, PS) \quad (1-6)$$

解得：

$$QXEN(CCEN, PS) = \left(\frac{UEN(PS) \times betaen(CCEN, PS)}{APEN(PS)} \times \frac{APEN(PS) \times CXEN(PS)}{PQXEN(CCEN) + POIL(CCEN)}\right)^{spen(PS)} \quad (1-7)$$

此外，得到由 PQXEN(CCEN) 表示的 CXEN（PS）：

$$CXEN(PS) = \frac{1}{APEN(PS)} \times \left(\sum_{CCEN} (PQXEN(CCEN) + POIL(CCEN))^{1-spen(PS)}\right)^{\frac{1}{1-spen(PS)}} \quad (1-8)$$

由此可见，随着燃油税税率的提高，厂商合成能源合成束时，该环节的边际生产成本 *CXEN*（*PS*）上升。厂商对于成品油的需求相应会下降，其他能源品种则受到替代效应的正向影响，需求得到一定程度的提升。总体来看，能源品的价格将会上涨。

终端消费者消费按比例分配其支出。

$$HHCM(CC, HH) = \frac{alphah(CC, HH) \times HHE(HH)}{PC(CC) + PCOIL(CC)} \quad (1-9)$$

由此可见，随着燃油税税率的提高，终端消费者对燃油的消费量会下降。

6.3.3.2 经济影响原理

无论生产及进口环节还是消费环节，燃油税的征收均会导致生产价格 *PX*（*PS*）上升。在居民收入不变的情况下，将导致居民购买力减弱，因此实际消费量将会减少。该轮需求减少，反映到生产厂商端，厂商将会缩减产出，其对于劳动及资本要素的需求将会减少。根据均衡假设，劳动力及资本两要素最终达到出清状态，因此劳动及资本价格将会下降，并使得居民收入减少，居民实际购买力再次减弱。如此循环，最终在供需的相互作用下，经济系统重新达到供需平衡状态。

——生产及进口环节

根据上文推论，生产及进口环节征收燃油税导致成品油供给减少，进而将会使得成品油价格上升。根据式（1-8）、式（1-9），考虑能源替代效应，其他能源品种需求将会上升，进而导致整体能源价格上升。假设生产厂商被动接受能源整体价格变化，但是中间投入未发生变化。*QX*（*CC*，*PS*）、*U*（*PS*）相对于基准情形不变，根据式（1-10）中间投入合成束价格 *PU*（*PS*）上升，上升幅度取决于能源中间投入的大小。

$$PU(PS)=\frac{\sum_{CC} QX(CC,\ PS)\times PC(CC)}{U(PS)} \tag{1-10}$$

对于中间投入合成束与劳动-资本要素合成束合成最终产品时。随着 *PU*（*PS*）上升，边际生产成本 *CX*（*PS*）上升。而根据零利润假设，产品生产价格 *PX*（*PS*）随之上升，而其上升的幅度依赖于该生产厂商的能源中间投入占比、*AP*（*PS*）生产的规模系数、替代弹性系数 *sp*（*PS*），以及份额参数 *beta*（*PS*）等变量。不同产品的价格涨幅不同决定了不同产品的竞争力出现差异。

——消费环节

根据上文的分析，能源整体价格上升，假设生产厂商被动接受能源整体价格变化，但是中间投入未发生变化。根据式（1-10），*PU*（*PS*）同样将会上升。同理，产品生产价格 *PX*（*PS*）上升，不同产品的价格涨幅不同决定了不同产品的竞争力出现差异。

$$PU(PS)=\frac{\sum_{CC} QX(CC,\ PS)\times [PC(CC)+POIL(CC)]}{U(PS)} \tag{1-11}$$

6.4　燃油税政策模拟分析

6.4.1　实验设计

社会核算矩阵（SAM 表）是 CGE 模型的基础。本书以 2012 年北京市投入产出表为基础，并结合北京市 2012 年财政数据、2012 年税收统计年鉴，编制北京市 2012 年 SAM 表。此外，本书根据北京市能源平衡表、能源终端消费表以外挂的方式拓展出能源板块。根据 2012 年环境统计年鉴以及能源排放系数，以外挂的方式拓展出环境板块。CO_2 相关排放系数整合自 IPCC 报告。煤炭排放系数为 27724.99 吨/万吨标准煤；成品油排放系数为 21482.47t/10^4tce，气排放系数为 16441.56 t/10^4tce。NO_X、SO_2 排放系数整合自国内外文献（见表 6-8），其中 SO_2 排放系数结合 2012 年北京市 SO_2 排放数据进行了调整。

表 6-8　NO_X 及 SO_2 排放系数

分类	NO_X		SO_2	
	其他	电力行业	生产端	消费端
成品油（kg/t）	50	50	18.02	54.60
煤炭（kg/t）	7.5	11.8	19.89	60.24
气（10^{-4}kg/m^3）	20.8	41		

资料来源：Emission inventory and trends of NOx for China，2000—2020 年；《亚洲地区的能源利用与地球环境》。

本书以 0.2 元/升为间隔，模拟从 0.2 元/升到 5 元/升的不同环节新增燃油税的政策情形。值得注意的是，由于在 SAM 表中无法区分开柴油和汽油，因此本书从量征收的燃油税为对组合油品征收的税收。赖明勇等（2008）在模拟征税时，考虑到了柴油、汽油的区分，但是将固定税额放入 CGE 模型中进行模拟运行①。固定税额等于模拟年份柴油、汽油的使用量乘以燃油税税率。这种方法容易产生较大误差，燃油税施行后，燃油使用量必然下降，同时燃油价格也将出现变化。

得到模拟结果后，本书通过数据可视化的方式将结果进行对比。主要关注如下方面：①不同宏观指标和燃油税税率之间的关系；②不同污染物和燃油税税率之间的关系；③不同环节燃油税征收效果的异同；④燃油税征收对不同产业的影响。

---

① 赖明勇，肖皓，陈雯，等．不同环节燃油税征收的动态一般均衡分析与政策选择[J]．世界经济，2008（11）：65-76.

6.4.2　模拟分析

6.4.2.1　对宏观经济的影响

(1) 生产及进口环节

随着燃油税税率的提升，GDP 呈现固定比例下降的趋势，且 GDP 对于燃油税具有较高的敏感性，当新增燃油税为 5 元/升时，GDP 下降达到 2.69%。GDP 下降的原因是，生产及进口环节燃油税税率的提升将导致能源价格水平的抬升，并进一步推升所有经济产品价格水平的上升，因此将会造成成本推动型经济冲击。与文献相比，本书得到的 GDP 影响率过高。原因是，首先，本书主要基于北京市进行研究，与全国相比，经济体量较小。其次，不同于文献使用固定税额总量的研究，本书的模拟操作针对价格进行变动，影响更为巨大，也更符合实际情形。

随着燃油税税率的提升，居民福利（UY）呈现出按照近似固定比例下降的趋势。当新增税率在 0.2～5 元/升时，居民福利下降达到了 0.31%～6.17%。消费者价格水平（PUY）上升以及居民收入（HHY）下降均对居民福利下降有所贡献。如图 6-7 所示，首先，PUY 呈现出阶梯式上升的趋势，从 0.4 元/升开始，税率每提高 0.6 元/升，PUY 将提高 0.23%；其次，随着燃油税的提高，劳动及资本收入不断下降，因此导致居民收入下降，当新增燃油税在 0.2～5 元/升的时候，居民收入下降了 0.23%～4.45%。

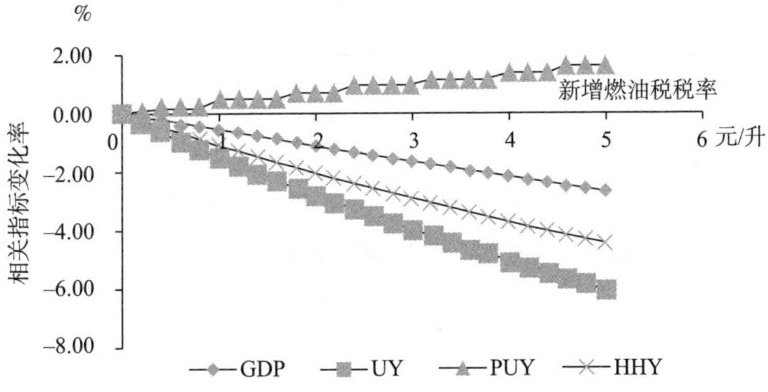

图 6-7　生产及进口环节燃油税对宏观经济的影响

值得注意的是，GDP 的下降和 PUY 的上升同时出现，意味着经济中出现了滞胀。这也符合历次石油冲击所造成的经济结果。

（2）消费环节

和生产及进口环节相同，在消费环节随着新增燃油税税率的提升，GDP 及居民福利（UY）均同步下降。但消费环节征税相对更为温和，GDP 及 UY 的降幅要比生产及进口环节低。以燃油税税率为 5 元/升时为例，对生产及进口环节征收时，GDP、UY 分别降低了 2.69%、6.07%；对消费环节征收时，GDP、UY 分别降低了 2.06%、5.07%。

此外，对消费环节征税时，消费者价格指数（PUY）呈现出下降的趋势。当新增税率在 0.8～3 元/升时，PUY 下降 0.23%；当新增税率在 4～5 元/升时，PUY 下降 0.46%。PUY 下降是由于消费环节征税一部分税收直接来自于消费者消费，直接降低了消费者的可支配收入，因此导致总体需求减少，最终导致整体价格水平下降（见图 6-8）。

与生产及进口环节出现滞胀不同，消费环节征税将会导致经济出现萧条，GDP 和 PUY 同时下降。

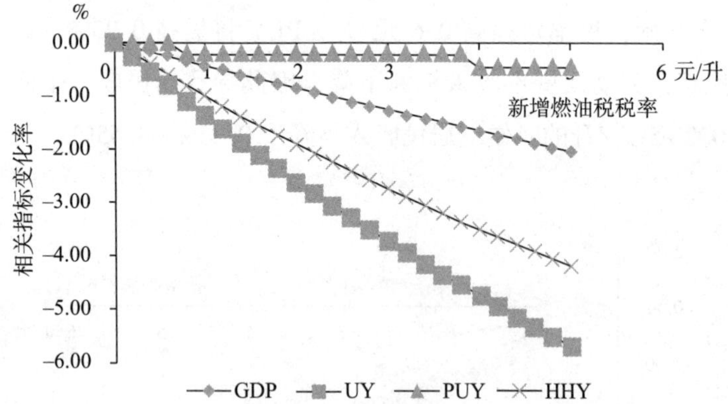

图 6-8　消费环节燃油税对宏观经济的影响

6.4.2.2　对大气污染物的影响

（1）生产及进口环节

新增燃油税税率对 CO_2、NO_X、SO_2 具有较强的抑制作用。但随着税率的增加，税率的边际抑制效率逐渐降低。当新增燃油税在 0.2～5 元/升的时候，CO_2、NO_X、SO_2 的下降幅度分别为 0.62%～8.87%、0.98%～13.74%、0.86%～12.92%；当新增燃油税为 0.2 元/升时，相应的 CO_2、NO_X、SO_2 边际下降率分别为 2.8%、4.36%、3.91%；而当新增燃油税为 0.48 元/升时，相应的 CO_2、NO_X、SO_2 边际下降率分别为 1.05%、1.53%、1.62%（见图 6-9）。

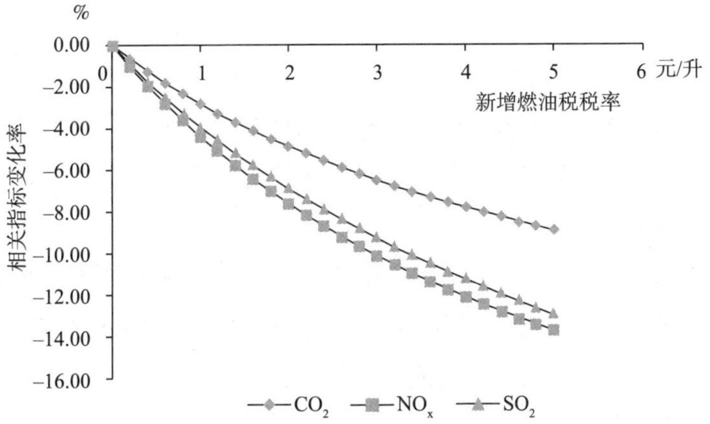

图 6-9　生产及进口环节燃油税的减排效应

CO_2、NO_X、SO_2 在本书所构建的模型来源于化石能源，煤油气的燃烧、使用。因此，CO_2、NO_X、SO_2 的下降来源于能源使用的抑制。从图 6-10 中可以看出，污染物下降贡献来源于成品油使用的大幅下降，当新增燃油税为 5 元/升时，降幅达到了 36.69%。而煤炭、气、电热的使用则由于能源的替代效应不减反升。气的总消耗大幅度上升，其原因是气本身的消费量较小，因此涨幅呈现得较大，当新增燃油税为 0.2～5 元/升时，涨幅为 0.77%～15.31%。同样情况下，电热及煤炭的涨幅分别为 1.1%～21.83%、0.46%～6.65%。

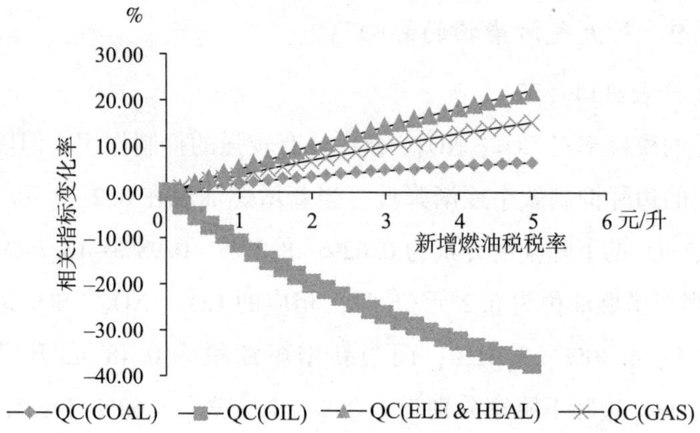

图 6-10 生产及进口环节燃油税对能源消费的影响

新增燃油税税率对 NO_X 的抑制作用要大于 CO_2、SO_2。NO_X 的主要污染源来自于成品油的使用。此外，CO_2、SO_2 则来自于煤、油、气 3 种化石能源的消耗，且煤的排放系数要高于油，因此煤炭使用的不减反升导致了 CO_2、SO_2 相对较小的降幅。

北京市能源“十三五”规划中明确提出要抑制煤炭的消费，因此从组合政策的角度来看，在新增燃油税之后，还需要施行政策措施抑制煤炭消费，将北京市能源结构更多地向清洁能源方向转型。

（2）消费环节

与生产及进口环节征税相同，消费环节征税均导致 CO_2、NO_X、SO_2 排放的减少，且燃油税税率的边际抑制效应不断下降。但是消费环节的抑制效果要稍弱于生产及进口环节。以 5 元/升为例，生产及进口环节征税的 CO_2、NO_X、SO_2 降幅分别为 8.87%、13.74%、12.92%，而消费环节 CO_2、NO_X、SO_2 的降幅分别为 8.59%、13.15%、12.48%（见图 6-11）。

与生产及进口环节征税相同，消费环节征税污染物的减少来源于油使用的减少。以 5 元/升为例，油的消费量下降了 34.59%。同时，其他能源，如煤炭、电热、气，由于能源替代效应，消费量均有所增加，税率在 0.2~5 元/升时，煤炭、电热、气消费量分别上升了 6.05%、20.74%、14.50%，小于同情形下生产及进口环节征税（见图 6-12）。

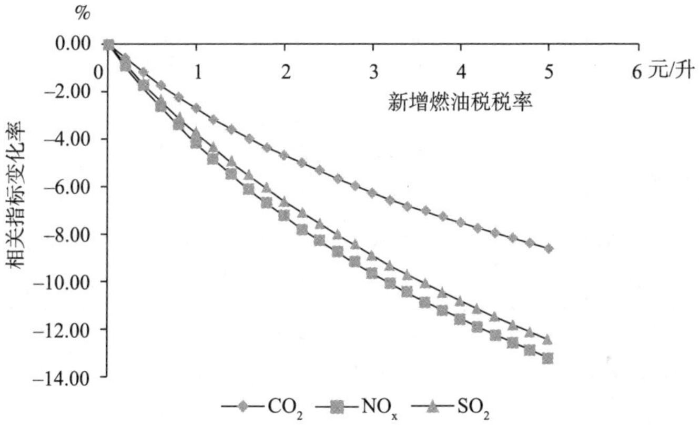

图 6-11　消费环节燃油税的减排效应

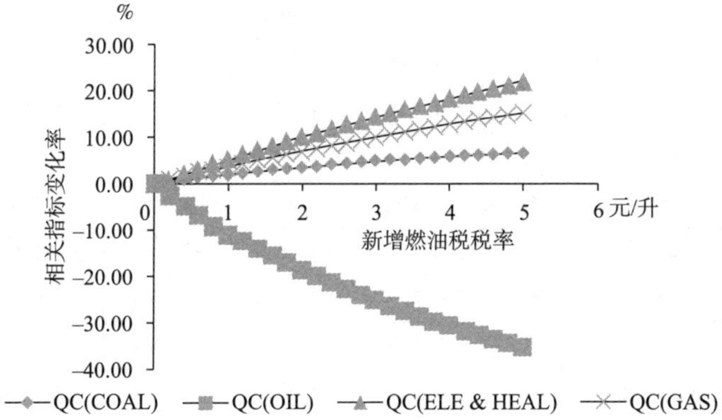

图 6-12　消费环节燃油税对能源消费的影响

6.4.2.3　对不同产业产值的影响

（1）生产和进口环节

如表 6-9 所示，在燃油税影响下，以产值影响效应的不同及背后的原理为标准，可以把产业部门分为五类。

表 6-9　生产及进口环节燃油税对不同产业产值的影响　　单位：元/升

部门划分	燃油税				
	0.2	1.4	2.6	3.8	5
金属矿采选产品	-1.48%	-8.91%	-14.55%	-19.04%	-22.73%
石油和天然气开采产品	-1.58%	-9.09%	-14.31%	-18.11%	-20.94%

续表

部门划分	燃油税				
	0.2	1.4	2.6	3.8	5
废品废料	-0.47%	-3.02%	-5.16%	-7.02%	-8.67%
金属冶炼和压延加工品	-0.39%	-2.52%	-4.35%	-5.98%	-7.44%
租赁和商务服务	-0.37%	-2.41%	-4.17%	-5.72%	-7.11%
金融	-0.36%	-2.32%	-4.00%	-5.46%	-6.75%
批发和零售	-0.36%	-2.30%	-3.93%	-5.35%	-6.59%
交通运输设备	-0.34%	-2.17%	-3.71%	-5.06%	-6.25%
木材加工品和家具	-0.33%	-2.12%	-3.62%	-4.93%	-6.09%
金属制品、机械和设备修理服务	-0.31%	-2.00%	-3.46%	-4.73%	-5.85%
纺织品	-0.30%	-1.96%	-3.40%	-4.67%	-5.81%
居民服务、修理和其他服务	-0.29%	-1.91%	-3.35%	-4.64%	-5.80%
水的生产和供应	-0.30%	-1.95%	-3.35%	-4.58%	-5.67%
房地产	-0.30%	-1.90%	-3.25%	-4.42%	-5.46%
信息传输、软件和信息技术服务	-0.30%	-1.87%	-3.19%	-4.32%	-5.31%
住宿和餐饮	-0.25%	-1.66%	-2.91%	-4.03%	-5.05%
通信设备、计算机和其他电子设备	-0.27%	-1.72%	-2.97%	-4.06%	-5.04%
食品和烟草	-0.25%	-1.66%	-2.89%	-3.98%	-4.97%
其他制造产品	-0.24%	-1.58%	-2.77%	-3.83%	-4.80%
非金属矿和其他矿采选产品	-0.30%	-1.82%	-2.99%	-3.93%	-4.70%
化学产品	-0.24%	-1.54%	-2.70%	-3.73%	-4.68%
建筑	-0.27%	-1.67%	-2.81%	-3.78%	-4.63%
纺织服装鞋帽皮革羽绒及其制品	-0.24%	-1.54%	-2.67%	-3.67%	-4.57%
电气机械和器材	-0.23%	-1.50%	-2.59%	-3.55%	-4.40%
造纸印刷和文教体育用品	-0.21%	-1.40%	-2.47%	-3.46%	-4.36%
通用设备	-0.23%	-1.47%	-2.53%	-3.45%	-4.28%
农林牧渔产品和服务	-0.20%	-1.34%	-2.38%	-3.33%	-4.21%
金属制品	-0.21%	-1.39%	-2.43%	-3.35%	-4.19%
专用设备	-0.18%	-1.21%	-2.17%	-3.07%	-3.91%
仪器仪表	-0.16%	-1.08%	-1.96%	-2.80%	-3.59%
非金属矿物制品	-0.16%	-1.02%	-1.72%	-2.31%	-2.84%
科学研究和技术服务	-0.05%	-0.42%	-0.86%	-1.32%	-1.79%

续表

部门划分	燃油税				
	0.2	1.4	2.6	3.8	5
文化、体育和娱乐	-0.01%	-0.19%	-0.49%	-0.85%	-1.22%
水利、环境和公共设施管理	0.01%	-0.03%	-0.21%	-0.44%	-0.71%
教育	0.03%	0.06%	-0.06%	-0.26%	-0.49%
交通运输、仓储和邮政	-0.03%	-0.09%	-0.05%	0.07%	0.23%
卫生和社会工作	0.08%	0.39%	0.48%	0.46%	0.38%
公共管理、社会保障和社会组织	0.12%	0.63%	0.89%	1.00%	1.02%
石油、炼焦产品和核燃料加工品	0.05%	0.55%	1.25%	2.03%	2.83%
煤炭采选产品	0.51%	3.16%	5.23%	6.89%	8.22%
燃气生产和供应	0.78%	5.12%	8.99%	12.49%	15.69%
电力、热力的生产和供应	1.03%	6.72%	11.71%	16.18%	20.23%

资料来源：3E-CGE-BJ 模型模拟结果。

第一类，能源类部门，指石油、炼焦产品和核燃料加工业，煤炭采选业，燃气生产和供应业，以及电力、热力的生产和供应业，这 4 种能源部门的产值呈现明显上涨的趋势，当新增燃油税税率在 0.2~5 元/升时，四部分涨幅区间分别为 0.05% ~ 2.83%、0.51% ~ 8.22%、0.78% ~ 15.69%、1.03% ~ 20.23%。根据上文分析，除石油、炼焦产品和核燃料加工业外，其他三部门均由于替代效应，总消耗得到了较大提升。此外，煤炭及燃气价格均出现上升的情形，因此煤炭采选业、燃气生产和供应业产值总消耗均出现增加。而电热组合商品价格虽然下降，但幅度不大，燃油税提升至 1.6 元/升之前，电热组合商品价格不变，为 1 元/升，提升 1.6 元/升之后，电热组合商品价格才下降为 0.99 元/升，也因此电力、热力的生产和供应业产值上升。石油、炼焦产品和核燃料业价格上升幅度居 42 个行业之首，价格的大幅上升导致其产值上升。当新增燃油税为 0.2 元/升时，该行业商品价格涨幅已经达到了 3%；5 元/升时，涨幅已经达到了 82%，因此产值出现上升的趋势。

第二类，地方政府消费量较大的服务业，指科学研究和技术服务业，文化、体育和娱乐业，水利、环境和公共设施管理业，教育，卫生和社会工作服务业，公共管理、社会保障和社会组织业，共计 6 个部门。由于燃油税的增加，政府部门税收增多。根据投入产出表，地方政府在这 6 个部门均有支出。因此，这 6 个部门的政府支出均有较大幅度的增加，也因此抵消了部分居民需求减弱、成本提高带来的影响。除第一类能源部门及交通运输、仓储和邮政业外，第二类行业是产值减损最小的 6 个行业，甚至部分行业出现了产值不减反增现象。以地方政府消费量最大的公共管理、社会保障和社会组织业为例，当新增燃油税税率为 0.2 元/升时，该行业产值增幅为 0.12%；当新增燃油税税率为 5 元/升时，产值增幅为 1.02%。

第三类，不包括第二类服务业的其他服务业，包括租赁和商务服务业，金融业，批发和零售业，居民服务、修理和其他服务业，房地产业，信息传输、软件和信息技术服务业，住宿和餐饮业，共计 7 个部门，受到影响较大，均位于产值降幅的前 16 名中。当新增燃油税税率为 5 元/升时，7 个部门的降幅为 5.05%~7.11%。该类型部门具有的特征是，其在经济系统中处于较为下游的位置，因此由于燃油税税率增加使其需求减少的幅度要大于供给成本增加导致供给减少的幅度。体现在经济系统中，是这 7 个部门的价格均出现下降的趋势。也因此，在价格以及产出双重下降的作用下，第三类的 7 个部门的产值均出现下降的趋势，且下降幅度大于部分第二产业。

第四类，成品油上下游产业。成品油上游产业为石油和天然气开采业。该产业受制于成品油需求量的下降以及能源成本的上升，出现了大幅度的衰退，当新增燃油税税率为 0.2 元/升时出现了 1.58%的降幅，5 元/升时降幅为 20.94%。成品油最大的需求行业为交通运输、仓储和邮政业。该行业消费的成品油超过总需求量的 50%，成品油的高涨幅价格效应导致交通运输、仓储和邮政产品价格同样出现高涨，且在所有产品的价格涨幅中仅次于石油、炼焦产品和核燃料加工品，0.2 元/升的新增燃油税带来 1%的价格涨幅，5 元/升的新增燃油税带来 13%的价格涨幅。也因此，当燃油税税率超过 3.2 元/升的时候，该部门总产值高于基期。

第五类，为不包括上文提及的第二产业及农林牧渔业，共计 23 个部门。

由于燃油税提高，这23个部门产值均出现下降，且大致来看，与金属相关的重工业降幅大于轻工业降幅，轻工业降幅大于高端制造业降幅。三者均是耗能产业，但是所依赖的能源结构不同，与金属相关的重工业及轻工业较为依赖一次能源，而高端制造业更为依赖电力。

整体来看，生产及消费环节燃油税的征收并不会促进经济结构向第三产业转型。因此，地方政府应该将部门获得税收收入转移支付给需要低能耗的产业。

（2）消费环节

表6-10　消费环节燃油税对不同产业产值的影响　　单位：元/升

部门划分	燃油税				
	0.2	1.4	2.6	3.8	5
石油、炼焦产品和核燃料加工品	-2.14%	-13.05%	-21.51%	-28.29%	-33.88%
金属矿采选产品	-1.45%	-8.83%	-14.53%	-19.11%	-22.90%
石油和天然气开采产品	-1.03%	-6.30%	-10.37%	-13.61%	-16.22%
废品废料	-0.50%	-3.22%	-5.53%	-7.55%	-9.34%
金属冶炼和压延加工品	-0.44%	-2.84%	-4.92%	-6.76%	-8.42%
交通运输设备	-0.38%	-2.44%	-4.21%	-5.77%	-7.15%
木材加工品和家具	-0.38%	-2.44%	-4.21%	-5.76%	-7.13%
租赁和商务服务	-0.35%	-2.25%	-3.92%	-5.40%	-6.73%
信息传输、软件和信息技术服务	-0.36%	-2.33%	-3.99%	-5.44%	-6.72%
批发和零售	-0.36%	-2.30%	-3.97%	-5.42%	-6.72%
建筑	-0.37%	-2.33%	-3.98%	-5.40%	-6.65%
金融	-0.34%	-2.22%	-3.83%	-5.26%	-6.52%
非金属矿和其他矿采选产品	-0.38%	-2.39%	-4.01%	-5.36%	-6.50%
房地产	-0.34%	-2.18%	-3.77%	-5.15%	-6.38%
通信设备、计算机和其他电子设备	-0.30%	-1.95%	-3.37%	-4.63%	-5.76%
纺织品	-0.29%	-1.86%	-3.24%	-4.47%	-5.58%
金属制品、机械和设备修理服务	-0.28%	-1.82%	-3.16%	-4.35%	-5.40%
水的生产和供应	-0.27%	-1.75%	-3.03%	-4.17%	-5.19%

续表

部门划分	燃油税				
	0.2	1.4	2.6	3.8	5
电气机械和器材	-0.26%	-1.69%	-2.92%	-4.01%	-4.98%
居民服务、修理和其他服务	-0.25%	-1.62%	-2.85%	-3.96%	-4.97%
通用设备	-0.25%	-1.64%	-2.84%	-3.89%	-4.83%
非金属矿物制品	-0.25%	-1.62%	-2.78%	-3.79%	-4.68%
食品和烟草	-0.23%	-1.53%	-2.67%	-3.69%	-4.61%
住宿和餐饮	-0.22%	-1.45%	-2.55%	-3.54%	-4.45%
纺织服装鞋帽皮革羽绒及其制品	-0.23%	-1.47%	-2.55%	-3.52%	-4.39%
金属制品	-0.22%	-1.43%	-2.50%	-3.46%	-4.32%
其他制造产品	-0.21%	-1.40%	-2.47%	-3.43%	-4.31%
农林牧渔产品和服务	-0.21%	-1.39%	-2.43%	-3.36%	-4.21%
化学产品	-0.20%	-1.34%	-2.36%	-3.28%	-4.12%
造纸印刷和文教体育用品	-0.18%	-1.18%	-2.10%	-2.95%	-3.73%
专用设备	-0.14%	-0.93%	-1.68%	-2.38%	-3.05%
仪器仪表	-0.11%	-0.79%	-1.45%	-2.08%	-2.70%
科学研究和技术服务	0.03%	0.12%	0.10%	0.02%	-0.11%
交通运输、仓储和邮政	-0.01%	-0.01%	0.07%	0.20%	0.37%
文化、体育和娱乐	0.08%	0.45%	0.66%	0.76%	0.79%
水利、环境和公共设施管理	0.10%	0.59%	0.92%	1.13%	1.26%
教育	0.12%	0.72%	1.12%	1.40%	1.59%
卫生和社会工作	0.19%	1.14%	1.84%	2.36%	2.77%
公共管理、社会保障和社会组织	0.24%	1.46%	2.38%	3.09%	3.65%
煤炭采选产品	0.46%	2.84%	4.71%	6.22%	7.44%
燃气生产和供应	0.73%	4.79%	8.42%	11.73%	14.78%
电力、热力的生产和供应	0.96%	6.29%	11.01%	15.26%	19.11%

资料来源：3E-CGE-BJ 模型模拟结果。

同样，在燃油税的影响下，按照产业类型及影响原理划分可以划分为五类。消费环节征税对部门产值的影响与生产及进口环节征税基本大致相同。但是仍略有区别：①第一类，能源类部门，石油、炼焦产品和核燃料加工业的产值下降居 42 部门之首，原因是成品油需求端的萎缩导致了成品油价格大幅度下降，进而导致该部门产值下降幅度较大，0.2~5 元/升的新增燃油税带来了 2.14%~33.88%的产值下降。②在同等新增燃油税税率情况下，消费环节征税导致第三类行业的产值降幅要小于生产及进口环节征税，以租赁和商务服务业为例，当新增燃油税为 5 元/升时，消费环节征税、生产及进口环节征税导致该行业产值降幅分别为 6.73%、7.11%。

6.4.3　结论及政策建议

总体来看，无论是在生产及进口环节征收燃油税还是在消费环节征收燃油税，都能起到节能减排的效果。但同时，燃油税的征税会对经济造成一定的冲击。

（1）生产及进口环节征税将会引起 GDP 下降，同时消费价格指数 PUY 上升，生产及进口环节征税将与经济滞胀相关联。消费环节征税将会引起 GDP 下降，同时消费者价格指数 PUY 下降，消费环节征税将与经济萧条相关联。总量上看，经济系统会受到一定冲击。

（2）总体来看，燃油税的征收有助于政府支出较大的第三产业的发展；此外，在第二产业中，除去能源产业，对高端制造业相对冲击最小，最为利好高端制造业。

根据得到的结论，可以认为，从节能减排、根治大气污染的目标来看，作为环境保护税的重要补充政策，提高燃油税税率是解决机动车污染较好的方式。但是在燃油税的征收过程中，政府应该结合相应的产业政策，对需要扶持的产业进行补贴，进而诱导产业结构向低耗能、高附加值的方向转型。此外，对部分产业的补贴也有助于减缓燃油税的征收对经济系统的冲击。

本部分研究有如下两方面有待改进：从政策模拟角度来看，书中的燃油税使用方式较为简单，需要根据模拟得到的结果进一步调整税收使用方式，从而最低程度减轻税率提高所造成的经济冲击；从模型的角度来看，由于燃油税不仅涉及能源部门，还涉及机动车相关部门如汽车制造业及道路交通，因此可以对这两个部门进行进一步细化，更精确地模拟提高燃油税税率带来的影响。

6.5 农村煤改气政策模拟分析

6.5.1 农村天然气需求测算

农村居民天然气需求为日常生活活动的引致需求。活动主要分为两个部分：一是采暖，二是炊事、洗浴。

根据《城市供热规划规范 GBT51074—2015》，可知有：

$$Q_h = \sum_{i=1}^{n} q_{hi} \times A_i \times 10^{-3}$$

其中，Q_h 为采暖热负荷，q_{hi} 为建筑采暖热指标或综合热指标，A_i 为 i 类型建筑的建筑面积，i 为建筑类型。这里，q_{hi} 取《城市供热规划规范 GBT51074—2015》中低层住宅的上下限，即 40~75（W/m^3）。根据 2012 年北京统计年鉴，A_i 赋值为 49.8m^3。由于这里的 A_i 为人均建筑面积，因此得到的 Q_h 为人均采暖热负荷。

每年使用的采暖天数以及采暖效率本书参考刘应红（2017）的文献进行赋值①。采暖天数取 120 天，假设天然气的热含量为 36 兆焦/立方米，热转换效率为 90%。经过计算可得每年人均天然气需求为 516.33~968.11 立方米。

炊事及洗浴的天然气需求量本书则使用 2012 年北京市城镇居民生活天然气终端消费量进行赋值，经过计算该值为每年每人 65.03 立方米。

综上所述，北京市农村每年的天然气需求量为 581.36~968.11 立方米。北京市 2012 年农村常住人口为 285.6 万人，因此得到总天然气新增需求为 166036.42 万 ~ 276492.22 万立方米，占当年天然气消费量的 18.03% ~ 20.03%，势必加重天然气供应压力。此外，天然气比煤炭更贵，对天然气的支出将给农村居民带来较大的经济负担。

---

① 刘应红．从价格承受能力看居民采暖：以北京市城乡为例[J]．国际石油经济，2017，25(6)：45-50.

6.5.2 实验设计及模拟分析

由于在 SAM 表中，热和电的生产及供应是放在一个部门中运行的，区分开来的话将会有较大的误差产生，而本书关注点在于对农村居民、整体经济以及一次能源结构的冲击，因此，本书在对政策状况进行模拟的时候，假设供暖的天然气是直接通到居民家中，然后再由居民将其转换为二次能源热。

在实验设计上，本书根据上文所测得的需求，取区间的上下限，并将其直接赋值给居民的天然气使用。此外，农村居民对于煤炭的使用则相应设置为 0。为了保持模型的平衡，居民对于其余支出分项的支出按照基准情形下其余支出分项占其余支出总项的比例来安排。

6.5.2.1 对宏观经济及污染物的影响

如表 6-11 所示，农村煤改气的实行，将会使 GDP 减少 1.86 亿~3.03 亿元。GDP 的减少来自于农村居民将部分收入转移到天然气的消费之后，对其他商品的需求必然减少。因此影响了整体经济，使得 GDP 下降。

表 6-11　对宏观经济及污染物的影响

分类	GDP（亿元）	CO_2（吨）	NO_X（吨）	SO_2（吨）
基准情形	17879.42	106234964.37	114271.02	93993.24
最低需求	17877.56	101160403.25	116708.44	77725.30
最高需求	17876.39	103173924.92	119660.93	77647.95

此外，农村煤改气的实行有利于 SO_2 的减排，但不利于 NO_X 的减排，究其原因，SO_2 的主要污染源为煤炭，NO_X 的主要污染源为天然气。但是根据江亿等（2014）的研究对北京市 PM2.5 的贡献中，NO_X 占比更大，北京市应该主要控制 NO_X 的排放①。CO_2 的排放无论是最低天然气需求还是最高天然气需求，均较基准情形有所减弱。值得注意的是，最低需求时的 CO_2 减排效

① 江亿，唐孝炎，倪维斗，等．北京 PM2.5 与冬季采暖热源的关系及治理措施[J]．中国能源，2014，36（1）：7-13，28.

果比最高需求时的效果更好。

6.5.2.2 对居民部门的影响

如表6-12所示，相较于基准情形，政策实行后居民收入呈现出上升的情形，且越是农村高收入人群，收入上升越多。居民的收入由工资收入、资本收入及政府转移支付收入构成。农村居民收入上升主要由居民的工资收入上升所贡献。基准情形下，劳动力价格为1，最低需求情形及最高需求情形下，劳动力价格分别为1.000042、1.000071。这背后的原因是，农村煤改气政策使得燃气生产和供应、建筑、信息传输软件和信息技术服务业等产业产出增加，最终使得整体劳动力市场上，对于劳动力的需求增多，最终使得劳动力价格上升。

表6-12 对居民收入的影响 单位：元/人/年

分类	低收入	中低收入	中收入	中高收入	高收入
基准情形	7360.96	12683.20	16521.51	21040.44	31328.37
最低需求	7361.75	12684.45	16523.08	21042.25	31330.64
最高需求	7362.59	12685.76	16524.72	21044.16	31333.04

虽然农村居民的收入有所增加，但是农村居民在能源支出方面确有较大幅度的提升，而且对于除高收入农村居民之外的居民其能源支出均超过了收入的10%。相比较城镇居民2.8%的占比，农村煤改气政策会对农村居民造成较大冲击。而低收入及中低收入农村居民在最高需求的情况下，能源支出已经超过年收入的20%（见表6-13）。

表6-13 不同收入层次农村居民能源支出占比

分类	低收入	中低收入	中收入	中高收入	高收入
基准情形	13.25%	10.34%	8.25%	7.15%	6.02%
最低需求	25.03%	15.94%	12.44%	10.14%	7.49%
最高需求	38.80%	23.87%	18.57%	14.97%	10.74%

能源支出过大将会对农村居民在其他商品消费的过程中产生挤出效应，

使得消费其他商品的相对收入下降。通过同基准情形对比，可以发现，无论是最低需求情形还是最高需求情形，农村居民对除天然气之外的 41 种产品的消费均有所减少。

农村煤改气政策造成了相对的不公平。城镇居民，受大部分商品价格下降的影响，其绝大部分商品的消费均较基准情形有所上升，因此其福利得到了显著提升。

6.5.2.3　对一次能源的影响

农村煤改气政策对能源的使用造成了比较大的影响。从绝对量角度来看，促进了天然气的消费，但同时使煤炭的消费减少。反映到能源强度上，煤炭的能源强度下降，天然气的能源使用强度上升。值得注意的是，一次能源的总能源使用强度是上升的，这暗示北京市单一的农村煤改气政策并不一定有利于北京经济结构向低能耗方向转变（见表 6-14）。

表 6-14　一次能源能源强度　单位：10^{-4} 万吨标准煤/万元

分类	煤炭	成品油	天然气	一次能源
基准情形	0.0958	0.1033	0.0633	0.2624
最低需求	0.0880	0.1032	0.0727	0.2638
最高需求	0.0879	0.1032	0.0812	0.2722

6.5.2.4　对行业的影响

如表 6-15 所示，大部分产业的产值受农村煤改气政策的影响并不大，产值变化在 2 亿元以内，部分产业受到的影响较大。

煤炭采选受到的影响最大。因为煤改气政策导致了农村煤炭需求减少，因此煤炭采选业受到的冲击最大，产值减少在 78 亿元左右。此外，交通运输、仓储和邮政业受到的影响较大。根据北京市 2012 年 SAM 表，交通运输、仓储和邮政业的需求方较多来源于包括批发和零售、科学研究和技术服务等在内的第三产业。这些产业在农村煤改气政策的冲击下产出均有所减少，因此最终导致交通运输、仓储和邮政业的产值减少。最后，食品和烟草、金融、批发和零售、科学研究和技术服务、化学产品、住宿和餐饮以及电力、热力的生产和供应行业影响均较大，因为这些行业处在服务业，直接受到整体居民消费需求减少的冲击。

共计 3 个行业产值实现了 2 亿元以上的增长，分别为燃气生产和供应、建筑以及信息传输、软件和信息技术服务。燃气生产和供应行业产值增长主要原因是农村煤改气政策导致的天然气需求激增。建筑行业产值增长的原因较为复杂，但总体来看是因为农村煤改气政策导致部分行业产品价格下降，间接为建筑行业降低了生产成本，因此其提高了产出，进而产值上升。同样，信息传输、软件和信息技术服务行业也是受益于上游成本下降，推动了产出，进而产值上升。

表 6-15　农村煤改气政策下不同行业产值相对于基准情形的变化情况

单位：亿元

部门划分	最小需求	最大需求
煤炭采选	-78.32	-78.55
交通运输、仓储和邮政	-6.07	-5.62
食品和烟草	-3.37	-8.44
金融	-2.72	-6.20
批发和零售	-2.33	-3.69
科学研究和技术服务	—	-3.32
化学产品	—	-2.79
住宿和餐饮	—	-2.26
电力、热力的生产和供应	—	-2.35
燃气生产和供应	33.80	64.43
建筑	8.38	14.84
信息传输、软件和信息技术服务	4.11	6.73

6.5.3　结论及政策建议

经过政策模拟，本节得到的主要结论如下：①农村煤改气政策有助于抑制 SO_2 的排放，但不利于实现 NO_X 减排；②农村居民收入虽然增加，但是能源支出过多，造成其他产品消费相对减少，此外城镇居民收入增加，拉大了城乡差距；③整体 GDP 受农村煤改气政策的影响，将会下降 1.87 亿~3.03 亿元，煤炭采选及燃气生产和供应行业受到农村煤改气政策影响较大。根据得到的结论，本书认为：政府应该结合相关政策，消除农村煤改气对 NO_X 排放的促进；此外，政府应该加大对农村居民的补贴，尤其是加大对低收入农村居民的补贴。

6.6　碳税政策模拟分析

本节使用前文所述的 CGE 模型，模拟不同碳税税率情景下，治理大气污染对宏观经济带来的影响。在设定模拟税率时，主要参考现有的研究文献和政府文件，并借鉴发达国家的政策经验。

碳税征收起源于 20 世纪 90 年代的欧洲国家，芬兰是第一个实行碳税的国家，1990 年推出碳税时税率为 1.62 美元/吨二氧化碳，此后意大利、丹麦、瑞典、英国和瑞士等国家相继开征碳税或气候变化相关税[①]。目前国际上对于碳税征收并没有统一明确的税率，2008 年芬兰的碳税税率接近 20 欧元/吨，瑞典约为 40 美元/吨，日本的碳税税率为 2400 日元/吨（约为 180 元人民币/吨）[②]。目前我国的碳税征收尚处于研究起步阶段，财政部相关课题组提出我国短期碳税税率目标为 10 元/吨，远期碳税税率目标应该为 40 元/吨；而 2010 年，环保部规划院课题组则建议，每吨二氧化碳排放征税 20 元，到 2020 年可以征收 50 元/吨。国内关于碳税设置的研究文献，税率在 30~80 元/吨的最为密集。姚昕和刘希颖（2010）通过建立模型研究得出我国最优的碳税税率为 18.28 元/吨[③]；娄峰（2014）提出要实现国家“十二五”规划中的碳减排目标，在能源利用率没有提升的情况下建议征收的碳税税率为 80 元/吨，

---

① 杨姝影，蔡博峰，曹淑艳．国际碳税研究[M]．北京：化学工业出版社，2011.

② 李创．基于 CGE 模型的碳税政策模拟分析[J]．工业技术经济，2014（1）：146-153.

③ 姚昕，刘希颖．基于增长视角的中国最优碳税研究[J]．经济研究，2010（11）：48-58.

若能源使用效率年增长率为2%，则建议征收的碳税税率为40元/吨①；许士春等（2016）通过构建可计算一般均衡模型分析了征收10~40元/吨碳税对宏观经济的影响，结论显示在2010年经济背景下，当碳税税率为40元/吨时，能够实现“十二五”规划目标②。

6.6.1 实验设计和模拟分析

综合国际经验以及国内的研究成果，结合我国经济背景，本书拟将碳税最低税率设置为20元/吨（2010年环保部提出的短期税率），最高税率设置为300元/吨（参考瑞典税率），以20元/吨为变化单位，模拟碳税20~300元/吨不同情形下对宏观经济和减排成效的影响。

6.6.1.1 对宏观经济的影响

图6-13显示了模拟情景下碳税对GDP、居民福利（UY）和居民部门总收入（HHY）的影响。由图6-13中数据可知，随着碳税税率的逐渐升高，对宏观经济造成的负面影响也逐渐增加，GDP大致呈现固定比例下降趋势，碳税收率每提高1元/吨，将会造成GDP下降0.06%左右，随着碳税税率由每吨20元上升到每吨300元，GDP下降0.06%~0.95%。

随着碳税的提高，劳动及资本收入不断下降，导致居民收入下降，当碳税为20~300元/吨的时候，居民收入下降了0.14%~1.8%。在各模拟情形下，由于碳税税率的上升势必会造成石油、煤炭及天然气等化石燃料的产出价格升高，能源价格的上升，通过市场价格传导机制扩散至各个行业，进而这些行业的产品产出价格也会升高，而居民收入的下降抑制了居民对产品的需求，可能由于两种力量相互作用，消费者价格水平未有明显变化。在消费者价格水平未发生明显变化的情况下，居民收入的下降作用于居民福利，当新增税率在20~300元/吨时，居民福利下降达到了0.15%~1.88%，线性下

---

① 娄峰．碳税征收对我国宏观经济及碳减排影响的模拟研究[J]．数量经济技术经济研究，2014，31（10）：84-96+109.

② 许士春，张文文，戴利俊．基于CGE模型的碳税政策对碳排放及居民福利的影响分析[J]．工业技术经济，2016，35（5）：52-59.

降趋势与居民收入下降趋势较为吻合。

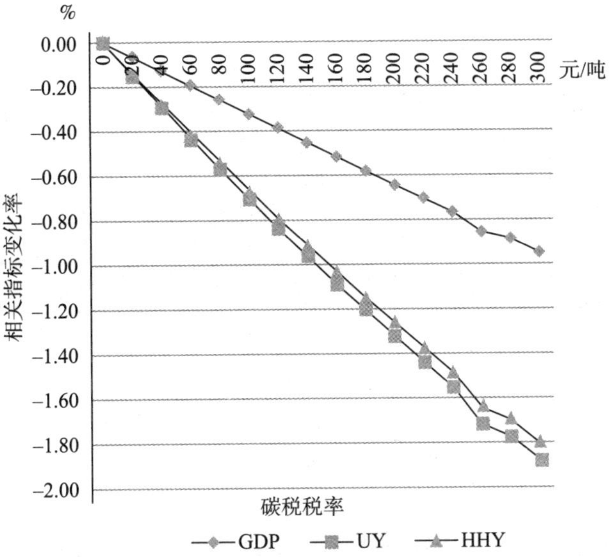

图 6-13　碳税对宏观经济的影响

6. 6. 1. 2　对大气污染物和能源消费量的影响

由图 6-14 可知碳税税率的提升对 CO_2、NO_X、SO_2 具有较强的抑制作用，税率越高，减排效果越明显。随着碳税税率由每吨 20 元上升到每吨 300 元，CO_2 排放量下降 4. 26%～30. 91%，NO_X 排放量下降 1. 80%～16. 21%，SO_2 排放量下降 5. 02%～35. 80%。在征收碳税的情况下，二氧化硫的排放量大幅下降，而且下降幅度远大于氮氧化合物，与二氧化碳排放量下降幅度类似，可见实行碳税政策的二氧化硫协同减排效应非常明显。但随着税率的增加，税率的边际抑制效率逐渐降低。以二氧化碳排放量变化率随碳税税率变化的曲线为例，可以看出并不是呈现固定比例下降趋势，进行多项式趋势线拟合 R^2 为 0. 9976，优于线性趋势线，曲线斜率的绝对值逐渐降低。当碳税税率 20 元/吨时，相应的 CO_2、NO_X、SO_2 边际下降率分别为 0. 21%、0. 09%、0. 25%，而碳税税率为 300 元/吨时，相应的 CO_2、NO_X、SO_2 边际下降率分别为 0. 05%、0. 03%、0. 06%。

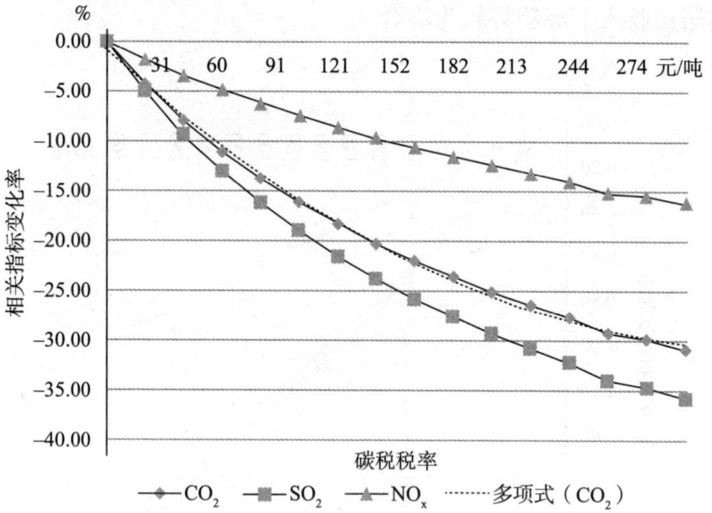

图 6-14　碳税的减排效应

CO_2、NO_X、SO_2 在所构建的模型中数据来源于化石能源——煤、油、气的燃烧和使用。征收碳税直接提高化石能源价格，导致企业生产成本增加，产品价格上涨，市场上对煤炭、石油、天然气等化石能源的需求量减少，从而使得二氧化碳等污染物排放量呈现下降趋势。从图 6-15 可以看出，随着碳税征收水平的提高，不同能源消费量呈现不同的变化趋势。从整体上看，煤炭、石油、天然气消费量随着碳税水平的提高呈现不同程度的下降状态，其中煤炭能源消费的下降幅度最大，当碳税税率为 20～300 元/吨时，煤炭降幅为 9. 35%～62. 02%，而同样模拟情形下，石油和天然气的降幅分别为 0. 34%～4. 44%和 1. 09%～14. 81%，这是由我国相对单一的能源消费结构所决定的。由于我国能源消费结构中煤炭占据主要地位，二氧化碳排放大部分都来源于煤炭，因此碳税税率的变动对煤炭消费量的冲击要大于其他能源。碳税税率的不断提高导致对煤炭依赖性较强的企业生产成本大幅度提高，企业为维持利润和降低成本，便开始寻求替代能源或加大科技研究投入，提高煤炭能源使用效率，从而导致煤炭消费量下降幅度较大。当碳税税率为 20～300 元/吨时，电热的消耗由于能源的替代效应呈现上升趋势，涨幅为 0. 76%～9. 94%。

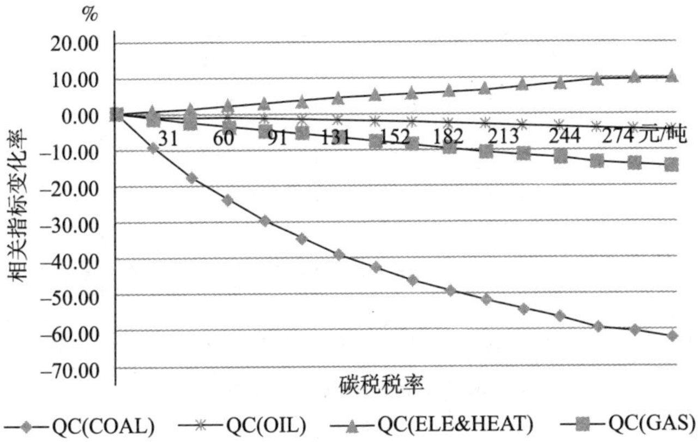

图 6-15　碳税对能源消费的影响

将碳税对能源消费和对污染物排放的影响结合起来分析，可以看出，随着碳税征收水平的逐步提高，煤炭、石油、天然气对二氧化碳减排量的贡献度不同，煤炭的减排贡献度要高于石油和天然气，这与煤炭的碳排放系数较高和消费占比大有着直接联系。碳税税率对 NO_X 的抑制作用要远小于 CO_2、SO_2，是因为 NO_X 的主要污染源来自于成品油的使用，而碳税税率的升高对油的消耗量影响在 3 种化石能源中并不突出，CO_2、SO_2 来自于煤、油、气 3 种化石能源的消耗，煤的排放系数要高于油，且煤炭消耗量随着碳税税率上升降幅最大，因此 CO_2 和 SO_2 降幅较大。

6.6.1.3　对不同产业产值的影响

单纯按采掘、化工、建筑施工、轻工、制造业和服务业等划分 42 部门进行分析缺乏理论依据和现实意义，本书考虑碳税对各部门的作用原理和产值变化规律，将产业部门分为三类（见表 6-16）。

表 6-16　碳税对不同产业产值的影响　　单位：元/吨

部门划分	碳税							
	20	60	100	140	180	220	260	300
电力、热力的生产和供应	0.76%	2.23%	3.63%	4.98%	6.27%	7.53%	9.05%	9.94%
石油、炼焦产品和核燃料加工品	-0.39%	-1.13%	-1.83%	-2.51%	-3.18%	-3.84%	-4.65%	-5.14%

续表

部门划分	碳税							
	20	60	100	140	180	220	260	300
燃气生产和供应	-1.07%	-3.18%	-5.24%	-7.23%	-9.16%	11.03%	-3.26%	-4.54%
煤炭采选产品	-0.06%	25.50%	36.76%	-5.28%	-1.94%	-7.27%	62.58%	-5.23%
公共管理、社会保障和社会组织	0.22%	0.58%	0.88%	1.14%	1.36%	1.56%	1.79%	1.92%
卫生和社会工作	0.18%	0.47%	0.71%	0.91%	1.09%	1.25%	1.43%	1.53%
教育	0.14%	0.36%	0.53%	0.68%	0.81%	0.92%	1.04%	1.11%
文化、体育和娱乐	0.11%	0.27%	0.39%	0.48%	0.55%	0.61%	0.66%	0.69%
水利、环境和公共设施管理	0.09%	0.23%	0.33%	0.39%	0.44%	0.48%	0.52%	0.53%
科学研究和技术服务	0.08%	0.19%	0.26%	0.31%	0.34%	0.36%	0.38%	0.38%
金属矿采选产品	-1.56%	-4.42%	-6.98%	-9.31%	11.43%	13.38%	15.62%	-6.88%
交通运输、仓储和邮政	-0.50%	-1.36%	-2.09%	-2.73%	-3.31%	-3.84%	-4.46%	-4.81%
金属冶炼和压延加工品	-0.36%	-1.08%	-1.79%	-2.50%	-3.19%	-3.86%	-4.69%	-5.17%
批发和零售	-0.23%	-0.63%	-1.00%	-1.33%	-1.64%	-1.93%	-2.27%	-2.47%
纺织品	-0.22%	-0.64%	-1.04%	-1.41%	-1.77%	-2.12%	-2.53%	-2.77%
废品废料	-0.20%	-0.62%	-1.03%	-1.44%	-1.85%	-2.24%	-2.73%	-3.01%
金属制品、机械和设备修理服务	-0.20%	-0.56%	-0.89%	-1.18%	-1.46%	-1.72%	-2.02%	-2.19%
非金属矿和其他矿采选产品	-0.19%	-0.59%	-0.99%	-1.39%	-1.79%	-2.17%	-2.65%	-2.93%
非金属矿物制品	-0.17%	-0.53%	-0.89%	-1.25%	-1.61%	-1.97%	-2.40%	-2.66%
食品和烟草	-0.17%	-0.49%	-0.80%	-1.10%	-1.38%	-1.65%	-1.98%	-2.18%
木材加工品和家具	-0.16%	-0.50%	-0.83%	-1.16%	-1.48%	-1.80%	-2.19%	-2.42%
交通运输设备	-0.16%	-0.48%	-0.79%	-1.09%	-1.39%	-1.68%	-2.03%	-2.24%
租赁和商务服务	-0.16%	-0.47%	-0.76%	-1.03%	-1.30%	-1.55%	-1.86%	-2.04%
其他制造产品	-0.15%	-0.46%	-0.76%	-1.05%	-1.33%	-1.60%	-1.93%	-2.12%
纺织服装鞋帽皮革羽绒及其制品	-0.14%	-0.40%	-0.64%	-0.88%	-1.10%	-1.32%	-1.58%	-1.73%
建筑	-0.13%	-0.42%	-0.72%	-1.02%	-1.33%	-1.63%	-2.01%	-2.24%
金融	-0.13%	-0.36%	-0.58%	-0.79%	-0.98%	-1.16%	-1.38%	-1.51%

续表

部门划分	碳税							
	20	60	100	140	180	220	260	300
居民服务、修理和其他服务	-0.12%	-0.36%	-0.59%	-0.81%	-1.02%	-1.22%	-1.47%	-1.61%
住宿和餐饮	-0.11%	-0.34%	-0.56%	-0.78%	-1.00%	-1.21%	-1.46%	-1.61%
水的生产和供应	-0.11%	-0.33%	-0.55%	-0.76%	-0.97%	-1.17%	-1.42%	-1.56%
造纸印刷和文教体育用品	-0.11%	-0.33%	-0.56%	-0.78%	-1.01%	-1.22%	-1.49%	-1.65%
农林牧渔产品和服务	-0.10%	-0.31%	-0.54%	-0.77%	-1.01%	-1.24%	-1.52%	-1.69%
通信设备、计算机和其他电子设备	-0.09%	-0.29%	-0.50%	-0.71%	-0.92%	-1.13%	-1.39%	-1.55%
通用设备	-0.09%	-0.29%	-0.49%	-0.69%	-0.89%	-1.09%	-1.33%	-1.48%
金属制品	-0.09%	-0.29%	-0.50%	-0.71%	-0.92%	-1.13%	-1.39%	-1.54%
化学产品	-0.09%	-0.30%	-0.51%	-0.73%	-0.95%	-1.16%	-1.43%	-1.59%
石油和天然气开采产品	-0.09%	-0.30%	-0.57%	-0.87%	-1.20%	-1.55%	-2.02%	-2.30%
电气机械和器材	-0.09%	-0.27%	-0.46%	-0.66%	-0.85%	-1.05%	-1.29%	-1.44%
房地产	-0.08%	-0.25%	-0.43%	-0.62%	-0.80%	-0.99%	-1.22%	-1.36%
信息传输、软件和信息技术服务	-0.05%	-0.17%	-0.31%	-0.46%	-0.61%	-0.76%	-0.95%	-1.07%
专用设备	-0.04%	-0.15%	-0.28%	-0.42%	-0.56%	-0.71%	-0.89%	-1.00%
仪器仪表	-0.01%	-0.05%	-0.12%	-0.21%	-0.30%	-0.40%	-0.53%	-0.61%

资料来源：3E-CGE-BJ模型模拟结果。

第一类，能源类部门，指石油、炼焦产品和核燃料加工业，煤炭采选业，燃气生产和供应业以及电力、热力的生产和供应业。征收碳税一方面引起煤炭、石油、天然气成本上涨，能源部门中化石能源行业生产成本增加导致能源行业产出下降；另一方面征收碳税导致价格上涨，影响对能源部门中化石能源的消费需求，生产成本增加和能源需求减少的双重压力使得能源部门中化石能源的产出进一步下降。当碳税为20元/吨时，煤炭、石油、天然气和电热部门商品价格上升幅度分别为3.47%、0.06%、0.01%和0.41%；而当碳税为300元/吨时，4个部门商品价格还涨幅分别为47.36%、0.9%、0.1%和4.63%，煤炭采选业价格涨幅居42部门之首。随着碳税从20~300元/吨变化，煤炭采选业产值下降0.06%~5.23%，燃气生产和供应产值下降1.07%~4.54%，石油、炼焦产品和核燃料下降0.39%~5.14%，碳税对三大化石能源部门产值的负面影响在42个部门中均位于前五，其中对煤炭能源行业的影响在42个部门中最明显，这与煤炭具有高排放系数及煤炭能源在中国能源消费结构中比重较大有关。随着碳税从20~300元/吨变化，电力、热力的生产和供应部门产值涨幅区间为0.76%~9.94%，电热部门作为二次能源，虽然消耗大量化石能源，但自身不排放二氧化碳，在碳税征收过程中受到的只是间接影响，体现在商品价格涨幅较大，加上能源的替代效应，碳税未对其产值产生负向影响。

第二类，地方政府消费量较大的服务业，指科学研究和技术服务业，文化、体育和娱乐业，水利、环境和公共设施管理业，教育，卫生和社会工作服务业，公共管理、社会保障和社会组织业，共计6个部门。由于碳税的增加，政府部门税收增多。根据投入产出表，地方政府在这6个部门均有支出。因此，这6个部门的政府支出均有较大幅度的增加，也因此抵消了部分居民需求减弱、成本提高带来的影响。由表6-16可以看出，这6个部门产值变化是42个部门中除了电热部门外产值不减反增的。以地方政府消费量最大的公共管理、社会保障和社会组织业为例，当碳税税率为20元/吨时，该行业产值增幅为0.22%；当碳税税率为300元/吨时，产值增幅为1.92%。

第三类，除了第一类、第二类以外的部门，共32个。由于碳税的提高，这32个部门产值均出现下降，但其中的规律性较弱。整体看来，重工业降幅较大，农业、轻工业、服务业降幅居中，高端制造业降幅较小，这与部门生产中化石能源类中间投入产品占比大小有关。

6.6.2 结论和政策建议

经过模型模拟，可得到的结论如下：

（1）随着碳税税率的不断提高，会对经济系统造成冲击，特别是居民收入和居民福利受到的影响较大，这可能对低收入人群的生活造成负面影响，建议政府在推行碳税时可以实施递进式税率，随着居民收入水平的提高而调高碳税税率。

（2）碳税的征收是针对全行业的普适性政策，影响面广，短期来看对二氧化碳减排效应明显。但随着碳税税率提高，其边际减排量是逐渐下降的，因此可知，长期来看碳税的减排效果是十分有限的。

（3）随着碳税税率的提高，煤炭消费量降幅最大，石油略有下降，电热消费量上升。而天然气对于碳税税率的反应是相反的，但总体来看，天然气消费量下降幅度更大。故综合使用碳税政策将减少化石能源的消费量，替代能源的消费量将上升，有利于北京市能源消费结构的调整。

（4）碳税税率是有上限的，过高的税率水平会引起经济的衰退，因而政府制定碳税政策需要优化设计，在减排量和经济冲击之间寻求平衡。同时，对碳税收入的利用也是需要考虑的，如果能把其投资到新兴能源部门对经济也会起到一定拉动作用。

（5）碳中和的实现需要“政策-市场-技术”的共同努力，可能更多地还要依靠能源技术的革新、生产工艺的进步和碳封存、碳捕捉技术的发展推广，以及全面开放的碳交易市场。

6.7 硫税政策模拟分析

国家发改委2014年印发了《关于调整排污费征收标准等有关问题的通知》，规定了二氧化硫收费标准为不低于每污染当量1.2元，因为二氧化硫的当量系数为0.95kg，所以每吨收费为1140元。该税率远低于目前各学者的相关研究中的税率。国内学者在模拟硫税时设定的税率差别较大，从每吨几百元至几万元均有涉及。马士国和石磊（2014）以中国2007年投入产出表为基础数据，利用CGE模型分析了征收硫税对中国经济和产业结构的影响，得出硫税税率应该在500~1000元/吨[①]；李鹏等

① 马士国，石磊．征收硫税对中国宏观经济与产业部门的影响[J]．产业经济研究，2014（3）：51-60.

(2016) 在模拟硫税对经济的影响时，设定了2000元/吨和5000元/吨税率①；宋琛哲和赵旭（2014）以2007年上海市投入产出表为基础数据建立动态CGE模型，模拟了硫税税率分别为25000元/吨、50000元/吨和75000元/吨的3种情形②。瑞典1991年开征硫税，当年二氧化硫排放量10万吨，而2014年下降至2.39万吨，对煤炭中所含的每千克硫征收30瑞典克朗，相当于14150元/吨二氧化硫③。

6.7.1 实验设计和模拟分析

本书参考国内研究成果和瑞典的经验，将硫税税率模拟区间定为1000~20000元/吨，以1000元/吨为变化单位探究不同情形下的宏观经济和减排效果影响。

6.7.1.1 对宏观经济的影响

图6-16显示了模拟情景下硫税对GDP、居民福利（UY）和居民部门总收入（HHY）的影响。由图6-16中的数据可知，随着硫税税率的逐渐升高，对宏观经济造成的负面影响也逐渐增强，GDP呈现固定比例下降趋势，硫税税率每提高1000元/吨，将会造成GDP下降0.0034%左右；随着碳税税率由每吨1000元上升到每吨20000元，GDP下降0.0034%~0.0699%。

随着硫税的提高，导致居民收入下降，当硫税为1000~20000元/吨的时候，居民收入下降了0.01%~0.14%。居民收入的下降作用于居民福利，在模拟新增硫税税率情形下，居民福利下降达到了0.01%~0.14%，线性下降趋势与居民收入下降趋势较为吻合。

---

① 李鹏，魏巍贤．生态文明建设视角下征收环境税对河北省的宏观经济影响[J]．中国人口·资源与环境，2016（S2）：373-376.

② 宋琛哲，赵旭．上海“十二五”期间硫税试点的影响研究[J]．哈尔滨商业大学学报（自然科学版），2014（1）：60-62.

③ 黄蕊，刘昌新，王铮．碳税和硫税治理下中国未来的碳排放趋势[J]．生态学报，2017（9）：2869-2879.

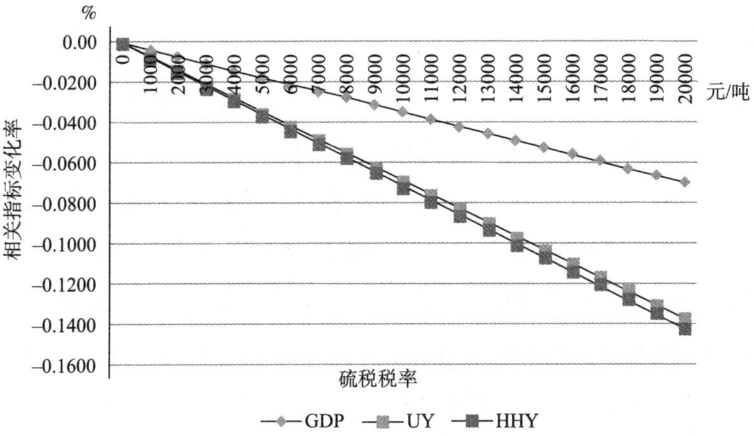

图 6-16　硫税对宏观经济的影响

6.7.1.2　对大气污染物和能源消费量的影响

由图 6-17 可知硫税税率的提升对 CO_2、NO_X、SO_2 具有较强的抑制作用，税率越高，减排效果越明显。随着硫税税率由 1000 元/吨上升到 2000 元/吨，CO_2 排放量下降 0.22%～4.14%，NO_x 排放量下降 0.08%～1.52%，SO_2 排放量下降 0.28%～5.19%。在征收硫税的情况下，二氧化碳的排放量大幅下降，而且下降幅度远大于氮氧化合物，与二氧化硫排放量下降幅度类似，可见以硫税治理大气污染的同时，有助于实现碳减排目标，硫税政策的二氧化碳协同减排效应非常明显。

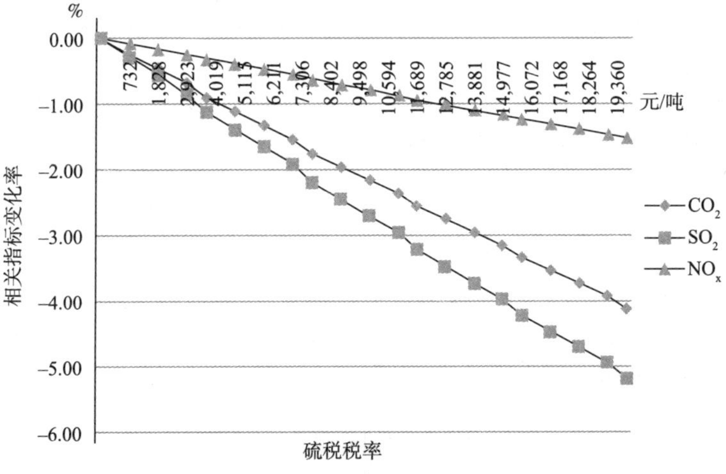

图 6-17　硫税的减排效应

CO_2、NO_X、SO_2 3种污染物来源于化石能源的燃烧和使用，征收硫税会直接提高化石能源价格，降低市场需求量，从而达到污染物减排效果。从图6-18可以看出，与征收碳税导致的煤炭、石油和天然气消费量均下降的效应有所不同，随着硫税征收水平的提高，煤炭和石油消费量出现不同程度的下降，而天然气和电热消费量有所上升。其中煤炭能源消费的下降幅度最大，当硫税税率为1000~20000元/吨时，煤炭消费量降幅为0.53%~9.62%，石油降幅为0.03%~0.53%；相同模拟情形下，天然气和电热消费量分别为0.04%~0.70%和0.03%~0.62%，由图6-18亦可看出二者消费量变化趋势线几乎是重合的。煤炭消费量大幅下降是因为"富煤、贫油、少气"的单一能源消费结构中，煤炭占据主要地位且煤炭的二氧化硫排放系数高，因此受到硫税征收的冲击最大。硫税征收情形下天然气消费量的变化与碳税征收情形下的差异是因为纯的天然气燃烧不会产生二氧化硫。征收硫税导致作为煤炭替代品的天然气和电热消费量出现上升，这表明，征收硫税将促使不含硫或硫分较低的能源对硫分较高能源的替代，从而也改变了能源消费结构。

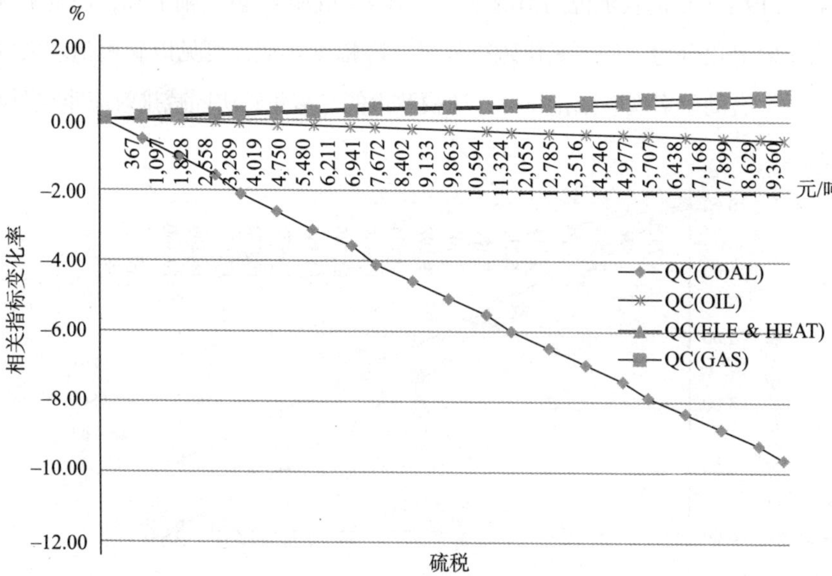

图6-18　硫税对能源消费的影响

6.7.1.3　对不同产业产值的影响

以下根据硫税对各部门的作用原理和产值变化规律，将产业部门分为三类（见表6-17）。

表6-17　硫税对不同产业产值的影响　　单位：元/吨

部门划分	硫税				
	4000	8000	12000	16000	20000
煤炭采选产品	-2.23%	-4.37%	-6.43%	-8.41%	-10.32%
石油、炼焦产品和核燃料加工品	-0.12%	-0.24%	-0.36%	-0.47%	-0.59%
电力、热力的生产和供应	0.13%	0.25%	0.37%	0.50%	0.62%
燃气生产和供应	0.14%	0.28%	0.41%	0.55%	0.68%
公共管理、社会保障和社会组织	0.04%	0.08%	0.12%	0.16%	0.20%
科学研究和技术服务	0.02%	0.03%	0.05%	0.06%	0.07%
教育	0.03%	0.06%	0.08%	0.11%	0.13%
卫生和社会工作	0.03%	0.07%	0.10%	0.13%	0.16%
文化、体育和娱乐	0.02%	0.04%	0.06%	0.08%	0.10%
水利、环境和公共设施管理	0.02%	0.03%	0.05%	0.07%	0.08%
金属矿采选产品	-0.29%	-0.58%	-0.87%	-1.15%	-1.43%
交通运输、仓储和邮政	-0.11%	-0.21%	-0.31%	-0.41%	-0.51%
批发和零售	-0.04%	-0.09%	-0.13%	-0.17%	-0.21%
金属制品、机械和设备修理服务	-0.04%	-0.08%	-0.12%	-0.16%	-0.19%
纺织品	-0.04%	-0.08%	-0.11%	-0.15%	-0.19%
非金属矿和其他矿采选产品	-0.03%	-0.07%	-0.10%	-0.13%	-0.17%
废品废料	-0.03%	-0.06%	-0.10%	-0.13%	-0.16%
食品和烟草	-0.03%	-0.06%	-0.09%	-0.12%	-0.15%
金属冶炼和压延加工品	-0.03%	-0.06%	-0.09%	-0.12%	-0.15%
租赁和商务服务	-0.03%	-0.06%	-0.09%	-0.11%	-0.14%
非金属矿物制品	-0.03%	-0.06%	-0.09%	-0.12%	-0.15%
木材加工品和家具	-0.03%	-0.06%	-0.08%	-0.11%	-0.14%
交通运输设备	-0.03%	-0.06%	-0.08%	-0.11%	-0.14%

续表

部门划分	硫税				
	4000	8000	12000	16000	20000
其他制造产品	-0.03%	-0.05%	-0.08%	-0.10%	-0.13%
纺织服装鞋帽皮革羽绒及其制品	-0.02%	-0.05%	-0.07%	-0.10%	-0.12%
金融	-0.02%	-0.05%	-0.07%	-0.10%	-0.12%
居民服务、修理和其他服务	-0.02%	-0.04%	-0.07%	-0.09%	-0.11%
建筑	-0.02%	-0.04%	-0.06%	-0.09%	-0.11%
造纸印刷和文教体育用品	-0.02%	-0.04%	-0.05%	-0.07%	-0.09%
住宿和餐饮	-0.02%	-0.04%	-0.05%	-0.07%	-0.09%
农林牧渔产品和服务	-0.02%	-0.04%	-0.05%	-0.07%	-0.09%
水的生产和供应	-0.02%	-0.03%	-0.05%	-0.07%	-0.08%
化学产品	-0.02%	-0.03%	-0.05%	-0.06%	-0.08%
金属制品	-0.01%	-0.03%	-0.04%	-0.06%	-0.08%
通信设备、计算机和其他电子设备	-0.01%	-0.03%	-0.04%	-0.06%	-0.07%
通用设备	-0.01%	-0.03%	-0.04%	-0.06%	-0.07%
电气机械和器材	-0.01%	-0.03%	-0.04%	-0.05%	-0.07%
房地产	-0.01%	-0.02%	-0.03%	-0.04%	-0.05%
信息传输、软件和信息技术服务	-0.01%	-0.01%	-0.02%	-0.03%	-0.04%
专用设备	-0.01%	-0.01%	-0.02%	-0.03%	-0.03%
仪器仪表	0.00%	0.00%	0.00%	0.01%	0.01%
石油和天然气开采产品	0.04%	0.07%	0.11%	0.14%	0.18%

资料来源：3E-CGE-BJ 模型模拟结果。

第一类，能源类部门（石油、炼焦产品和核燃料加工业，煤炭采选业，燃气生产和供应业，以及电力、热力的生产和供应业）。随着硫税从 4000~20000 元/吨变化，煤炭采选业产值下降 2.23~10.32%，石油、炼焦产品和核燃料部门产值下降 0.12%~0.59%，各个模拟情形下均位于产值降幅前三行列；而相应模拟情形下燃气生产和供应业产值增加 0.14%~0.68%，电力、热力的生产和供应业产值增加 0.13%~0.62%，产值增幅在 42 部门中处于前两位。煤炭和石油两种化石能源因征收硫税行业总产出量出现萎缩，其中以煤炭最为严重，因为征收硫税后使用化石能源因释放二氧化硫而成本激增，体现在煤炭和石油两个部门在硫税为 4000~20000 元/吨时价格涨幅区间分别为 0.176%~3.485%和 0.004%~0.076%，因此需求量下降，在需求不足的情况下，企业只能降低产量。天然气和电热部门产量出现增长的主要原因是替代效应，企业对煤炭、石油两类化石能源的投入进行调整，转而使用天然气和电力作为能源投入品，或改用劳动力、资本等要素。尽管目前发电行业还是以煤炭为主，但可以通过增加资本和高新科技机器来提高单位煤炭的发电量，还可以通过风能、潮汐能、光能等新能源发电来替代煤电，再加上电热部门作为二次能源，虽然消耗大量化石能源，但自身不排放二氧化硫，在硫税征收过程中受到的只是间接影响，商品价格有一定涨幅（0.014%~0.246%），硫税对产值影响为正向。

第二类，地方政府消费量较大的服务业（科学研究和技术服务业，文化、体育和娱乐业，水利、环境和公共设施管理业，教育业，卫生和社会工作服务业，公共管理、社会保障和社会组织业）。硫税增加了政府部门的税收收入，因此以上 6 个部门的政府支出的增加可以抵消部分居民需求减弱、成本提高带来的影响。由表 6-17 可以看出，42 个部门中仅有 10 个部门产值对硫税的反应为正，以上 6 个部门均位于产值增加部门之列。以地方政府消费量最大的公共管理、社会保障和社会组织业为例，当硫税税率为 1000 元/吨时，该行业产值增幅为 0.04%；当硫税税率为 20000 元/吨时，产值增幅为 0.20%。

第三类，除了第一类、第二类以外的部门，共 32 个。由于硫税的提高，大部分部门产值均出现下降。整体看来，住宿和餐饮、金融、租赁和商务服务等服务业因其生产函数中含有煤炭、石油较少，而含有劳动力、资本较多，受到的负向影响较小从而体现出了自身的相对优势；金属冶炼及压延加工品、非金属矿物制品等重工业因为是煤炭密集型产业所以产值受到的冲击较大。

6.7.2　结论和政策含义

经过政策模拟，本节得到的主要结论如下：随征收硫税将对宏观经济变量产生一定负面影响，GDP、居民收入和居民福利随着硫税税率的增加而出现不同程度的下降；但征收硫税将导致二氧化硫排放量显著下降，同时二氧化碳的协同减排效应也非常明显；随着硫税收率提高，煤炭和石油的消费量减少，其中煤炭消费量降幅较大，而其替代品天然气和电热的消费有一定幅度上升，可以看出硫税对能源消费结构的调整作用，将促使不含硫或硫分较低的能源对硫分较高能源的替代；硫税的征收对煤炭部门、石油部门以及对煤炭依赖性较强的重工业部门的产出负面影响较大，因此治理大气污染的同时，还要同步进行经济结构的调整，改变高耗能、高污染的粗放型增长模式。

第 7 章　低碳经济下城市能源结构优化政策建议

7.1　研究结论

本书从低碳经济视角出发对城市能源结构优化及支撑政策展开研究。低碳经济“兼容性”的表现之一为严控城市碳排放，从交通、建筑、工业、居住等各个部门建设低碳城市，将低碳城市建设作为低碳经济发展的载体，发挥平台作用。低碳城市是以低碳理念为指导，以低碳技术为基础，以低碳规划为抓手，从生产、消费、交通、建筑等方面推行低碳发展模式，实现碳排放与碳处理动态平衡的城市。能源投入是经济发展的重要保障，能源的不同配置形式、组合方式会通过各产业的产出水平反映能源总体利用效率、能源消耗强度和碳排放。众多研究证明了碳排放与经济增长存在密切关系，低碳经济的发展离不开能源结构优化的大力支持。因此在低碳经济下，研究城市能源结构优化政策体系及效应具有重要意义。

随着工业化、城镇化和现代化进程的加快，世界各国的经济发展水平都得到了极大的提高，但气候变化问题也随之产生。在此背景下，发展低碳经济逐渐成为全球共识。从低碳视角出发，低能耗、低排放、低污染是低碳经济的基本特点；从经济视角出发，实现低碳与经济增长相融合是低碳经济的基本任务；从综合视角出发，低碳经济是比低碳技术、低碳产业更具有包容性、兼容性的新经济发展模式，同时兼顾了经济效益和环境效益，是促进“经济-社会-环境”协调和可持续发展的重要途径。其主要内容包括低碳消费、低碳能源、低碳产业、低碳城市、低碳技术。

能源结构是指各类一次能源、二次能源在能源总生产量或总消费量中的占比及比例关系，能源结构优化则指在一定的资源和技术经济条件下，使各种能源占能源总量的比例趋于合理，以提高能源开发利用整体效益。其在能源利用方面表现为提高技术效率和配置效率，在能源产出方面表现为既促进社会经济发展又降低对环境的影响。主要内容包括建立合理的能源消费模式，如控制、减少煤炭、石油等高碳能源消费，降低对国际石油的依赖，降低煤电比重，以及发展清洁低碳能源。低能耗、低排放与低污染，以及低碳与经济增长相融合的、“经济-社会-环境”协调可持续发展的新经济模式，离不开能源结构优化的大力支持，而能源结构也通过能源总量、经济增长、产业结构、人口等介质影响低碳经济发展。

节能减排即节约能源与减少污染物排放。前者指加强用能管理，采取技术上可行、经济上合理以及环境和社会可承受的措施，在能源生产到消费的各环节降低损耗和污染物排放、制止浪费，或增加新能源和可再生能源的比例，以提高能源利用效益；后者则指减少排放工业“三废”，即废水、废气、工业固体废物。其技术主要可分为节能技术、可再生能源技术以及二氧化碳捕捉、封存和利用技术。节能减排既是我国减少碳排放、顺应全球低碳发展的重要举措，又是我国优化自身产业结构、能源结构、改善环境质量、实现低碳经济与长期可持续发展的有效途径。需要注意的是节能减排与低碳经济并非等同关系，虽然两者具有一定的一致性，但低碳经济的范围更广，节能减排只是当前中国低碳经济转型的一项具体行动，节能减排可在能源、建筑、交通、产业、市政等领域促进低碳经济发展。

我国现行的城镇化战略是“以人为本”的新型城镇化，力求弥合土地城镇化和人口城镇化之间的落差，同时以城市群建设为核心，带动大中小城市和小城镇协调发展。城市人口有着明显的集聚效应，依据发达国家人口城市化率水平，未来我国人口会进一步向城市集聚。与此同时，1978 年至 2019 年我国城市数量一直呈现增长趋势，特别是百万级以上城市数量，且大城市数量增长速度快于特大城市和超大城市增长速度。城市人口经济发展的状况直接关系到城市能源的消费情况。我国一次能源生产总量、能源消费总量和人均生产量、消费量一直呈增长态势，能源消费增长速度略高于生产速度。在能源生产结构上，不可再生资源中原煤生产总量占比一直为70%~80%，水电等可再生能源的占比普遍较低，未来我国城市能源消费面临重大压力。在能源消费结构上，煤炭占比很高，其中绝大部分是通过直接燃烧使用，高耗低效利用方式带来了严重的大气污染问题。

总结国外城市能源结构优化特征，发现四大国际都市能源战略均遵循了“开源节流”的思想，即一方面积极培育可再生能源市场与开发新能源，另一方面重视节能与促进能源可持续利用，控制能源消费等。政府在政策、法律、财税、金融等方面的相关支持，也为各大都市能源战略的实施保驾护航。就耗能部门而言，建筑与交通成为现代大型城市系统中的节能重点。此外，未来国际能源利用模式呈现多元化、环保化、高效化的发展趋势。超大型城市的能源转型需要在国家战略的指导下，密切结合国家和城市的自身特点与能源发展现状，以长远、战略的眼光选择能源转型的方向与路径。

目前京津冀城市群大气污染已演变成以高浓度细粒子（全年）和高浓度臭氧污染（夏秋季节）为特征的典型“双高”污染区。虽然近年来的各项防治措施一定程度上改善了空气质量，但冬季空气质量仍旧堪忧，重污染天气多次发生。人为和自然因素共同造成了北京的雾霾现象。除了自然地理特征的影响，北京市能源消费持续增长、能源对外依存度高也是影响因素之一。从污染源的角度看，2012—2013年区域运输占雾霾贡献度的28%~36%，本地污染占64%~72%，其中机动车占比为31.1%。预计未来北京调整能源结构的主要思路为“减煤、引电、增气、利用新能源”。

在燃油税政策模拟分析方面，生产、进口或消费环节的征税都能起到节能减排效果，但对经济造成的冲击不同，即生产和进口环节征税会引起GDP下降和消费价格指数上升，消费环节征税会引起GDP下降和消费价格指数下降。此外，燃油税的征收有助于政府支出较大的第三产业的发展，且对除能源产业的第二产业来说，最为利好高端制造业。在农村煤改气政策方面，政策有助于抑制二氧化硫排放，但不利于实现NO_X减排。政策对居民收入也有一定的影响，农村居民收入增加，但能源支出费用过多，使其他产品消费相对减少，同时城镇居民收入增加，进一步拉大了城乡差距。此外，整体GDP

受政策影响会有所下降，煤炭采选、燃气生产和供应行业受政策影响较大。在碳税政策方面，随着税率提高，煤、石油、天然气的消费量减少，化石能源及密集型部门商品价格上升、产出水平下降，有利于我国能源消费结构调整和经济结构调整。同时碳税征收的二氧化碳减排和二氧化硫协同减排效应明显，但边际减排量随着税率提高逐渐下降，同时GDP、居民收入和居民福利等宏观经济变量也有所下降，对经济系统造成整体冲击，这对碳税优化设计提出要求，在减排量和经济冲击之间寻求平衡。硫税政策的二氧化硫减排和二氧化碳协同减排效应、能源消费结构调整效应和经济结构调整效应也很明显，同时其也对宏观经济变量产生了负面影响。

7.2 政策建议

《国务院关于实施成品油价格和税费改革的通知》把燃油税列为了消费税的一个税目，按从量定征、价内征收的计征办法，以增加现行成品油消费税单位税额的方式来实现燃油税的征税目的。在设计和实施政策的过程中有以下几点需要注意：在征税范围上应分行业区别对待。从国外实践来看，各国均以环保为目标，为减少汽车尾气排放而对汽油、柴油及相关燃料征税，大多数国家只对用于道路交通的油品课以高税，而对农业、牧业、渔业、取暖等特定行业领域用油都采取了低税、免税、补贴等办法以减轻这些行业的负担。在税率确定上，适时合理提高燃油税税率可作为环境保护税的重要补充政策，是解决机动车污染问题的较好方式。在征税环节上，考虑到生产和进口环节的征税会引起GDP下降和消费者价格指数上升，但燃油税的征收有助于高端制造业和政府支出较大的第三产业发展，因此政府在征税过程中应结合相应的产业政策，补贴需要扶持的产业，进而诱导产业结构向低耗能、高附加值方向转型，促进经济高质量、可持续发展。在税收征管上，成品油消费税属于中央税，由国家税务总局统一征收，除由中央本级安排的替代航道养护费等支出外，其余全部由中央财政通过规范的财政转移支付方式分配给地方。在转移支付过程中，应做到专款专用，如专用于道路建设和环境治理，并做好对资金使用的监测管理。

在实践中碳减排机制主要有两种，即以数量控制为特征的排放交易制度和以价格控制为特征的碳税，目前我国实行的是碳排放交易制度，尚未将碳税作为独立税种开征。碳税的二氧化碳减排和二氧化硫协同减排效应、能源结构调整效应、经济结构调整效应明显，但也对经济系统形成整体冲击，同时边际减排量会随着税率提高而下降，这些影响应在设计优化碳税时纳入考虑，要注意平衡减排效应和经济冲击。此外，税率的确定、征税对象的选择还应考虑减排目标、不同产业不同居民的减排成本、其他减排政策等因素，大多数国家和地区按照化石能源的碳含量采用统一税率，名义税率相差较大也是存在其他能源税种或减排政策的原因。纳税环节的选择应考虑不同环节的效率和可操作性，一般来说，在上游征税比在下游征税更节约成本与方便管理。为降低碳税对能源密集型工业和面临激烈国际竞争企业的负面影响，或对低收入居民给予保护，也可实行特定范围的碳税减免，或遵照税收中性原则进行补偿，将碳税返还或用于投资环境保护而非一般性公共开支。我们也可借鉴国外推行的产品碳标签制度，把商品在其整个生命周期中（即从原料、制造、储运、废弃到回收的全过程）所产生的碳排放量信息以标签的形式标识出来，以告知消费者单位产品的碳排放量，引导其选择碳排放更低的商品，倡导环境友好型消费，促使企业进行低碳排放技术的研发与推广。

硫税按课税对象可分为作为直接环境税的二氧化硫税和作为间接环境税的二氧化硫税，前者是对单位排放物课税，后者是对产生污染物的投入物课税，也有国家实行兼为直接、间接环境税的二氧化硫税。在政策设计时应从减排目标出发，考虑直接和间接二氧化硫税对生产者、消费者的不同影响和减排效果的差异性。此外，硫税的二氧化硫减排和二氧化碳协同减排效应、能源消费结构调整效应和经济结构调整效应也很明显，同时其也对宏观经济变量有一定的负面影响，可参考碳税进行政策设计与优化。同时，针对目前我国二氧化硫减排措施存在的收费标准过低、征收范围窄、收支缺乏透明性、法律层次低等问题，也应及时做出调整、修改与完善。

“煤改气”工程具有显著的绿色综合净效益，需要坚定有力地稳步推进。

但同时，“煤改气”也引致了一系列问题：天然气持续快速的增长使供给不足，导致北方“气荒”隐患加剧；储气设施等基础设施建设相对滞后，储备能力不足等问题更加凸显，成为制约天然气安全稳定供应的短板，无法满足“煤改气”推进速度；基层燃气企业面对民用气价格约束，负担过重；“煤改气”运营成本较高，政府补贴机制可持续难度较大，气价补贴返还周期长、返还不到位，导致燃气企业垫付大量资金，现金流紧张；区域间联防联控落地性不强等。对此，可考虑通过以下措施纾困：加大技术研发、加强勘探、可持续开发以增加天然气供应，对储气、输气等基础设施定期维护更新检修以减少“西气东输”过程中的耗损，对基层燃气企业进行适当补贴，加强天然气产业的信息化、智能化发展以减轻运营成本，加强区域间联防联控，建设统一大市场，消除地方保护主义等。此外考虑到煤改气政策作用有限，政府应结合其他政策促进农村 NO_X 减排，同时针对在“煤改气”过程中农村居民能源支出过多而其他产品消费减少，导致城乡差距进一步拉大的问题，可加大对农村居民特别是低收入者的补贴力度。而面对整体 GDP 受政策影响可能有所下降，以及煤炭采选、燃气生产和供应行业受政策影响较大的情况，在以经济高质量可持续发展为目标的同时，考虑化石能源密集型行业的就业、居民福利等的影响，可借助数字化加快行业转型发展。在“煤改电”方面，由于目前我国主要还是以煤炭为主的火力发电，在燃煤过程中仍会产生大量的污染物，对此不仅要在加大技术研发、提能效降能耗方面“节流”，更要加大可再生能源的开发利用力度，在积极培育市场方面“开源”。

财税补贴和市场手段并行，促进新能源和可再生能源的投资与生产。合理开发利用可再生能源可包括投资和生产两个阶段。在投资阶段实施灵活融资政策，如投资补贴、低息贷款、税收优惠，为可再生能源生产企业提供资金支持，促使其扩大生产规模，同时刺激企业参与技术研发改进，降低可再生能源开发利用成本。在生产阶段可实施市场准入政策和价格控制。前者可继续推进实施具有市场竞争性和贸易性的可再生能源电力消纳保障机制（可再生能源配额制），政府或监管部门通过法规强制要求供电企业在某个特定时间之前基于一定最低配额或固定比例的可再生能源来销售电力，并做好监督反馈工作。此外，也可考虑实施类似欧盟强制上网政策以保证可再生能源电力的部分市场。后者可通过政府制定可再生能源产品价格（主要是可再生能源发电价格），同时对常规能源征收一定税费，以保证投资者和生产者的商业利润，调动积极性。后期可逐步将市场价格机制引入可再生能源产业发展，引导可再生能源价格持续降低，提高市场竞争力。需要注意的是，针对部分研究表明的可再生能源产业发展初期，配额制会引起火电厂商生产成本和电价上升、能有效降低电力市场批发价格，但对零售电价的影响具有不确定性等问题，需要及时调整完善政策，平衡好供电企业利润和用电者福利。

除了在体制改革这个“软平台”上推动能源革命、实现可持续发展外，我们也可考虑继续推进发展以新能源技术和信息技术深入结合为特征、基于可再生能源的、分布式、开放共享的能源互联网这个“硬平台”。能源互联网的建设离不开小规模、中尺度能源互联网的支持，且清洁能源发展存在接入效率低等诸多问题，对此可以“区域”为切入点，继续推进发展区域能源互联网。目前我国区域能源互联网存在以下 4 点发展趋势，即市场需求处于增长期，商业模式处于创新期，投资主体处于建设生态期，技术应用处于升级期。同时存在高端装备制造技术不成熟，与国际先进水平差距较大等技术问题，仅有宏观规划和指导意见、政策条款大多是原则性规定、具体政策不明确、缺乏全国性供热管理办法等政策问题，以及一次投入大、能耗高、投资成本难回收、“大马拉小车”等运营问题。对此，在技术应用方面，企业、高校和科研院所要继续加快技术研发与应用转化，将区域能源互联网与设备云平台互联互通，充分利用设备平台提供的大数据服务。在公共政策方面，政府应重视能源规划作用、建立管理法规与能效标准、重视跨部门协同规划以确保其落地执行，可考虑通过利用融资优惠、财政税收优惠、直接资金补贴等政策为建设企业提供支持激励。同时，可依据浙江省、雄安新区等项目效果与经验来继续推进开展试点示范项目，以增强各地对能源互联网的运营能力和信心，增强政府及企业对项目建设的支持力度。在投资主体方面，要加强合作开发投资运营，形成一体化能源管理系统，可借助区域能源互联网用户用能数据建立用户黏性，在供热冷电基础上拓展用户侧业务和智慧园区服务等，打造生态链竞争力。

在建筑节能、低碳建筑领域，需要注意在提升建筑节能标准的同时，重视建筑的健康环保性能，保证较高健康舒适前提下的建筑节能。政府层面要完善法律制度，保护知识产权，鼓励研发和创新，消除地方保护主义，建立公平开放的市场环境，实行适当的、透明细致的经济激励措施，统一规定现有建筑物的翻新标准以加强现有建筑物改造，制定严格细致的建筑节能监督措施（如德国实行的建筑节能证书制度、能源效率证书）。可以将建筑节能纳入绿色 GDP 指标体系，以评估地方政府对绿色经济重视程度与发展能力，促进和鼓励地方政府积极制定有力的建筑节能措施、节约政策，逐步建设适合我国工业化的建筑，建立可持续发展管理机制和运行机制，加强同时重视节能和发展的科学研究。此外，也可创新节能与绿色建筑市场运作机制，探索市场化服务模式，鼓励咨询服务公司为建筑用户提供“一站式”服务，提高服务水平。同时，引导采用政府和社会资本合作（PPP）模式、特许经营等方式投资、运营项目。创新投融资机制，拓宽社会资本投资渠道，积极搭建市场服务平台，实现建筑领域节能和绿色建筑与金融机构、第三方服务机构的融资及技术能力的有效连接，提高项目建设的保障能力。完善绿色金融发展扶持政策，丰富绿色金融产品。例如，开展绿色信用贷款、绿色证券指数、绿色信贷资产证券化、碳资产支持商业票据、绿色供应链票据融资等金融产品创新。使绿色金融成为建筑节能和低碳建筑发展的重要推动力量，使绿色建筑企业、低能耗建筑项目有更多渠道获得融资及财政奖补。

以公交优先、慢交通优先与减少交通需要为原则发展低碳交通。交通运输是国民经济和社会发展的基础性、先导性和服务性行业，也是国家节能减排和应对气候变化的重点领域之一。低碳交通运输体系的建设将成为资源节约型和环境友好型行业建设的新亮点和新突破。实现交通低碳化可从消费领域着手，如个人将传统电力汽车替换为新能源汽车，或改为步行、骑自行车等非机动交通方式，也可从生产领域着手，如提高运输工具生产力、优化空间运输资源配置、提高运输组织效率等。城市发展低碳交通可从以下途径着手：可以公共交通导向型发展（TOD）为模式，合理利用土地进行城市形态规划，力求减少交通需求量；优化城市路网功能结构，推进自行车专用道和行人步道网络建设，建立多种交通出行方式相互补充、协调运转的城市客运体系；实施公交优先发展战略，大力发展大容量城市公共交通工具，加快建设公交专用道、城市轨道交通，优化城市轨道交通与道路交通换乘系统，并加强城市交通供求管理、制定交通综合解决方案等；建设以自行车和电踏车为主的低碳社区；充分利用城市共享交通，在出行类共享经济引流之后要增加设备周转率而非投放量，并加强监管，解决最后一公里出行需求；实施交通新能源战略，注意加强国内外合作、完善配套硬件设施建设，推进新能源在交通工具中的应用。其中需要注意的是公共交通定价策略会通过影响消费者偏好从而优化能源结构，但这种影响会随城市发展进程而降低，为此在推进城市群发展的进程中可因地制宜进行合理定价。面对总体层面交通运输发展方式相对粗放、运输结构不尽合理、交通治理体系不尽完善、治理能力有待提高等问题，政府可从这几个方面推进低碳交通建设：加大各级财政性资金对低碳交通发展的支持力度，通过节能低碳型交通工具补助政策，促进新能源汽车加快发展，支持新能源公交更新，推进交通运输装备绿色升级；支持开展配套电网、加注（气）站、充电桩等基础设施建设，促进绿色低碳出行；促进交通运输行业应用绿色信贷、绿色债券、绿色基金等创新金融工具，拓宽低碳交通发展融资渠道，引导市场资金流入交通运输节能环保项目和产业，填补融资需求；研究探索绿色收费公路、充电桩等绿色交通基础设施领域绿色 RETIs（不动产投资信托基金）的应用，吸纳社会资本，为公路运输绿色低碳转型提供动力；鼓励支持加强政策协调衔接，强化试点示范、典型经验的总结推广；加快科技创新和监督管理等。

参考文献

［1］生态环境部. 2020 中国生态环境状况公报［EB/OL］.（2021-05-27）［2022 - 09 - 10］. http：//www. cnemc. cn/jcbg/zghjzkgb/202105/t20210527_835035. shtml.

［2］白俊红，余雪微．全球价值链嵌入对节能减排的影响：理论与实证［J］. 财贸经济，2022，43（6）：122-159.

［3］包尤思．“双碳”形势下如何深化清洁生产审核［J］. 中华环境，2022（3）：47-49.

［4］鲍健强，苗阳，陈锋．低碳经济：人类经济发展方式的新变革［J］. 中国工业经济，2008（4）：153-160.

［5］北京市人民政府网．北京市人民政府关于印发《北京市“十四五”时期能源发展规划》的通知［EB/OL］.（2022-02-22）［2022-05-27］. http：//www. beijing. gov. cn/zhengce/zhengcefagui/202204/t20220401_ 2646626. html.

［6］北京 PM2. 5 年均浓度首次实现“30+”［EB/OL］.（2021-01-05）［2022-09-10］. https：//www. mee. gov. cn/ywdt/dfnews/202101/t20210105_816138. shtml.

［7］北京 PM2. 5 来源 本地排放占 2/3 移动源占比最大［EB/OL］.（2018-05-14）［2022-09-10］. https：//env. people. com. cn/n1/2018/0514/c1010-29988771. html.

［8］邴雪，徐萍，陆键，等．基于 LCA 的低碳公路的实现途径［J］. 公路，2013（3）：133-139.

［9］CCICED. 中国发展低碳经济途径研究［M］//张坤民，潘家华，崔大鹏．低碳发展论．北京：中国环境科学出版社，2009（5）：307-308.

［10］财政部财科所．中国碳税税制框架设计［R］. 北京，2009.

[11] 蔡博峰. 低碳城市规划 [M]. 北京：化学工业出版社，2011.

[12] 蔡彤娟. 气候投融资 为绿色建材发展带来新机遇 [J]. 中国建材，2022 (7)：64-69.

[13] 曹柳青，王默玉，申晓留，等. 京津冀区域能源互联网研究 [J]. 电网与清洁能源，2017，33 (3)：125-130.

[14] 曹申，董聪. 绿色建筑全生命周期成本效益评价 [J]. 清华大学学报（自然科学版），2012，52 (6)：843-847.

[15] 陈超凡. 节能减排与中国工业绿色增长的模拟预测 [J]. 中国人口·资源与环境，2018，28 (4)：145-154.

[16] 陈洁民. 碳标签：国际贸易中的新热点 [J]. 对外经贸实务，2010 (2)：93-95.

[17] 陈炜伟. 我国明确能源互联网建设 10 大重点 [EB/OL]. (2016-03-02) [2022-09-10]. http：//www.gov.cn/xinwen/2016-03/01/content_5047591.htm.

[18] 陈云波，徐峻，何友江，等. 北京市冬季典型重污染时段 PM2.5 污染来源模式解析 [J]. 环境科学研究，2016，29 (5)：627-636.

[19] 陈正. 中国能源需求结构预测分析 [J]. 统计与信息论坛，2010，25 (11)：81-86.

[20] 程云鹤，齐晓安，汪克亮，等. 技术进步、节能减排与低碳经济发展：基于 1985~2009 年中国 28 个省际面板数据的实证考察 [J]. 山西财经大学学报，2013，35 (1)：51-60.

[21] 刘虹桥. 德国公民能源运动初起 [EB/OL]. (2019-08-10) [2022-09-10]. http：//www.cspplaza.com/article-3725-1.html.

[22] 邓奎. 控制能源消费总量 强化倒逼机制 [J]. 宏观经济管理，2013 (4)：42-44.

[23] 董成. 全球生态文明建设的中国实践 [J]. 湖南社会科学，2022 (2)：109-116.

[24] 董力通. 电力市场下中国实行可再生能源配额制的研究 [D]. 北

京：华北电力大学，2006.

［25］董梅，徐璋勇，李存芳．碳强度约束下的节能减排效应分析：基于能源和部门结构视角［J］．软科学，2018，32（8）：86-90.

［26］杜尚泽，赵成，寇江泽．着眼于中国的可持续发展、中华民族的未来［J］．人民周刊，2022（5）：40-45.

［27］杜学平，张燕平，于玉良．北京市农村“煤改气”和“煤改电”生命周期环境效益对比分析［J］．城市燃气，2017（12）：31-34.

［28］樊杰，孙威，任东明．基于可再生能源配额制的东部沿海地区能源结构优化问题探讨［J］．自然资源学报，2003（4）：402-411.

［29］范爱军，谭诗怡．论全球能源互联网建设与我国能源安全效益［J］．福建论坛（人文社会科学版），2017（8）：23-28.

［30］范德成，刘凯然．动态内生视角下嵌入全球价值链的节能减排效应［J］．统计与决策，2022，38（17）：86-90.

［31］范德成，王韶华，许珊．基于低碳经济的节能减排与能源结构优化［M］．北京：科学出版社，2018：110-111.

［32］范平．燃油税改革若干问题研究［J］．理论前沿，2005（19）：26-28.

［33］冯利青，苏世伟．政府补贴对造纸行业全要素生产率的影响研究：基于14家上市公司数据的实证检验［J］．林业经济，2021，43（3）：82-96.

［34］付加锋，庄贵阳，高庆先．低碳经济的概念辨识及评价指标体系构建［J］．中国人口·资源与环境，2010，20（8）：38-43.

［35］付允，刘怡君，汪云林．低碳城市的评价方法与支撑体系研究［J］．中国人口·资源与环境，2010，20（8）：44-47.

［36］付允，马永欢，刘怡君，等．低碳经济的发展模式研究［J］．中国人口·资源与环境，2008（3）：14-19.

［37］傅金睿．电力行业市场规模及发展驱动因素分析［J］．新能源科技，2021（6）：3-4.

［38］高进军，陆礼．低碳交通运输的政策设计与实践进展［J］．交通企

业管理，2012（5）：8-11.

［39］高黎敏．全国煤改气过程与现状分析［J］．煤气与热力，2020，40（3）：20-22，45-46.

［40］高泉平．低碳理念下绿色建筑的经济效益分析［J］．武汉理工大学学报，2010，32（15）：189-192.

［41］宫晓辰，孙涛．节能减排政策工具降低碳强度影响机制研究：基于30省（市、自治区）数据的模糊集定性比较分析［J］．城市问题，2021（7）：23-32.

［42］顾树华，王白羽．中国可再生能源配额制政策的初步研究［J］．清华大学学报（哲学社会科学版），2003（S1）：27-33.

［43］郭杰，伊文婧．中国低碳交通发展的几点思考［J］．中国能源，2013，35（10）：40-44.

［44］郭莉，崔强，陆敏．低碳生活的新工具：碳标签［J］．生态经济，2011（7）：84-86，94.

［45］郭炜煜，赵新刚，冯霞．固定电价与可再生能源配额制：基于中国电力市场的比较［J］．中国科技论坛，2016（9）：90-97.

［46］国家发展改革委国家能源局．“十四五”现代能源体系规划［EB/OL］．（2022-03-22）［2022-09-10］．https：//www. ndrc. gov. cn/xxgk/zcfb/ghwb/202203/t20220322_ 1320016. html？code=&state=123.

［47］国家发展改革委 国家能源局关于建立健全可再生能源电力消纳保障机制的通知［Z］．2019-05-10.

［48］国务院．国务院关于实施成品油价格和税费改革的通知［J］．辽宁省人民政府公报，2009（1）：42-46.

［49］国务院．国务院关于加快建立健全绿色低碳循环发展经济体系的指导意见［J］．中华人民共和国国务院公报，2021（7）：39-43.

［50］国务院．国务院关于印发“十三五”节能减排综合工作方案的通知［J］．中华人民共和国国务院公报，2017（3）：26-48.

［51］韩文科．加快推进我国能源结构调整［J］．环境保护，2013，41

(20)：35-37.

［52］何民宇，刘维燥，刘清才，等．CO_2 矿物封存技术研究进展［J］．化工进展，2022，41（4）：1825-1833.

［53］贺菊煌，沈可挺，徐嵩龄．碳税与二氧化碳减排的CGE模型［J］．数量经济技术经济研究，2002（10）：39-47.

［54］胡彩梅，特大城市人口的国际比较［J］．开放导报，2015（3）：26-30.

［55］胡莹菲，王润，余运俊．中国建立碳标签体系的经验借鉴与展望［J］．经济与管理研究，2010（3）：16-19.

［56］胡宗义，王天琦．人口结构和经济增长对碳排放的影响分析［J］．经济数学，2018（3）：1-7.

［57］黄强，郭怿，江建华，等．“双碳”目标下中国清洁电力发展路径［J］．上海交通大学学报，2021，55（12）：1499-1509.

［58］黄武靖，张宁，董瑞彪，等．构建区域能源互联网：理念与实践［J］．全球能源互联网，2018，1（2）：103-111.

［59］霍沫霖，郭磊，张哲．区域能源互联网的发展现状与政策建议［J］．中国电力，2020，53（12）：241-247.

［60］霍沫霖．区域能源是“互联网+”多能互补的创新“洼地”［N/OL］．中国能源报．(2020-03-25)［2022-09-10］．http：//m. chinasmartgrid. com. cn/mnews/20200325/635190. shtml.

［61］纪玉山，纪明．低碳经济的发展趋势及中国的对策研究［J］．社会科学辑刊，2010（2）：83-89.

［62］贾林娟．低碳经济发展影响因素及路径设计［J］．科技进步与对策，2014，31（3）：26-29.

［63］坚决打好污染防治攻坚战 推动生态文明建设迈上新台阶［J］．理论导报，2018（5）：1.

［64］江苏省人民政府办公厅．省政府办公厅关于印发江苏省“十四五”新型基础设施建设规划的通知［Z］．2021-08-10.

[65] 江亿，唐孝炎，倪维斗，等．北京 PM2.5 与冬季采暖热源的关系及治理措施［J］．中国能源，2014，36（1）：7-13，28.

[66] 姜虹，李俊明．中国发展低碳建筑的困境与对策［J］．中国人口·资源与环境，2010，20（12）：72-75.

[67] 姜彤，李修仓，巢清尘，等．《气候变化 2014：影响、适应和脆弱性》的主要结论和新认知［J］．气候变化研究进展，2014，10（3）：157-166.

[68] 蒋惠园，白帆．城市轨道交通低碳经济评价研究［J］．铁道运输与经济，2010，32（9）：11-15.

[69] 交通运输部．关于全面深入推进绿色交通发展的意见［J］．交通财会，2018（1）：84-88.

[70] 里夫金．第三次工业革命 新经济模式如何改变世界［M］．北京：中信出版社，2012：2.

[71] 金乐琴，刘瑞．低碳经济与中国经济发展模式转型［J］．经济问题探索，2009（1）：84-87.

[72] 金乐琴．德国能源转型战略及启示［J］．生态经济，2014（11）：61-64.

[73] 国家能源局．就《关于建立健全可再生能源电力消纳保障机制的通知》答记者问［EB/OL］．（2019-05-15）［2022-09-10］．http：//www.nea.gov.cn/2019-05/15/c_138060634.htm.

[74] 康重庆，杜尔顺，张宁，等．可再生能源参与电力市场：综述与展望［J］．南方电网技术，2016，10（3）：16-23，2.

[75] 赖明勇，肖皓，陈雯，等．不同环节燃油税征收的动态一般均衡分析与政策选择［J］．世界经济，2008（11）：65-76.

[76] 冷艳丽，杜思正．能源价格扭曲与雾霾污染：中国的经验证据［J］．产业经济研究，2016（1）：71-79.

[77] 李创．基于 CGE 模型的碳税政策模拟分析［J］．工业技术经济，2014（1）：146-153.

［78］李春景．低碳经济视角下碳标签制度对中国出口的影响研究［J］．兰州学刊，2014（10）：159-162.

［79］李洪兵，张吉军．中国能源消费结构及天然气需求预测［J］．生态经济，2021，37（8）：71-78.

［80］李辉，庞博，朱法华，等．碳减排背景下我国与世界主要能源消费国能源消费结构与模式对比［J/OL］．环境科学，2022，43（11）：5294-5304.

［81］李继峰，顾阿伦，张成龙，等．“十四五”中国分省经济发展、能源需求与碳排放展望：基于 CMRCGE 模型的分析［J］．气候变化研究进展，2019，15（6）：649-659.

［82］李兰冰，李焕杰．技术创新、节能减排与城市绿色发展［J］．软科学，2021，35（11）：46-51.

［83］李鹏．产业结构调整与环境污染之间存在倒 U 型曲线关系吗？［J］．经济问题探索，2015（12）：56-67.

［84］李鹏．产业结构与环境污染之间倒“U”型曲线关系的检验：基于产业结构调整幅度和经济增长速度共同影响视角的分析［J］．经济问题，2016（10）：21-26，109.

［85］李胜，陈晓春．低碳经济：内涵体系与政策创新［J］．科技管理研究，2009，29（10）：41-44.

［86］李伟，张希良，周剑，等．关于碳税问题的研究［J］．税务研究，2008（3）：20-22.

［87］李晓燕，邓玲．城市低碳经济综合评价探索［J］．现代经济探讨，2010（2）：82-85.

［88］李晓燕．基于模糊层次分析法的省区低碳经济评价探索［J］．华东经济管理，2010，24（2）：24-28.

［89］李璇，聂滕，齐珺，等．2013 年 1 月北京市 PM2.5 区域来源解析［J］．环境科学，2015，36（4）：1148-1153.

［90］李云燕，盛清，代建．基于 DMSP-OLS 与 NPP-VIIRS 整合数据的京津冀城市群碳排放时空演变特征［J/OL］．环境工程技术学报：1-13.［2022-

11-04］. http：//kns. cnki. net/kcms/detail/11. 5972. X. 20220411. 2000. 002. html.

［91］李梓仟，王彩霞，叶小宁．全国碳市场建设与配额制、绿证交易制度的衔接［J］．中国电力企业管理，2020（28）：24-28.

［92］李梓仟，王彩霞，叶小宁．我国可再生能源配额制探索历程［EB/OL］．（2022-06-28）［2022-09-10］https：//guangfu. bjx. com. cn/news/20200628/1084077. shtml.

［93］梁广，余春荣．英国建筑节能法规进展［J］．门窗，2013（3）：53-56.

［94］梁浩，张峰，梁俊强．绿色建筑产业新城助力新型城镇化［J］．城市发展研究，2013，20（7）：124-132.

［95］梁萌，张奇，彭盈盈．构建开放条件下中国天然气安全保障体系的路径［J］．天然气工业，2021，41（11）：161-169.

［96］林飞龙．绿色交通：实现城市交通可持续发展的有效手段［J］．生态经济，2004（7）：26-28.

［97］林绿，吴亚男，董战峰，等．德国和美国能源转型政策创新及对我国的启示［J］．环境保护，2017（19）：64-70.

［98］凌文，李全生，张凯．我国氢能产业发展战略研究［J］．中国工程科学，2022，24（3）：80-88.

［99］凌芸，王婕，孟凡达．能源转型中的财税政策创新［J］．开放导报，2017（5）：34-38.

［100］刘恩侨．全球能源结构转型大势［J］．中国经济报告，2021（1）：105-113.

［101］刘海英，郭文琪．碳排放权交易政策试点与能源环境效率：来自中国287个地级市的实证检验［J］．西安交通大学学报（社会科学版），2022，42（5）：72-86.

［102］刘红梅，王克强．国际性大都市能源战略经验借鉴［J］．上海师范大学学报（哲学社会科学版），2010，39（1）：52-58.

［103］刘红，王远．能源结构优化调整探讨［J］．中国工程咨询，2013

(3)：26-28.

［104］刘华军，石印，郭立祥，等．新时代的中国能源革命：历程、成就与展望［J］．管理世界，2022，38（7）：6-24.

［105］刘慧，白聪．数字化转型促进中国企业节能减排了吗？［J］．上海财经大学学报，2022，24（5）：19-32.

［106］刘立佳，司言武．中国二氧化硫税制度设计研究综述［J］．经济论坛，2010（8）：173-176.

［107］刘清．大气污染防治 共享一片蓝天［M］．北京：冶金工业出版社，2012.

［108］刘瑞婷，韩志伟，李嘉伟．北京冬季雾霾事件的气象特征分析［J］．气候与环境研究，2014（2）：164-172.

［109］刘双柳，陈鹏，程亮，等．碳达峰碳中和目标下可再生能源产业财税金融支持政策研究［J］．中国环境管理，2022，14（4）：40-43.

［110］刘细良，张超群．城市低碳交通政策的国际比较研究［J］．湖南社会科学，2013（2）：160-164.

［111］刘小川，汪曾涛．二氧化碳减排政策比较以及我国的优化选择［J］．上海财经大学学报，2009，11（4）：73-80，88.

［112］刘小川，汪曾涛．碳税的国际比较及其对我国的启示［N］．中国税务报，2009-05-27（02）.

［113］刘晓君，贺丽，胡伟，等．中国绿色建筑全产业链政策评价［J］．城市问题，2019（6）：71-79.

［114］刘晓君，强国凤．基于政策工具视角的建筑节能政策评价［J］．城市问题，2019（10）：83-89.

［115］刘叶．国际贸易会恶化全要素能源效率吗：基于中国33个工业行业的经验分析［J］．中国人口·资源与环境，2018，28（6）：20-29.

［116］刘应红．从价格承受能力看居民采暖：以北京市城乡为例［J］．国际石油经济，2017，25（6）：45-50.

［117］刘英姿，饶立新．美国联邦燃油税征收政策及对我国的启示［J］.

税务研究，2003（9）：53-55.

［118］刘召峰，周冯琦．全球城市之东京的环境战略转型的经验与借鉴［J］．中国环境管理，2017，9（6）：103-107.

［119］娄峰．碳税征收对我国宏观经济及碳减排影响的模拟研究［J］．数量经济技术经济研究，2014，31（10）：84-96+109.

［120］卢求．从德国近零能耗建筑的发展看中国绿色建筑的节能问题［C］//中国城市科学研究会，苏州市人民政府，中美绿色基金，中国城市科学研究会绿色建筑与节能专业委员会，中国城市科学研究会生态城市研究专业委员会．2020 国际绿色建筑与建筑节能大会论文集．中国城市出版社（China City Press），2020：7.

［121］路佳，张超，国万忠．对我国开征碳税的可行性探讨［J］．商业会计，2011（11）：22-23.

［122］吕倩．京津冀地区汽车运输碳排放影响因素研究［J］．中国环境科学，2018，38（10）：3689-3697.

［123］马军，周琳，李薇．城市低碳经济评价指标体系构建：以东部沿海 6 省市低碳发展现状为例［J］．科技进步与对策，2010，27（22）：165-167.

［124］马士国，石磊．征收硫税对中国宏观经济与产业部门的影响［J］．产业经济研究，2014（3）：51-60.

［125］马士国．征收硫税对中国二氧化硫排放和能源消费的影响［J］．中国工业经济，2008（2）：20-30.

［126］毛显强，彭应登，郭秀锐．国内大城市煤改气工程的费用效益分析［J］．环境科学，2002（5）：121-125.

［127］闵宗银．燃油税及其对我国国民经济的影响［J］．税务与经济（长春税务学院学报），2000（6）：36-39.

［128］穆泉，张世秋．2013 年 1 月中国大面积雾霾事件直接社会经济损失评估［J］．中国环境科学，2013，33（11）：2087-2094.

［129］欧阳斌，李忠奎，凤振华．低碳交通运输规划研究现状、问题及

展望［J］. 中国流通经济，2014，28（9）：13-20.

［130］潘家华，庄贵阳，郑艳，等. 低碳经济的概念辨识及核心要素分析［J］. 国际经济评论，2010（4）：88-101，5.

［131］庞军，邹骥，傅莎. 应用CGE模型分析中国征收燃油税的经济影响［J］. 经济问题探索，2008（11）：69-73.

［132］彭应登. 北京近期雾霾污染的成因及控制对策分析［J］. 工程研究——跨学科视野中的工程，2013，5（03）：233-239.

［133］钱喆，吴翱翔，张海霞. 世界级城市交通发展战略演变综述及启示［J］. 城市交通，2015，13（1）：52-59.

［134］裘晓东. 各国/地区碳标签制度浅析［J］. 轻工标准与质量，2011（1）：43-49.

［135］曲建升，曾静静. 二氧化碳捕获与封存：技术、实践与法律——国际推广二氧化碳捕获与封存工作的法律问题分析［J］. 世界科技研究与发展，2007（6）：78-83.

［136］曲如晓，马建平. 贸易与气候变化：国际贸易的新热点［J］. 国际贸易，2009（7）：39-42.

［137］曲顺兰，路春城. 中国能源税制的改革与完善：兼论燃油税的开征［J］. 中国人口·资源与环境，2008（3）：163-168.

［138］中华环境编辑部. 全面加强生态环境保护 坚决打好污染防治攻坚战：让良好生态环境成为幸福生活的增长点［J］. 中华环境，2018（7）：11-12.

［139］饶呈祥. 我国成品油税费改革之经济影响的行业分析［J］. 现代财经（天津财经大学学报），2009（10）：24-30.

［140］任东明，张宝秀，张锦秋. 可再生能源发电配额制政策（RPS）研究［J］. 中国人口·资源与环境，2002（2）：119-122.

［141］任东明. 中国可再生能源配额制和实施对策探讨［J］. 电力系统自动化，2011，35（22）：25-28.

［142］任福兵，吴青芳，郭强. 低碳社会的评价指标体系构建［J］. 科

技与经济，2010，23（2）：68-72.

［143］任杲，宋迎昌，蒋金星．改革开放 40 年中国城市化进程研究［J］．宁夏社会科学，2019（1）：23-31.

［144］沙之杰．低碳经济背景下的中国节能减排发展研究［D］．成都：西南财经大学，2011.

［145］沈满洪，王隆祥．低碳建筑研究综述与展望［J］．建筑经济，2012（12）：67-70.

［146］施锦芳．日本的低碳经济实践及其对我国的启示［J］．经济社会体制比较，2015（6）：136-146.

［147］朱妍．“十四五”煤控任务再升级［EB/OL］．（2020-12-02）［2022-09-10］．http：//www. sxcoal. com/news/4618730/info.

［148］石丰，郭成斌．建筑工程中有关集中供暖和供热的节能问题［J］．应用能源技术，2007（11）：19-20.

［149］石敏俊，袁永娜，周晟吕，等．碳减排政策：碳税、碳交易还是两者兼之？［J］．管理科学学报，2013，16（9）：9-19.

［150］石淑华．我国新型城镇化发展模式研究［M］．北京：经济科学出版社，2020.

［151］骆倩雯．时隔三年北京再发 PM2. 5 源解析结果，本地污染源减少［EB/OL］．（2021-09-06）［2020-09-10］．https：//news. bjd. com. cn/2021/09/06/167834t100. html.

［152］史丹，李少林．京津冀绿色协同发展效果研究：基于“煤改气、电”政策实施的准自然实验［J］．经济与管理研究，2018，39（11）：64-77.

［153］宋彦，彭科．城市总体规划促进低碳城市实现途径探讨：以美国纽约市为例［J］．规划师，2011，27（4）：94-99.

［154］搜狐财经．中国开始全额征收燃料油消费税［EB/OL］．（2008-02-19）［2022-09-10］．https：//business. sohu. com/20080219/n255240418. shtml.

［155］苏明，傅志华，许文，等．碳税的国际经验与借鉴［J］．经济研

究参考，2009（72）：17-23，43.

［156］苏明，傅志华，许文，等．我国开征碳税问题研究［J］．经济研究参考，2009（72）：2-16.

［157］宿凤鸣．低碳交通的概念和实现途径［J］．综合运输，2010（5）：13-17.

［158］宿永铮．节能减排、产业结构优化与镇江经济发展方式转变研究［D］．镇江：江苏大学，2010.

［159］孙美楠，易露霞．欧盟主要国家低碳经济发展经验及对中国的启示［J］．特区经济，2011（11）：107-109.

［160］孙培勤，孙绍晖，常春，等．我国生物质能源现代化应用前景展望（一）：生物质资源和供给［J］．中外能源，2014，19（6）：21-28.

［161］孙腾，金颖．国际大都市低碳发展策略对上海的启示［J］．上海节能，2017（10）：565-569.

［162］塔蒂安娜，伦敦气候变化署．低碳城市：从伦敦到上海的愿景［J］．城市中国，2007（21）：91-92.

［163］唐云霓，闫如雪，周艳玲．碳中和愿景下能源政策的结构表征与优化路径［J/OL］．清华大学学报（自然科学版）：1-14［2022-10-15］．http：//jst. tsinghuajournals. com/CN/10. 16511/j. cnki. qhdxxb. 2022. 21. 036.

［164］陶俊，张仁健，段菁春，等．北京城区 PM2. 5 中致癌重金属季节变化特征及其来源分析［J］．环境科学，2014，35（2）：411-417.

［165］田莉，桑劲，邓文静．转型视角下的伦敦城市发展与城市规划［J］．国际城市规划，2013，28（6）：13-18.

［166］汪曾涛．碳税征收的国际比较与经验借鉴［J］．理论探索，2009（4）：68-71.

［167］汪辉，赵新刚，任领志，等．可再生能源配额制与中国能源低碳转型［J］．财经论丛，2021（9）：104-113.

［168］汪克亮，史利娟，刘悦，等．中国节能减排效率的地区差异、动态演进与驱动因素：基于非径向加权 Russell DDF 与 Luenberger 生产率指标

[J]. 华东经济管理，2018，32（1）：53-61.

[169] 王灿，陈吉宁，邹骥. 基于 CGE 模型的 CO_2 减排对中国经济的影响 [J]. 清华大学学报（自然科学版），2005（12）：1621-1624.

[170] 王成军，杜传甲. 基于冗余分析的陕西省能源消费结构影响因素研究 [J]. 生态经济，2019，35（11）：79-83.

[171] 王风云，苏烨琴. 京津冀能源消费结构变化及其影响因素 [J]. 城市问题，2018（8）：59-67.

[172] 王军. 我国开展碳税征收有关问题探讨 [J]. 特区经济，2012（4）：122-124.

[173] 王韶华，于维洋，张伟，等. 我国低碳经济实现的"三驾马车"贡献分析 [J]. 管理现代化，2014（1）：51-53.

[174] 王韶华，于维洋，张伟. 我国能源结构对低碳经济的作用关系及作用机理探讨 [J]. 中国科技论坛，2015（1）：119-124.

[175] 王韶华. 基于低碳经济的我国能源结构优化研究 [D]. 哈尔滨：哈尔滨工程大学，2013.

[176] 王小林，成金华，陈军，等. 天然气消费替代效应与中国能源转型安全 [J]. 中国人口·资源与环境，2021，31（3）：138-149.

[177] 王晓玲. 二氧化硫税的国际比较及在减排中的作用评析 [J]. 涉外税务，2002（5）：49-52.

[178] 王勇，许子易，张亚新. 中国超大城市碳排放达峰的影响因素及组合情景预测——基于门限-STIRPAT 模型的研究 [J]. 环境科学学报，2019，39（12）：4284-4292.

[179] 王雨. 推进我国能源战略转型的路径选择 [J]. 当代经济研究，2014（3）：67-70.

[180] 王跃思，姚利，刘子锐，等. 京津冀大气霾污染及控制策略思考 [J]. 中国科学院院刊，2013（3）：353-363.

[181] 王跃思，张军科，王莉莉，等. 京津冀区域大气霾污染研究意义、现状及展望 [J]. 地球科学进展，2014（3）：388-396.

［182］王振波，梁龙武，林雄斌，等．京津冀城市群空气污染的模式总结与治理效果评估［J］．环境科学，2017（10）：1-12.

［183］网易新闻．燃油税，你忽悠多少次才够？［EB/OL］．http：//news.163.com/special/000126D6/ranyoushui070312.html.

［184］魏琦，田漫漫．从碳排放权交易角度谈治理兰州市大气污染的应用研究［J］．环境科学与管理，2014，39（5）：42-45.

［185］魏巍贤，马喜立．硫排放交易机制和硫税对大气污染治理的影响研究［J］．统计研究，2015，32（7）：3-11.

［186］魏兴，郭汉丁．国内外既有建筑节能改造政策法规体系构建实践分析［J］．建筑经济，2014，35（6）：68-72.

［187］魏一鸣．中国碳排放与低碳发展［M］．北京：科学出版社，2017：30-37.

［188］乌力吉图，张凤滢．燃油税改革：环境、经济、社会的影响［J］．中国人口·资源与环境，2015，25（S1）：508-510.

［189］吴洁，蒋琪．国际贸易中的碳标签［J］．国际经济合作，2009（7）：82-85.

［190］夏传文，刘亦文．燃油税改革对我国节能减排影响的动态 CGE 研究［J］．经济问题，2010（2）：64-69.

［191］相楠，徐峰．基于结构与效率双控的北京市碳达峰优化路径仿真模拟研究［J］．北京工业大学学报（社会科学版），2022，22（4）：68-87.

［192］肖翠仙，唐善茂．城市低碳经济评价指标体系研究［J］．生态经济，2011（1）：45-48，57.

［193］肖俊极，孙洁．消费税和燃油税的有效性比较分析［J］．经济学（季刊），2012，11（4）：1345-1364.

［194］肖倩．绿色建筑设计理念和设计策略研究［J］．居舍，2019（8）：98.

［195］肖卫东．包容性增长视角下低碳经济的基本要义与能源结构革命［J］．理论学刊，2017（2）：82-88.

[196] 谢红梅．环境污染与控制对策 [M]. 成都：电子科技大学出版社，2016.

[197] 谢军安，郝东恒，谢雯．我国发展低碳经济的思路与对策 [J]. 当代经济管理，2008，30（12）：1-7.

[198] 谢伦裕，常亦欣，蓝艳．北京清洁取暖政策实施效果及成本收益量化分析 [J]. 中国环境管理，2019，11（3）：87-93.

[199] 新华社．加快建设低碳运输体系：访交通运输部部长李盛霖 [EB/OL].（2012-06-10）[2022-09-10]. http：//www.gov.cn/jrzg/2012-06/10/content_ 2157699.htm

[200] 新浪财经．燃油税 09 年 1 月 1 日起实施 [EB/OL].（2008-11-26）[2022-09-10]. http：//finance.sina.com.cn/focus/zgkzrys.

[201] 熊艳，廖文军，王岭．"煤改气、电"政策的空气污染治理效应研究 [J]. 财经论丛，2021（3）：103-112.

[202] 徐冬青．后金融危机时代中国能源安全战略体系的构建 [J]. 世界经济与政治论坛，2010（6）：140-147.

[203] 徐枫，唐镭．节能减排背景下广东能源结构优化及对策研究 [J]. 科技管理研究，2015，35（15）：233-239.

[204] 徐敬，丁国安，颜鹏，等．北京地区 PM2.5 的成分特征及来源分析 [J]. 应用气象学报，2007，18（5）：645-654.

[205] 徐军委．基于灰色-马尔科夫模型的我国能源消费结构优化调整 [J]. 工业安全与环保，2015，41（2）：62-65.

[206] 徐俊钐．积极探索能源高质量发展之路：国网浙江电力建设能源互联网"示范窗口" [J]. 国家电网，2020（12）：78-79.

[207] 徐清军．碳关税、碳标签、碳认证的新趋势，对贸易投资影响及应对建议 [J]. 国际贸易，2011（7）：54-56.

[208] 许士春，张文文，戴利俊．基于 CGE 模型的碳税政策对碳排放及居民福利的影响分析 [J]. 工业技术经济，2016，35（5）：52-59.

[209] 薛飞，陈煦．绿色财政政策的碳减排效应：来自"节能减排财政

政策综合示范城市”的证据［J］. 财经研究，2022，48（7）：79-93.

［210］薛亦峰，周震，黄玉虎，等．北京市建筑施工扬尘排放特征［J］. 环境科学，2017（6）：2231-2237.

［211］杨承启，庄心怡．基于文本挖掘的能源与环境保护政策大数据研究［J］. 财会学习，2021（7）：146-149.

［212］杨复沫，贺克斌，马永亮，等．北京大气细粒子PM2.5的化学组成［J］. 清华大学学报（自然科学版），2002，42（12）：1605-1608.

［213］杨锦春，刘慧．能源互联网的资源配置效应研究［J］. 技术经济与管理研究，2020（1）：109-113.

［214］杨岚，毛显强，刘琴，等．基于CGE模型的能源税政策影响分析［J］. 中国人口．资源与环境，2009（2）：24-29.

［215］杨秋燕．低碳交通的实现方式［J］. 科技与生活，2010（12）：1.

［216］杨姝影，蔡博峰，曹淑艳．国际碳税研究［M］. 北京：化学工业出版社，2011.

［217］杨新苗，王亚华，田中兴．中国特色绿色交通城市发展战略与对策研究［J］. 城市发展研究，2018，25（5）：19-24.

［218］杨学民，刘创．北京市交通运输仓储及邮政业碳排放核算的影响因素分析［J］. 物流工程与管理，2022，44（4）：105-110.

［219］杨妍妍，李金香，梁云平，等．应用受体模型（CMB）对北京市大气PM2.5来源的解析研究［J］. 环境科学学报，2015，35（9）：2693-2700.

［220］杨永明．国际可再生能源配额制发展实践分析［EB/OL］.（2019-05-28）［2022-09-10］. http//news.bjx.com.cn/html/20190528/982892.shtml.

［221］姚昕，刘希颖．基于增长视角的中国最优碳税研究［J］. 经济研究，2010（11）：48-58.

［222］叶志辉．燃油税税率的确定：基于CGE的分析［J］. 统计研究，2009（5）：86-93.

［223］叶祖达．绿色建筑的宏观经济效益研究［J］. 城市发展研究，2012，19（10）：97-103.

[224] 易艳春．我国城镇化阶段的低碳发展路径研究 [M]．北京：经济科学出版社，2020.

[225] 尹希果，霍婷．国外低碳经济研究综述 [J]．中国人口·资源与环境，2010，20（9）：18-23.

[226] 尤石，宋鹏翔．丹麦区域能源互联网发展综述 [J]．供用电，2017，34（12）：2-7.

[227] 游雪晴，罗晖．"低碳经济"离我们还有多远？[N]．科技日报，2007-07-22（1）.

[228] 于斌斌．产业结构调整如何提高地区能源效率？——基于幅度与质量双维度的实证考察 [J]．财经研究，2017，43（1）：86-97.

[229] 于静，屈国强．中国区域生态能源效率与节能减排潜力研究 [J]．统计与决策，2021，37（12）：66-69.

[230] 余俊．大气污染治理中区域协同立法的问题 [J]．环境保护，2018（19）：28-33.

[231] 余凌曲，张建森．轨道交通对低碳城市建设的作用 [J]．开放导报，2009（5）：26-30.

[232] 俞萍萍．可再生能源发电的配额制政策初探 [J]．统计科学与实践，2011（1）：32-33，60.

[233] 袁妙彧，魏雷，陈战波，等．低碳社区建设方案及评价指标体系 [M]．武汉：湖北人民出版社，2015.

[234] 岳鸿飞，施川．"煤改气"工程绿色净效益评估及政策优化措施 [J]．河北经贸大学学报，2019，40（5）：86-91.

[235] 臧宏宽，杨威杉，张静，等．京津冀城市群二氧化碳排放达峰研究 [J]．环境工程，2020，38（11）：19-24，77.

[236] 张国兴，叶亚琼，管欣，等．京津冀节能减排政策措施的差异与协同研究 [J]．管理科学学报，2018，21（5）：111-126.

[237] 张京．燃油税改革的分析 [J]．税务研究，2006（12）：42-44.

[238] 张可，豆建民．工业集聚有利于减排吗 [J]．华中科技大学学报

（社会科学版），2016，30（4）：99-109.

［239］张可，李语晨，赵锦楸．绿色信贷促进了节能减排吗［J］．财经科学，2022（1）：15-30.

［240］张克中，杨福来．碳税的国际实践与启示［J］．税务研究，2009（4）：88-90.

［241］张雷，李艳梅，黄园淅，等．中国结构节能减排的潜力分析［J］．中国软科学，2011（2）：42-51.

［242］张力．伦敦现代城市交通体系建设与交通治理的经验与启示［J］．生态经济，2014，30（09）：125-128.

［243］张梅．绿色发展：全球态势与中国的出路［J］．国际问题研究，2013（5）：93-102.

［244］张苗苗，杨钺．浅谈绿色建筑的可持续发展［J］．城市建设理论研究（电子版），2017（33）：179.

［245］张锐．关于改革完善现行税制的思考［J］．山东社会科学，2003（1）：132-134.

［246］张锐．全链式挖掘绿色低碳消费新势能［J］．中关村，2022（1）：22-23.

［247］张生玲，李强．低碳约束下中国核电发展及其规模分析［J］．中国人口·资源与环境，2015，25（6）：47-52.

［248］张省，王金营．"十四五"期间节能减排约束下的经济增长优化研究［J］．河北经贸大学学报，2022，43（5）：45-56.

［249］张思思，崔琪，马晓钰．数字要素赋能下有偏技术进步的节能减排效应［J］．中国人口·资源与环境，2022，32（7）：22-36.

［250］张陶新，周跃云，赵先超．中国城市低碳交通建设的现状与途径分析［J］．城市发展研究，2011，18（1）：68-73，80.

［251］张婷，蔡海生，张学玲．新兴低碳经济实践模式及实现路径研究综述［J］．金融教育研究，2013，26（3）：50-57.

［252］张文彬，郭子珣，王博峰．金融发展的节能减排效应及机理分析：

基于能源足迹视角的再检验［J］. 新疆大学学报（哲学·人文社会科学版），2022，50（1）：11-20.

［253］张翔，戴瀚程，靳雅娜，等. 京津冀居民生活用煤“煤改电”政策的健康与经济效益评估［J］. 北京大学学报（自然科学版），2019，55（2）：367-376.

［254］张晓盈，钟锦文. 碳税的内涵、效应与中国碳税总体框架研究［J］. 复旦学报（社会科学版），2011（4）：92-101.

［255］张雪峰，宋鸽，闫勇. 城市低碳交通体系对能源消费结构的影响研究：来自中国十四个城市的面板数据经验［J］. 中国管理科学，2020，28（12）：173-183.

［256］张扬. 欧洲四国“绿色交通”考察（下）［J］. 交通与运输，2017，33（5）：59-61.

［257］张瑶. 不可再生与可再生资源开发利用的研究［D］. 沈阳：东北大学，2013.

［258］张亦弛，牟效毅. 英国低碳能源转型：战略、情景、政策与启示［J］. 国际石油经济，2020，28（4）：17-29.

［259］张寅浩. 能源消费强度的区域差异及其影响因素分析［J］. 宏观经济研究，2022（10）：129-142.

［260］张昱，刘学敏，徐丽萍，等. 北京市城市交通能源转对策研究［J］. 中国人口·资源与环境，2019，29（10）：152-159.

［261］张运河，梁玉国，张庆. 低碳经济背景下的中国能源结构优化［J］. 价值工程，2011，30（11）：1-2.

［262］张兆国，靳小翠，李庚秦. 低碳经济与制度环境实证研究：来自我国高能耗行业上市公司的经验证据［J］. 中国软科学，2013（3）：109-119，108.

［263］章升东，宋维明，何宇. 国际碳基金发展概述［J］. 林业经济，2007（7）：47-48，46.

［264］赵晴云，马若婧，周璐芸，等. 北方农村清洁供暖先行区农业废

弃物的生物质能潜力及减排效应评估［J/OL］. 农业资源与环境学报：1-17.

［265］赵新刚，冯天天，杨益晟．可再生能源配额制对我国电源结构的影响机理及效果研究［J］. 电网技术，2014，38（4）：974-979.

［266］中国财政科学研究院资源环境研究中心课题组，陈少强，程瑜，樊轶侠，等．京津冀区域大气治理财税政策研究［J］. 财政科学，2017（7）：46-66，124.

［267］中国电器工业协会．电力装备助力“碳达峰·碳中和”途径与措施研究（上）［J］. 电器工业，2022（6）：1-7.

［268］中国国家统计局．中国能源统计年鉴 2017［M］. 北京：中国统计出版社，2018.

［269］曾鸣，张晓春，王丽华．以能源互联网思维推动能源供给侧改革［J］. 电力建设，2016，37（4）：10-15.

［270］曾诗鸿，李璠，翁智雄，等．碳市场的减排效应研究：来自中国碳交易试点地区的经验证据［J/OL］. 中国环境科学：1-15.

［271］中国·深圳综合开发研究院．中国城市化和特大城市问题思考［M］. 北京：中国经济出版社，2017.

［272］国家能源局．中华人民共和国可再生能源法［EB/OL］.（2017-11-02）［2022-09-10］. http：//www. nea. gov. cn/2017-11/02/c_ 136722869. htm.

［273］中华人民共和国住房城乡建设部．关于印发建筑节能与绿色建筑发展“十三五”规划的通知［Z］. 2017-03-01.

［274］中华人民共和国住房和城乡建设部．GB/T 50378—2019 绿色建筑评价标准［M］. 北京：中国标准出版社，2019.

［275］仲平．美国奥巴马总统“气候行动计划”解读［J］. 全球科技经济瞭望，2014，29（3）：5-10.

［276］周彦楠，何则，马丽，等．中国能源消费结构地域分布的时空分异及影响因素［J］. 资源科学，2017，39（12）：2247-2257.

［277］朱春萍，沙志成，朱子钊．多能互补区域能源典型方案设计与研究［J］. 国网技术学院学报，2017，20（3）：40-43，48.

［278］朱海，王曦．论可再生能源配额制在中国的推行［D］．上海：上海交通大学，2008.

［279］朱洪仁．燃油税开征的国际比较及我国的政策选择［J］．财经研究，2000（3）：60-64.

［280］朱丽娜．《创造未来：东京都长期展望》的启示［J］．上海商业，2016（1）：38-40.

［281］朱星华．纽约支持电动汽车发展的政策举措及其启示［J］．全球科技经济瞭望，2014，29（6）：13-17.

［282］朱永彬，刘晓，王铮．碳税政策的减排效果及其对我国经济的影响分析［J］．中国软科学，2010（4）：1-9，87.

［283］庄贵阳．节能减排与中国经济的低碳发展［J］．气候变化研究进展，2008（5）：303-308.

［284］庄贵阳．中国经济低碳发展的途径与潜力分析［J］．国际技术经济研究，2005（3）：8-12.

［285］宗慧隽．全球能源互联网社会效益形成机理及效益测算：基于压力—状态—响应模型［J］．福建论坛（人文社会科学版），2017（8）:29-35.

［286］中华人民共和国生态环境部．北京 PM2.5 年均浓度首次实现“30+”［EB/OL］．（2021-01-05）［2022-09-10］．https：//www.mee.gov.cn/ywdt/dfnews/202101/t20210105_816138.shtml.

［287］AN，RUNY et al. Potential of energy savings and CO2 emission reduction in China's iron and steel industry［J］. Applied energy 2018，226：862-880.

［288］ANSARI N，SEIFI A. A system dynamics analysis of energy consumption and corrective policies in Iranian iron and steel industry［J］. Energy，2012，43（1）：334-343.

［289］BARBOSE G，WISER R，HEETER J，et al. A retrospective analysis of benefits and impacts of U.S. renewable portfolio standards［J］. Energy policy，2016（96）：645-660.

［290］BARTLEET M，GOUNDER R. Energy consumption and economic

growth in New Zealand: results of trivariate and multivariate models [J]. Energy policy, 2010, 38 (7): 3508-3517.

[291] BERRY T, JACCARD M. The renewable portfolio standard: design considerations and an implementation survey [J]. Energy policy, 2001, 29 (4): 263-277.

[292] BRODNY J, TUTAK M, SAKI S A. Forecasting the structure of energy production from renewable energy sources and biofuels in Poland [J]. Energies, 2020, 13 (10): 2539.

[293] CAI W, ZHANG Y, XIE J, et al. Energy performance evaluation method for machining systems towards energy saving and emission reduction [J]. International journal of precision engineering and manufacturing-green technology, 2021, 9 (2): 633-644.

[294] CAO S, NIE L, SUN H, et al. Digital finance, green technological innovation and energy-environmental performance: evidence from China's regional economies [J]. Journal of cleaner production, 2021, 327.

[295] CHAN C K, YAO X. Air pollution in mega cities in China [J]. Atmospheric environment, 2008, 42 (1): 1-42.

[296] FENG H, RUI X, YUE l, et al. The effects of urban agglomeration economies on carbon emissions: evidence from Chinese cities [J]. Journal of cleaner production, 2018, 172: 1096-1110.

[297] FILOGAMO L, PERI G, RIZZO G, et al. On the classification of large residential buildings stocks by sample typologies for energy planning purposes [J]. Applied energy, 2014, 135: 825-835.

[298] FISCHER C. Renewable portfolio standards: when do they lower energy prices? [J]. Energy journal, 2010, 31 (1): 101-120.

[299] HOLTEDAHL P, JOUTZ F L. Residential electricity demand in Taiwan [J]. Energy economics, 2004, 26 (2): 201-224.

[300] HUANG R, ZHANG Y, BOZZETTI C, et al. High secondary aerosol

contribution to particulate pollution during haze events in China [J]. Nature, 2014, 514 (7521): 218-222.

[301] IPCC, METZ, B, DAVIDSON, O, SWART, R, PAN, J. (Eds.), Climate change 2001: mitigation: contribution of working group III to the third assessment report of the intergovernmental panel on climate change [M]. Cambridge University Press, Cambridge, UK, 2001.

[302] IPCC, 2022: Summary for Policymakers. In: Climate Change 2022: Mitigation of Climate Change. Contribution of Working Group III to the Sixth Assessment Report of the Intergovernmental Panel on Climate Change [P. R. Shukla, J. Skea, R. Slade, A. Al Khourdajie, R. van Diemen, D. McCollum, M. Pathak, S. Some, P. Vyas, R. Fradera, M. Belkacemi, A. Hasija, G. Lisboa, S. Luz, J. Malley, (eds.)]. Cambridge University Press, Cambridge, UK and New York, NY, USA. doi: 10.1017/9781009157926.001.

[303] JENSEN S G, SKYTTE K. Interactions between the power and green certificate markets [J]. Energy policy, 2002, 30 (5): 425-435.

[304] JIE H. Estimating the economic cost of China's new de-sulfur policy during her gradual accession to WTO : the case of industrial SO_2 emission [J]. China economic review, 2005 (16): 364-402.

[305] JONES D W. How urbanization affects energy-use in developing countries [J]. Energy policy, 1991, 19 (7): 621-630.

[306] LI Y, ZHANG F, YUAN J. Research on China's renewable portfolio standards from the perspective of policy networks [J]. Journal of cleaner production, 2019, 222: 986-997.

[307] LIU Y, FAN X N, BAO X N. Economic optimization of new energy technologies in the context of low carbon economy [J]. Energy reports, 2022, 8: 11899-11909.

[308] Lu X, Chen S, Nielsen C P, et al. Combined solar power and storage as cost-competitive and grid-compatible supply for China's future carbon-neutral e-

lectricity system [J] . Proceedings of the National Academy of Sciences, 2021, 118 (42) .

[309] MARCHENKO O V. Modeling of a green certificate market [J]. Renewable energy, 2008, 33 (8): 1953-1958.

[310] MULDER P, de GROOT H L F. Dutch sectoral energy intensity developments in international perspective, 1987 - 2005 [J]. Energy policy, 2013, 52: 501-512.

[311] NAKATA T. Energy-economic models and the environment [J]. Progress in energy and combustion science, 2004, 30 (4): 417-475.

[312] NIU H Y, ZHANG Z H, LUO M T. Evaluation and prediction of low-carbon economic efficiency in China, Japan and South Korea: based on DEA and machine learning [J]. International journal of environmental research and public health, 2022, 19 (19)

[313] NUGROHO S B, ZUSMAN E, NAKANO R, et al. The effect of prepaid electricity system on household energy consumption - the Case of Bogor, Indonesia [J]. Procedia engineering, 2017, 198: 642-653.

[314] RÍO P D, GUAL M. The promotion of green electricity in Europe: present and future [J]. Environmental policy & governance, 2004, 14 (4): 219-234.

[315] SHAHSAVARI, AMIR, MORTEZA A. Potential of Solar Energy in Developing Countries for Reducing Energy-Related Emissions [J] . Renewable & sustainable energy reviews, 2018, 90: 275-291.

[316] STREETS D G, FU J S, JANG C J, et al. Air quality during the 2008 Beijing Olympic Games [J]. Atmospheric environment, 2007, 41 (3): 480-492.

[317] SUN Y. The optimal percentage requirement and welfare comparisons in a two-country electricity market with a common tradable green certificate system [J]. Economic modelling, 2016 (55): 322-327.

[318] TAMÁS M M, SHRESTHA S O B, ZHOU H. Feed-in tariff and tradable green certificate in oligopoly [J]. Energy policy, 2010, 38 (8): 4040-4047.

[319] TANAKA M, CHEN Y. Market power in renewable portfolio standards [J]. Energy economics, 2013, 39 (3): 187-196.

[320] TEIXEIRA A C R, JOSÉ R S. Impacts of replacement of engine powered vehicles by electric vehicles on energy consumption and CO_2 emissions [J]. Transportation research part D, 2018.

[321] UNGER T, AHLGREN E O. Impacts of a common green certificate market on electricity and CO-emission markets in the Nordic countries [J]. Energy policy, 2005, 33 (16): 2152-2163.

[322] VALENZUELA C, VALENCIA A, WHITE S, et al. An analysis of monthly household energy consumption among single-family residences in Texas, 2010 [J]. Energy policy, 2014, 69: 263-272.

[323] VERNON D, MEIER A. Identification and quantification of principal-agent problems affecting energy efficiency investments and use decisions in the trucking industry [J]. Energy policy, 2012, 49: 266-273.

[324] WANG Y N, YIN S W, FANG X L, et al. Interaction of economic agglomeration, energy conservation and emission reduction: evidence from three major urban agglomerations in China [J]. Energy, 2022: 241.

[325] WISER R, PORTER K, GRACE R. Evaluating experience with renewables portfolio standards in the United States [J]. Mitigation and adaptation strategies for global change, 2005, 10 (2): 237-263.

[326] WU H, XUE Y, HAO Y, et al. How does internet development affect energy-saving and emission reduction? evidence from China [J]. Energy economics, 2021, 103.

[327] XIA X H, CHEN Y B, LI J S, et al. Energy regulation in China: objective selection, potential assessment and responsibility sharing by partial frontier analysis [J]. Energy policy, 2014, 66: 292-302.

[328] XU M M, LIN B Q. Towards low-carbon economy by carbon label?: Survey evidence from first-tier cities in China [J]. Environmental impact assessment review, 2022, 97.

[329] YAN X, TOSHIHIKO M. Local air pollutant emission reduction and ancillary carbon benefits of SO_2 control policies : application of AIM/CGE model to China [J]. European journal of operational research, 2009, 198 (1):315-325.

[330] YUAN Y H, ZHANG Y R, W L, et al. Coping decisions of production enterprises under low-carbon economy [J]. Sustainability, 2022, 14 (15): .

[331] ZHANG D, WANG J, LIN Y, et al. Present situation and future prospect of renewable energy in China [J]. Renewable and sustainable energy reviews, 2017, 76: 865-871.

[332] ZHANG Y F, TANG X, YANG J F. Research on the optimization strategy of the low-carbon economic development model based on the BP neural network model [J]. Mathematical problems in Engineering, 2022.

[333] ZHANG Y Z, ZHAO X G, REN L Z, et al. The development of China's biomass power industry under feed-in tariff and renewable portfolio standard: a system dynamics analysis [J]. Energy, 2017 (139): 947-961.

[334] ZHANG Y Z, ZHAO X G, REN L Z, et al. The development of the renewable energy power industry under feed-in tariff and renewable portfolio standard: a case study of China's wind power industry [J]. Journal of cleaner production, 2017 (168): 1262-1276.

[335] ZHAO X G, ZHANG Y Z, REN L Z, et al. The policy effects of feed-in tariff and renewable portfolio standard: a case study of China's waste incineration power industry [J]. Waste management, 2017 (68): 711-723.

